汶川地震灾后重建财税与金融政策实施效果评估研究

The Impact of Fiscal Taxation and Financial Policies Implementation for Post-earthquake Reconstruction of Wenchuan

唐曼萍 等◎著

西南财经大学出版社
中国·成都

图书在版编目(CIP)数据

汶川地震灾后重建财税与金融政策实施效果评估研究/唐曼萍等著.—成都:西南财经大学出版社,2021.12
ISBN 978-7-5504-4548-2

Ⅰ.①汶… Ⅱ.①唐… Ⅲ.①地震灾害—灾区—重建—财税—金融政策—评估—研究—汶川县 Ⅳ.①D632.5②F812.0

中国版本图书馆 CIP 数据核字(2021)第 255506 号

汶川地震灾后重建财税与金融政策实施效果评估研究
WENCHUAN DIZHEN ZAIHOU CHONGJIAN CAISHUI YU JINRONG ZHENGCE SHISHI XIAOGUO PINGGU YANJIU
唐曼萍 等 著

总 策 划	李玉斗
策划编辑	何春梅
责任编辑	周晓琬
助理编辑	吴 强
责任校对	肖 翀
封面设计	墨创文化
责任印制	朱曼丽
出版发行	西南财经大学出版社(四川省成都市光华村街 55 号)
网 址	http://cbs.swufe.edu.cn
电子邮件	bookcj@swufe.edu.cn
邮政编码	610074
电 话	028-87353785
照 排	四川胜翔数码印务设计有限公司
印 刷	四川五洲彩印有限责任公司
成品尺寸	170mm×240mm
印 张	15.25
字 数	277 千字
版 次	2021 年 12 月第 1 版
印 次	2021 年 12 月第 1 次印刷
书 号	ISBN 978-7-5504-4548-2
定 价	88.00 元

本书著者：

唐曼萍　李后建　彭艳玲

王文姣　夏晓兰　王　燕

郭　颖　杨　玮　朱开朗

李雨殊　李星宏　夏瑜燭

胡平佳　杨志远　徐千睿

郭悦瞻　袁雪闵　赵伊然

序

2008年5月12日，四川省汶川县发生特大地震。此次地震是中华人民共和国成立以来破坏性最强、波及范围最广、灾害损失最大的一次地震，震级达到里氏8.0级，最大烈度达到11度，波及我国多个省市，数万同胞在灾害中不幸遇难，数百万家庭失去世代生活的家园，数十年甚至几代人辛勤劳动积累的财富毁于一旦。面对突如其来的重大灾难，我国把地震灾后恢复重建问题提到了空前重视的高度。党中央、国务院及地方各级人民政府相继出台并实施了支持灾区人民和受灾企业恢复生活、生产的各项财税、金融政策，对促进灾后重建工作的有效开展起到了积极的作用。目前，这些政策已在帮助灾区人民重建家园、恢复生产、重振信心方面发挥出积极而深远的作用，在很大程度上决定了灾区恢复重建的发展前景。然而，扶持政策的制定和执行是一个难题。由于影响政策制定和执行的因素很多，除了宏观的社会、经济、法律背景外，就直接原因方面，既有受灾地区受灾程度整体因素，又有微观层面的单个居民家庭和单个受灾企业的人员伤亡、资源毁损、心理压力等因素，这些因素交织在一起，很难用“一剂或几剂良药”解决所有问题，这使得政策的效果具有不确定性。从2008年至今，国务院规划的重建工作已经完成，在此契机和灾区复杂的宏微观背景下，亟待检验各项财税、金融政策的执行成效，做好对灾后重建工作的评价与反馈。

基于以上现实背景，《汶川地震灾后重建财税与金融政策实施效果评估研究》一书应运而生。本书基于政策评估的视角对我国汶川地震灾后重建财税与金融政策执行效果的评估问题进行了研究，在掌握基础资料和调研的基础上，剖析了我国汶川地震灾后重建财税与金融政策的主要内容与提出背景，分析了灾后重建财税与金融政策评估的理论与方法，构建“综合评估模型”及其相应指标体系，并利用“综合评估模型”实证考察了典型区域下不同层面、不同维度的政策执行效果，并提出了优化灾后重建财税与金融政策的主要路径。本书从理论和实证两方面探讨了我国汶川地震灾后重建财税与金融政策的执行效果及政策的存在价值，一方面能够改变人们对公共政策的经验性认知，为灾后重建提供科学技术支撑，另一方面能够为我国今后灾后重建政策的制定提供借鉴。综合视之，《汶川地震灾后重建财税与金融政策实施效果评估研究》一书研究的总体目的在于，以汶川地震灾后重建财税与金融政策的基本内容为出发点，在“综合评估模型”的评估标准和指标体系下，从理论和实证两方面探讨我国汶川地震灾后重建财税与金融政策的执行效果及政策的存在价值，并提出优化灾后重建财税与金融政策的主要路径，以期为有关政府部门今后灾后重建政策的制定和实施提供新的科学资料。本书对四川省乃至全国地震灾后重建财税与金融政策的制定和实施也具有重要的理论与实践意义。

从 1976 年的唐山地震到 2008 年的汶川地震，再到玉树、芦山、九寨沟等地的地震，中国在四十多年的灾区重建政策制定与实施中，创新性地走出了一条具有中国特色的地震灾后重建之路，为世界灾后恢复重建政策制定与执行提供了宝贵的理论和实践经验，使广大灾区基本生活条件和经济社会发展水平基本恢复到灾前水平。然而基本并非全面，要实现灾区经济的完全恢复和发展，相应政策仍需继续调整与完善，在这一过程中需要“滴水穿石”的精神，灾后重建政策执行不是一蹴而就的工作，需循序渐进。思想是行动的先导，理论是指路的明灯，任何事业都离不开理论的指导，灾后重建工作亦是如此。《汶川地震灾后重建财税与金融政策实施效果评估研究》一书就是对具有中国特色的灾区重建方案的系统阐释，也是对四川省灾后重建财税与金融政策实施经验的全面总结。在当今自然灾害频发的社会环境下，关于这方面重要的理论探索和实践总结，无疑对我国乃至世界今后灾后恢复重建政策的完善和创新也颇具意义。

郭复初

2021 年 7 月

前　言

政策扶持对于灾后重建起着至关重要的作用。为支持和帮助受灾地区积极开展生产自救，重建家园，鼓励和引导社会各方面力量参与灾后恢复重建工作，使地震灾区早日恢复正常的生产生活秩序，党中央、国务院及地方人民政府相继出台并实施了支持灾区人民和受灾企业恢复生活、生产的各项财政、税收与金融政策。目前，这些政策已在帮助灾区人民重建家园、恢复生产、重振信心方面发挥出积极而深远的作用，在很大程度上决定了灾区恢复重建的发展前景。但政策制定和执行的影响因素很多，各种因素交织在一起，使政策的效果具有不确定性。因此，如何适应现实状况探索政策实施效果评估机制和思路，如何通过建立有效评估体系实现灾后重建财税与金融政策实施效果评估，如何在灾后重建财税与金融政策实施效果评估的实践基础上，进一步优化评估体系以及灾后重建财税与金融政策，都是亟待研究和解决的重大理论和实践问题。

本书通过系统深入的理论分析和实地调研，以灾后重建财税与金融政策实施效果为研究对象，借助定量分析法、实地调查法、统计分析法、计量经济模型法等研究了我国汶川地震灾后重建财税与金融政策的执行效果及政策的存在价值，创新灾后重建财税与金融政策实施效果评估方法，构建灾后重建财税与金融政策实施效果评估系统研究框架，构建“综合评估模型”及其相应指标体系，对我国汶川地震灾后重建财税与金融政策分别进行实证分析，提出灾后重建财税与金融政策优化路径，为政府今后制定与实施灾后重建政策提供前瞻性的决策依据。

一、本书的研究框架与主要内容

本书基于政策评估的视角对我国汶川地震灾后重建财税与金融政策执行效果的评估问题进行了研究，在理论探讨和现状分析的基础上进行了深度调研，系统搭建了灾后重建财税与金融政策实施效果评估的研究框架。本书共7章，每章节主要内容为：

第 1 章 绪论。本章介绍了本书的研究背景、意义、目的及主要内容，简要说明了本书的研究思路、研究方法与技术路线，并指出了可能的创新点。

第 2 章 理论基础与文献回顾。本章从国内外关于支持灾后重建的财税与金融政策研究、国内外关于灾后恢复重建的财税与金融政策评估及应用研究、政策评估方法研究等方面展开了对政策评估的评述，梳理了有关灾后重建政策评估的研究文献，构建了地震灾后重建财税与金融政策实施效果评估研究的理论分析框架。

第 3 章 汶川地震灾后重建财税与金融政策实施现状分析。本章通过对财政政策、税收政策、金融政策内容及实施模式的分析，梳理了汶川地震灾区自实施灾后重建财税与金融政策以来取得的成效，并进一步从实证角度上揭示了汶川地震灾后重建财税与金融政策实施面临的困境和瓶颈。

第 4 章 灾后重建财税与金融政策评估的理论基础与方法。本章从福利经济学理论、公共物品理论、社会学理论、可持续发展理论以及多元模式分析理论等科学视角对政策评估理论的进行认知，梳理出对比分析法、定量评估方法、定性评估方法、定量定性结合的评估方法以及多指标综合评估方法这五大评估方法。

第 5 章 灾后重建财税与金融政策的“综合评估模型”。本章首先明确了灾后重建财税政策与金融政策实施效果评估指标的选择原则和指标体系的研究路径。接着在政策评估的一般标准和价值标准的基础上，引入社会公平与发展标准、经济发展与效率标准、目标群体回应性标准作为灾后重建财税与金融政策评估的具体标准。最后在选取了具体政策评估标准的基础上，从灾后重建财税与金融政策指标体系的构建与解释说明和灾后重建财税与金融政策评估指标权重设计两个方面来构建具有针对性的灾后重建财税政策与金融政策的“综合评估模型”。

第 6 章 典型区域灾后重建财税与金融政策评估实证研究。本章首先分别从受灾农村居民、城镇居民以及受灾企业的视角对典型区域灾后重建财政政策评估进行实证研究；其次从典型区域受灾居民及受灾企业两个角度对典型区域灾后重建税收政策评估进行实证研究；最后通过模糊综合体系分析汶川地震灾后重建金融政策的实施效果，并从政府、金融机构以及受灾群众与企业三个层面提出了切实可行的政策建议。

第 7 章 汶川地震灾后重建财税与金融政策优化研究。本章总结了我国针对汶川大地震中受灾居民与企业所发布的财政支持政策、税收优惠政策以及金融扶持政策存在的问题，提出了政策总体优化路径、政策分区域优化路径以及政策分层次优化路径。

二、研究区域

为了深入了解和掌握汶川地震灾后重建财税与金融政策实施效果的基本情况，摸清各地对现行财政支持政策、税收优惠政策、金融扶持政策的意见和建议，课题组成员深入汶川县、北川县、安县（今绵阳市安州区）、都江堰市、彭州市、青川县6个极重灾区进行了专题调研，同时选取绵阳市游仙区、崇州市、大邑县、汉源县4个较重灾区和龙泉驿区、双流县（今成都市双流区）、荥经县3个一般灾区开展了专项调研。在灾区，调研组与政府领导、行业部门领导和相关干部展开座谈交流，征求政府层面的意见和建议；同时深入具体乡镇与村落，召开了由乡镇村委干部、驻村工作队成员、村民代表等出席的座谈会，面对面背靠背访谈，听取基层各级干部群众对灾后重建财税与金融政策的意见和建议；深入受灾企业，通过现场采访、调查、座谈等方式，了解受灾企业灾后重建财税与金融政策的参与情况与政策实施效果。此外，课题组通过四川省财政厅和四川省税务局联系省级行业部门召开交流会，听取行业部门意见并征求行业部门关于相关标准设计的思路。

三、致谢

本书所涉及的调研对象给课题组调研提供了极大的帮助，特别是四川省财政厅和四川省税务局给予了大力支持，在此，对这些单位及相关个人表示衷心的感谢！

四川农业大学30余名研究生、本科生参与了课题调研，在此，对这些同学的辛勤付出表示由衷的感谢。

本书参考了很多专家学者的论文、专著，也包括在互联网上发表的文章。本书尽可能标注了引用或参考的资料来源，大多数是以参考文献的方式列出，但难以一一注明。在此，对所有提供资料来源的作者、出版单位和相关网站表示衷心感谢。

由于作者水平所限，本书错漏在所难免，敬请读者批评指正。

本书课题组

2020年8月

目　录

1 绪论

1.1 研究背景

1.1.1 汶川大地震受灾情况

汶川大地震是中华人民共和国成立以来破坏性最强、波及范围最广、灾害损失最大的一次地震，震级达到里氏 8.0 级，最大烈度达到 11 度。据统计，汶川地震波及四川、甘肃、陕西、重庆、云南等 10 省（区、市），总面积约 50 万平方千米。《民政部 发展改革委 财政部 国土资源部 地震局关于印发汶川地震灾害范围评估结果的通知》（民发〔2008〕105 号）确定了极重灾区 10 个县（市）、重灾区 41 个县（市、区）和一般灾区 186 个县（市、区），其中四川省极重灾区和重灾区 39 个县（市、区），受灾范围涉及除攀枝花市以外 20 个市（州）、3 676 个乡（镇）。此次地震造成的直接经济损失达 8 451.4 亿元，其中四川省的损失最严重，占总损失的 91.3%，甘肃省的损失占总损失的 5.8%，陕西省的损失占总损失的 2.9%，其他各省损失之和不到 20 亿元。

汶川地震造成的损失巨大，在这些损失中，建筑物和基础设施的损失最大，占总损失的七成。按照比例排序，民房和城市居民住房的损失位列第一，占总损失的 27.4%；基础设施包括道路、桥梁和其他城市基础设施的损失为第二，占总损失的 21.9%；包括学校、医院在内的其他非住宅用房的损失为第三，占总损失的 20.4%。这三项之后，损失排序依次为工业 7.7%，服务业 4.9%，农业 4.5%，居民财产 4.4%，土地资源 3.3%，社会事业 3.2%，文化遗产 1.1%，矿山资源 0.7%，自然保护区 0.6%。

汶川地震造成的损失是多方面的，如人员伤亡、住房毁损、农田被毁、厂房垮塌、金融机构受损，交通、电力、通信、供水、供气等基础设施损毁严重，具体来说有以下几个方面：

1. 人员伤亡

截至 2008 年 9 月 18 日 12 时，四川汶川地震共造成 69 227 人死亡，374 643人受伤，17 923 人失踪。四川震灾造成遇难62 161 人，受伤347 401人；甘肃震灾造成遇难 365 人，受伤 10 158 人；陕西震灾造成遇难 113 人，受伤 1 920人；重庆震灾造成遇难 16 人，受伤 637 人。

2. 房屋及基础设施损毁严重

房屋方面：四川省倒塌和损坏的房屋有 400 多万间，部分城镇几乎是被夷为平地；甘肃省倒塌和损坏的房屋有 190 多万间；陕西省倒塌和损坏房屋也有 70 多万间。

电力方面：四川电网灾后最大负荷降至正常负荷的 62%（损失 444 万千瓦），灾害造成 1 座 500 千伏变电站、15 座 220 千伏变电站停运，4 条 500 千伏线路停运，59 条 220 千伏线路停运，26 座发电厂因灾停运。据不完全统计，“5·12” 地震灾害已给四川电网造成约 67 亿元的资产损失。陕西电网灾后最大负荷降至正常负荷的 73%（损失 189 万千瓦），灾害造成 3 座 110 千伏变电站、1 座 35 千伏变电站停运，1 条 330 千伏线路和 2 条 220 千伏线路停运，106 条 10 千伏~110 千伏线路停运，7 座发电厂不同程度受损，多台发电机组停运。甘肃电网共损失负荷 34. 2 万千瓦，停运 35 千伏级以上变电站 69 座，停运 10 千伏级以上线路 448 条，主网停运变压器 1 674 台，562 个通信基站受损，总体受损线路达 5 862 千米。倒断通信电杆 2 639 个。

通信方面：四川、甘肃、陕西三省累计受灾电信局、所 3 897 个，移动通信、小灵通基站累计损毁 28 714 个，光电缆损毁 28 765 皮长千米，累计通信电杆倒断 142 078 根，四川重灾区中有八个县与外界的通信联系一度完全中断，初步测算直接经济损失达 67. 2 亿元。

交通运输方面：地震灾害造成四川省 21 条高速公路、15 条国省干线公路和 2 756 条农村公路的路基、桥面和桥梁隧道等结构受损，受损里程达 2. 2 万千米。据不完全统计，四川省交通基础设施经济损失达到 580 亿元。甘肃全省有 9 条国道主干道、24 条省道、21 条县道、71 条乡道和 1 074 条村道受损中断。重庆全市有 459 座桥梁、20 座隧道、25 座船闸、10 座信号台、3 处航道码头受损。

水利方面：四川省堤坝因灾损毁 479 处共 686. 71 千米；有 1 803 座水库出险，其中有溃坝险情的 69 座，存在高危险情的 310 座；3. 4 万处供水工程、2. 93 万千米供水管道受损，575 万人饮水受到严重影响；此外还有 1. 25 万千米灌溉渠道、470 处农村水电站、3. 19 万千米输变电线路被毁。甘肃全省有 14

座小型水库、41 座水电站受损，受损堤防 282 处，受损人饮工程 1 773 处。重庆市 114 座水库出现不同程度的险情，包括 7 座中型水库、107 座小型水库；同时 82 处堤防出现险情，343 处供水设施、110 处排灌设施、21 处水文设施损毁。

3. 农业遭到巨大破坏

在这次地震中 50 多万亩（1 亩≈667 平方米，下同）农作物受灾，大量在田夏收作物无法收获，死亡畜禽 1 250 多万头，死亡或逃逸的养殖成鱼、苗种 8 000 多吨；农业基础设施毁坏严重，几十万亩农田被毁，5 万多个温室大棚倒塌，毁坏圈舍 730 多万平方米、鱼池 30 多万亩，损毁农业机械 2 万多台，毁坏农村户用沼气池 60 多万口。地震还导致部分水利基础设施损毁严重，后期灌溉用水严重缺乏，预计 100 万～150 万亩水稻田将被迫改种旱地作物。地震灾害使四川省农业生产和农业系统遭受的直接经济损失高达 70.85 亿元。其中农业生产直接经济损失 18 亿元，农作物受灾面积 98 万亩，成灾面积 56 万亩，绝收 25 万亩，其中粮食作物受灾面积 27 万亩，经济作物面积 71 万亩（含油菜 14 万亩）。

同时，灾害导致的渔业系统经济损失达 93 022 万元，水产养殖受灾面积达 39.42 万亩。四川省渔业经济损失 84 228.48 万元，占总损失的 90.52%；水产养殖受灾面积 34.4 万亩，占总损失的 87.27%；损毁鱼池 14.12 万亩、生产用房 16.5 万平方米。陕西省渔业经济损失 3 745 万元，水产养殖受灾面积 9 915亩，损毁鱼池 3 860 亩、生产用房 8 616 平方米。重庆市渔业经济损失 3 453.6万元，水产养殖受灾面积 3.3 万亩，损毁鱼池 3.3 万亩、生产用房 7 815平方米。

4. 能源、商贸、第三产业受损严重

我国受灾地区在能源、商贸和第三产业等方面也遭受不同程度的损失。

能源方面：加油站累计受损 908 座，停运 65 座。油库累计受损 47 座。油气田中，受损油气场、站 165 个，受损净化厂 1 个，受损输油气管 71 条。初步估计，受灾能源企业直接经济损失 17.8 亿元。

商贸流通方面：四川、甘肃、重庆、陕西等地震灾区商贸流通和服务企业因灾不同程度受损共计 70 485 家，造成直接经济损失 322.2 亿元。

化工方面：据不完全统计，震灾造成四川化工行业直接经济损失 120 亿元，死亡 489 人，受伤 3 785 人。

旅游方面：据四川省旅游局数据显示，在此次汶川地震中，四川省 4 000 多个旅游景区被损坏了 568 个，累计损失达 278.4 亿元。

银行方面：受汶川地震影响，我国银行业整体净损失约 50 亿～130 亿元，2008 年银行业净利润将下滑 0.7%～1.8%，而在这些损失中，估计不良贷款损失约在 80 亿～140 亿元。

保险方面：地震令身处灾区的保险机构也损失巨大。根据原保监会的不完全统计，保险业有 43 家分公司、209 家支公司、250 家营销服务部因灾受损。自有营业场所倒塌房屋 28 间、损坏房屋 392 间，估计直接经济损失 1.24 亿元。保险业遇难员工 34 人，受伤 267 人。此外，保险业接到的地震相关保险报案已达到 10 万件，被保险人死亡 4 434 人、伤残 2 841 人，被保险房屋倒塌 2.84 万间。目前，各保险公司已支出赔付款 1 462.9 万元，并为灾区捐款超过 1.6 亿元。

5. 企业损失

四川省受灾工业企业 20 376 家，死亡 2 189 人，受伤 6 814 人，经济损失达 2 030.1 亿元。其中中央企业总部在四川的有 3 家，有下属企业和机构在四川的有 50 多家。据初步统计，中央企业因地震灾害伤亡、失踪或失去联系超过 3 000 人。其中，中国东方电气集团公司、中国水利水电建设集团公司、国家电网公司、中国化工集团公司、中国铁道建筑总公司 5 家企业受灾情况最为严重。

6. 文化遗产遭受破坏

汶川地震中，四川、重庆、陕西、甘肃 4 个省（市）115 个县（区）文物受损严重，受损文物涉及世界文化遗产 1 处，全国重点文物保护单位 127 处，省级文物保护单位 192 处，馆藏文物 2 764 件（组），其中珍贵文物 254 件（组），给文化遗产带来前所未有的损失。

1.1.2 灾后重建政策的相继提出

地震发生后，前期的抢险救灾与后期的灾后重建相辅相成，缺一不可。相对前一阶段来说，灾后重建阶段工作量更大，持续时间更长，任务更加艰巨。相关法规政策、标准规范的发布和施行，不同政策之间的衔接和过渡及政策执行的效率，均为后期灾后重建工作的顺利进行奠定政策基础。

地震发生后，国务院于 2008 年 6 月 4 日召开第 11 次常务会议并通过《汶川地震灾后恢复重建条例》（国务院令第 526 号），对地震灾区的过渡性安置、调查评估、恢复重建规划、恢复重建的实施、资金筹集与政策扶持、监督管理、法律责任等灾后重建过程中涉及的问题进行指导，并明确了灾后重建的六项原则，这标志着震后的主要工作已经由应急抢险转入灾后重建阶段。2008

年 6 月 29 日，国务院发布实施了《国务院关于支持汶川地震灾后恢复重建政策措施的意见》（国发〔2008〕21 号），政策支持范围覆盖灾后恢复重建基金、财政支出政策、税收政策、政府性基金和行政事业性收费政策、金融政策、产业扶持政策、土地和矿产资源政策、就业援助和社会保险政策、粮食政策等九个方面，新制定或扩大了原有的政策执行范围。

以国发〔2008〕21 号文件为起点，有关灾后恢复重建的政策密集出台。2008 年 7 月 3 日，国务院发布《国务院关于做好汶川地震灾后恢复重建工作的指导意见》，该意见涉及重建的基本原则、主要任务、实施步骤和保障措施等；2008 年 9 月 19 日，国务院发布《汶川地震灾后恢复重建总体规划》；国务院及国务院办公厅连续出台了《国务院批转发展改革委 电监会关于加强电力系统抗灾能力建设若干意见的通知》《国务院办公厅印发关于地震灾区恢复生产指导意见的通知》《国务院办公厅关于印发汶川地震灾后恢复重建对口支援方案的通知》。国家各部委也密集出台了支持灾后恢复重建的政策。截至 2008 年年底，财政部（或会同其他部委）下发了 7 个文件就税收政策、进口抗震救灾物资关税、行政事业性收费、贷款政策等方面出台支持灾后恢复重建政策；国家税务总局下发 6 个文件就税收征管、个人所得税等方面出台支持措施；国土资源部就地质灾害排查与监测、土地利用规划、建设用地计划指标、土地审批、供地政策等方面出台了特殊措施；劳动和社会保障部就实施就业援助等方面出台了特殊的措施；民政部就受灾困难群众生活救助问题出台了相关措施；中国人民银行就灾区金融服务等方面出台了特殊措施。

为了更好地做好灾后恢复重建工作，地震各灾区迅速反应，并连续下发了不少文件，这些文件一方面贯彻落实国家及各部委出台的有关政策，另一方面就自身权限也出台了相关的灾后恢复重建政策。以四川省为例，2008 年 7 月 10 日下发了《四川省人民政府关于支持汶川地震灾后恢复重建政策措施的意见》，该文件为综合性政策文件，就财政政策、税收政策、金融政策、国土资源政策、产业扶持政策、工商管理政策、就业援助政策、社会保障政策、粮食政策等方面，做出明确的规定；之后，四川省政府及各部门连续下发了 12 个文件，专门就农房重建、城镇住房重建、灾后重建项目招投标、以工代赈、城镇住房安全鉴定及修复加固拆除、对口支援、就业援助、社会保险等专项领域出台专项措施进行支持。

1.2 研究目的与意义

1.2.1 研究目的

本书研究的总体目的在于以汶川地震灾后重建财税与金融政策的基本内容为出发点，在“综合评估模型”的评估标准和指标体系下，从理论和实证两方面探讨我国汶川地震灾后重建财税与金融政策的执行效果及政策的存在价值，并提出优化灾后重建财税与金融政策的主要路径，以期为有关政府部门对今后灾后重建政策的制定和实施提供新的科学资料。

1.2.2 研究意义

2008 年 9 月 23 日，《汶川地震灾后恢复重建总体规划》（以下简称《总体规划》）在中国政府网全文发布。根据《总体规划》，我国计划用 3 年的时间，耗资 1 万亿元，完成四川、甘肃、陕西重灾区灾后恢复重建主要任务，使广大灾区基本生活条件和经济社会发展水平达到或超过灾前水平，努力把灾区建设成为安居乐业、生态文明、安全和谐的新家园。从 2008 年至今，国务院规划的三年重建工作已经完成，抓住这一契机评估灾后重建财税与金融政策实施效果具有重大的理论和现实意义，而且在当今自然灾害频发的社会环境下对于我国乃至世界今后灾后恢复重建政策的借鉴、完善和创新也颇具意义。

政府的扶持政策（特别财税与金融扶持政策）一直是各国灾后重建中面临的重要甚至核心问题。灾后重建政策是政府发挥其公共管理职能、运用公共财政资源及国家宏观金融调控机制鼓励灾区人民及受灾企业重建家园、恢复生产、促进灾区各项事业协调发展的重要政策资源。在“5 · 12”汶川特大地震发生后，我国对地震灾后恢复重建问题提到了空前重视的高度。党中央、国务院及地方各级人民政府相继出台并实施了支持灾区人民和受灾企业恢复生活、生产的各项财政、税收与金融信贷政策，对促进灾后重建工作的有效开展起到了积极的作用。目前，这些政策已在帮助灾区人民重建家园、恢复生产、重振信心方面发挥出积极而深远的作用，在很大程度上决定了灾区恢复重建的发展前景。

然而，扶持政策的制定和执行是一个难题。因为影响政策制定和执行的因素很多，除了宏观的社会、经济、法律背景外，仅就直接原因方面，就既有受灾地区受灾程度整体因素，又有微观层面的单个居民家庭和单个受灾企业的人员伤亡、资源毁损、心理压力等因素，这些因素交织在一起，很难用“一剂或几剂良药”解决所有问题，这使得政策的效果具有不确定性。时任国家主席胡锦涛在考察汶川地震灾区灾后重建工作时指出：“一靠中央政策，二靠科学技术，三靠自力更生，把地震灾害造成的损失夺回来!”可见，党和政府的扶持政策是实现灾区恢复重建的首要保障。在这一过程中，扶持政策的制定与政策的执行效果无疑是实现灾区恢复重建的关键环节。

因此，灾后重建财税与金融政策的效果评估显得尤为重要，其结果不仅是监测灾区重建、灾区民众生活恢复水平的重要指标，也是考察一个国家的应急管理能力、经济能力、行政组织能力的重要指标，具有重要的理论和现实意义。

1.3 研究内容

1.3.1 灾后重建财税与金融政策“综合评估模型”的评估标准和指标体系

1. “综合评估模型”的概念框架

基于福利经济学、社会学、可持续发展等理论和对比分析、统计抽样分析等政策评估方法，结合灾后重建财税与金融政策的特点，从政策评估标准的选取、灾后重建财税与金融政策指标体系的构建与解释说明以及灾后重建财税与金融政策评估指标权重设计三个方面来建立具有针对性的灾后重建财税政策与金融政策的“综合评估模型”。

2. 灾后重建财税与金融政策“综合评估模型”的评估标准

在政策评估的一般标准和价值标准的基础上，引入社会公平与发展标准、经济发展与效率标准、目标群体回应性标准作为灾后重建财税与金融政策评估的具体标准。选取社会公平与发展标准衡量灾后重建财税与金融政策的实施过程中，政策的成本和效益在不同集团和阶层中分配的公平程度和政策在劳动生产率、科学技术、社会结构、人民生活水平方面的改善、促进作用；选取经济发展与效率标准比较灾后重建财税及金融政策的实际成就与原来希望的理想水平，衡量政策本身的优劣、执行机构的管理能力及水平和政策的执行状况；选取目标群体回应性标准衡量灾后重建财税及金融政策的社会回应程度。

3. 构建灾后重建财税与金融政策“综合评估模型”的指标体系

通过对我国灾后重建财税与金融政策实施现状分析和对汶川灾后重建扶持政策的可得数据的解读，根据政策评估学、财政学、公共经济学等学科原理，在通用评估指标基础上，结合地震灾后恢复重建具体特色背景，构建一个由评估目标、评估标准、具体评估指标构成的测度我国汶川地震灾后重建财政与金融政策实施效果的评估指标体系。

4. 设计灾后重建财税与金融政策“综合评估模型”的评估指标权重

根据评估实际情况选择层次分析法、熵权法、主成分分析法对灾后重建财税与金融政策“综合评估模型”进行评估指标权重设计。

1.3.2 典型区域的灾后重建财税与金融政策评估：实证分析

基于理论分析，构建计量模型，利用实地调研数据进行实证分析。

1. 典型区域灾后重建财政政策评估的实证研究

第一部分从农村居民的角度出发，首先对样本区域的样本总体特征进行说明；进而分别从社会公平与发展、经济发展与效率和目标群体回应程度三个维度对典型区域灾后重建财政政策实施效果进行描述性统计；最后在熵权法确定权重的基础上，借助模糊综合评价法分极重灾区、重灾区和一般灾区三个区域对灾后重建财政政策实施效果进行实证分析。第二部分基于城镇居民的视角，首先描述性统计被调研区域的样本总体特征，在此基础上运用模糊综合评价法实证研究灾后重建财政政策在雅安汉源、大邑、姚桥、都江堰、绵阳的实施效果，最后运用 Logistic 模型对影响灾后重建财政政策实施效果的因素进行分析。第三部分基于企业的视角，首先对样本企业基本特征进行描述性统计，进而对灾后重建财政支持政策的参与情况与政策实施效果做描述性分析和基于满意度的五级评价分析。

2. 典型区域灾后重建税收政策评估的实证研究

第一部分从受灾居民的角度出发，首先对样本区域的样本总体特征进行说明，进而分别从税收优惠程度与享受税种两个维度对典型区域灾后重建税收政策实施效果进行描述性统计，最后借助模糊综合评价法，以居民对具体税收种类和税收优惠政策实施效果的满意度为评价指标，对灾后重建税收政策实施效果进行实证分析。第二部分基于企业的视角，首先对灾后企业税收政策评估做出评估假设，通过层次分析法确定权重，在此基础上运用模糊综合评价法实证研究灾后重建税收政策在雅安汉源、荥经、姚桥、大邑、都江堰的实施效果，最后运用 Logistic 模型对影响灾后重建税收政策实施效果的因素进行分析。

3. 典型区域灾后重建金融政策评估的实证研究

以“汶川地震灾后重建金融信贷政策实施效果”作为第一级论域（U），分别以其分别在农村居民、城镇居民、受灾企业这三个方面的影响作为第二级论域（V），以政策中所体现的扶持重点为评价指标，采用熵权法确定指标权重，建立多层次的综合评估模型对灾后重建金融信贷政策实施效果进行实证研究。

1.3.3 灾后重建财税与金融政策的优化路径

本书基于对汶川地震灾后重建财税与金融政策的基本内容、理论研究与实证分析结果，归纳出影响灾后重建财政、税收和金融政策实施效果的因素，从总体和分区域、分层次三方面对政策进行了优化。第一，针对政府主体对政策总体进行优化；第二，针对不同区域对政策进行优化，根据不同的受灾程度，政府需要不同的倾斜政策来指导灾区的重建，即对极重灾区、重灾区、一般灾区三个地区分别制定财政、税收与金融政策；第三，针对不同层次的政策对象进行优化，即对居民和企业两个政策对象分别完善财政、税收与金融政策。

1.4 研究思路与方法

1.4.1 研究思路

本书基于政策评估的视角对我国汶川地震灾后重建财税与金融政策实施效果的评估问题进行了研究，在掌握基础资料和调研的基础上，分析了我国汶川地震灾后重建财税与金融政策的主要内容与提出背景，梳理总结了灾后重建财税与金融政策评估的理论与方法，构建了“综合评估模型”及其相应指标体系，并利用“综合评估模型”实证考察了典型区域下不同层面、不同维度的政策执行效果，最后提出了优化灾后重建财税与金融政策的主要路径，从理论和实证两方面探讨了我国汶川地震灾后重建财税与金融政策的执行效果及政策的存在价值，改善了人们接受公共政策资源的环境，为灾后重建提供了科学技术支撑，并为我国今后灾后重建政策的制定提供了借鉴。技术路线图如图 1-1 所示。

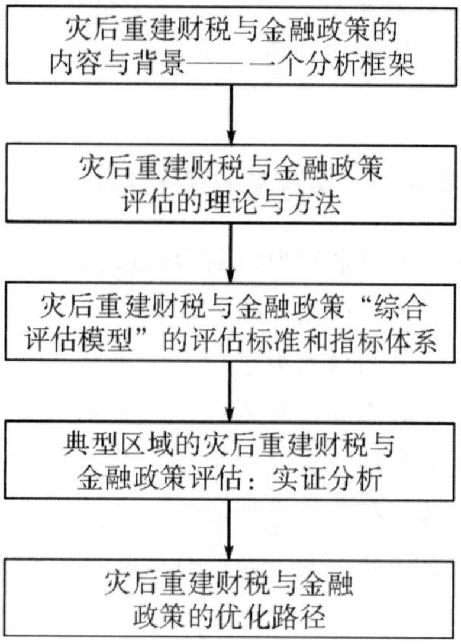

图 1-1　技术路线图

1.4.2　研究方法

本书主要采用了定性与定量分析法、实地调查法、统计分析法、计量经济模型法来研究我国汶川地震灾后重建财税与金融政策的执行效果及政策的存在价值，以确保研究的科学性、可行性和前瞻性。具体采用了以下方法：

（1）定性与定量分析法：运用层次分析法等设计灾后重建财税与金融政策“综合评估模型”的评估指标权重；运用模糊综合评判法对灾后重建财税与金融政策的实施效果进行定量分析和综合评估。

（2）实地调查法：因本书围绕汶川地震灾后重建财税与金融政策的实施效果问题及其优化路径进行研究，所以需要掌握受灾地区居民和企业的人口统计学特征、收入水平及其所在地区宏观环境特征等大量的数据信息。鉴于现有统计数据不能完全满足研究需要，为此本书课题组展开了对四川省受灾地区居民与企业情况的实地调查，以收集相关数据。

（3）统计分析法：本书基于实地调查数据，利用统计分析的方法对受灾地区居民与企业对灾后重建财税与金融政策的认同程度与主观认知进行了描述，比较了不同地区、不用主体、不同时期的政策实施差异性。

（4）计量经济模型法：为反映受灾地区居民和企业灾后重建过程中对财税、金融政策实施效果满意度的影响因素，本书建立灾区居民和企业整体上对灾区财税、金融政策实施效果满意度的二元 Logistic 模型，拟定相关的解释变量，用模型回归结果表明各变量对灾后重建过程中财税、金融政策实施效果影响的显著性。

1.5 创新之处

本书在构建“综合评估模型”及其相应指标体系的分析框架下，从理论和实证上诠释我国汶川地震灾后重建财税与金融政策的实施效果及政策的存在价值，为我国今后灾后重建政策的制定与实施提供了科学资料。相比国内外现有研究成果，本书的创新之处主要体现在以下三点：

（1）目前关于政策评估，特别是政策效果的评估方面的研究成果较为丰富和成熟，但较为遗憾的是关于灾后政策效果的评估相对较少，且相对比较分散、缺乏系统性和研究深度，特别是针对财税与金融政策方面的评估，国内研究很少涉及。因此，本书在分析我国汶川地震灾后重建财税与金融政策的主要内容与评估方法后，对我国汶川地震灾后重建财税与金融政策的实施效果及政策的存在价值进行评估，可弥补现有文献的缺陷。

（2）就目前形势看，政策实施效果评估在西方发达国家受到普遍重视，我国大部分研究仍然处于事前评估及执行评估的阶段，而对事后评估相对较少。由于政策实施过程中的变量因素非常多，关于灾后重建财税与金融政策的进一步研究应建立系统的评估体系，并在事后评估及对灾后重建财税与金融政策的实施效果定量与定性分析的基础上，尽量将模糊的因素做出定量说明再进行模型分析。因此，本书使用模糊综合评价法对我国汶川地震灾后重建财税与金融政策展开评估，这样的研究将会具有一定的理论意义、学术和实践应用价值。

（3）从整体上看，目前关于灾后重建政策评估的研究成果存在以下缺陷：没有形成深入、系统、全面的评估标准和评估指标体系，没有深入探讨支持重建的财税、金融政策的评估问题，因此，灾后重建财税与金融政策评估的现实需要将促进我们对已有成果进行扩展和深化。故本书构建“综合评估模型”及其相应指标体系对我国汶川地震灾后重建财税与金融政策分别进行实证分析，选取典型区域的不同层面（极重灾区、重灾区、一般灾区）、不同维度（农村居民、城镇居民、企业）进行评估，并从受灾地区群众与企业的角度对灾后重建财税与金融政策的效果进行满意度评价，这不仅为政府提供政策实施反馈意见，也为政府今后灾后重建政策的制定提供了前瞻性的决策依据。

2 理论基础与文献回顾

2.1 灾后重建的财税与金融政策研究

我国幅员广阔，同时地形地貌情况复杂，是一个自然灾害频发的国家。长期以来，发生在我国的自然灾害类型主要有地震灾害、滑坡、泥石流、干旱、洪水、低温冷冻、热带气旋等。而且由于我国经济基础薄弱，相应的社会建设体系也并未跟上世界先进国家的脚步。在我国，并没有对灾后重建建立完备的应急管理组织体系，灾后重建是在国家的领导下，靠政府救助、社会资助和灾民自助等方式完成。直到 2008 年的四川汶川大地震的发生才使我国真正考虑如何进行应急管理。

放眼世界上的发达国家，有效的灾害管理的实施是减少灾害损失、促进区域发展、国家进步、社会和谐的重要措施，而灾后重建是灾害管理的重要环节和过程，科学全面地进行灾后重建评估是评价灾情恢复、评估重建效果、衡量一国减灾灭灾和紧急救援水平的重要方法。所以在地震多发的日本，有着发达的预警系统、地震的防护措施和灾后管理预案。

世界自然灾害频发，无论是发生在日本东海岸的特大地震及其相伴随的海啸和核泄漏，还是美国的飓风灾害，以及发生在中国的汶川特大地震都造成了重大的人员伤亡和巨大的经济损失。面对这样的损失和惨痛，学术界和各社会团体组织对于灾后社会评估的问题越来越重视，提出了灾后重建除了关注经济重建效果以外，对于灾后社会组织系统、灾后家庭及社会支持系统、灾后农户生计系统、灾后社会公共服务、灾后性别影响、灾后食物安全系统、灾后社会心理、灾后社会安全等方面也应该进行调查评估。2009 年 10 月至 12 月，国务院扶贫办灾后重建办公室与德国技术合作公司合作开展了“《汶川地震灾后恢复重建总体规划》实施的社会影响”评估项目，对灾后居民的社会事业与日常生活、贫困人口、妇女、儿童、老弱病残、少数民族、社会心理等方面进行了评估，这是灾后重建社会影响评估工作取得重大进展的表现，也是国内灾后重建效果评估的珍贵资料。

1. 国外关于支持灾后重建的财税与金融政策研究

在国外，政府非常重视对灾后重建的政策安排。在学者研究层面，David 和 Patricia（2006）阐述了自然灾害对国家公共财政的压力，介绍了土耳其、埃塞俄比亚、墨西哥和加勒比海沿岸国家等发展中国家公共财政的巨灾保障政策模式；Wolfgang、Ahya 和 Kai（2012）则从政府公共财政管理政策的国家比较层面探讨了灾后重建政府公共财政管理的困境，并通过比较印度尼西亚、斯里兰卡、马尔代夫、巴基斯坦等八国政府灾后重建公共财政管理政策及案例来总结政府灾后重建公共财政管理的路径和框架。在国家和政府层面，美国、日本、印度尼西亚等国家建立了一整套关于自然灾害发生后支持灾后重建的财税与金融政策及法规。美国 1950 年出台了《灾害救济法》。日本 1961 年颁布了《灾害对策基本法》和《地震灾害应对计划》；在新潟地震发生后，又于 1966 年颁布了《地震保险法》；1995 年日本发生阪神·淡路大地震，政府积极承担政府责任和义务，制定了为期 10 年的“阪神·淡路震灾复兴规划”，并修订或新颁了《灾民生活重新安排支援法》《抗震建筑基准》《特定非常灾害法》等法律法规。印度尼西亚海啸发生后，印尼政府在灾后重建过程中成立了国家灾害应对署作为防灾减灾常设机构，注重中小企业的重建，为其提供小型的机器设配，出台了发放小额信贷和低息商业贷款等积极的金融政策，要求中小企业循环利用好融资的资金。这些都反映了国外政府在灾害危机管理中的政策内容。由此看出，即使是政府公共财政管理政策及其评估这一更为宽泛的领域，国外现有文献也多是对政府公共财政管理政策的介绍和比较，而缺乏对政策的评估。

2. 国内关于支持灾后重建的财税与金融政策研究

从国内研究看，王海滋 等（1997）从机会成本的角度，对地震灾害间接经济损失的基本概念进行了较科学的定义和分类，为正确评估地震灾害损失和防灾工程投资经济效益等提供了基础。我国学者苗崇刚（2007）分析了地震灾害资金补偿机制的重要性及完善措施。杨屹 等（2007）在《农民建房救灾资金分配中的补助标准的确定及其实证分析》一文中展现了农民倒房重建资金分配过程中政府与受灾农民就补助标准的各自出价行为，确定了农民建房救灾资金分配中的补助标准。郭复初 等（2008）、唐曼萍（2010）介绍了灾后重建的财税政策，并探讨了财税政策对灾后重建的影响及完善的政策建议。干胜道（2008）在我国《关于认真落实抗震救灾及灾后重建税收政策问题的通知》基础上提出了进一步实施灾后恢复重建税收优惠政策的建议。李连祺（2008）介绍了国际住房重建政策的成功经验和教训，提出了我国灾后住房重建政策的新思路。杨海燕 等（2008）认为应对川西藏区灾后重建采取特殊金融政策，包括赋予地区金融特权、调整信贷政策、创新融资方式、政策性金融体系整体变革等。姜林（2008）以四川绵阳地震灾区为例，探讨了灾后重建的金融支持政策制度设计。纪尽善（2010）则从灾后重建产业融资的视角分析了我国在汶川地震灾后重建中金融扶持政策的作用及尚存的不足。蒋远胜 等（2010）从灾后农房重建资金缺口及融资策略层面研究发现，虽然政府财政补助对农房的顺利重建起到了积极作用，但受建房成本提高、资金需求数量大、资金来源渠道单一等原因的影响，农户仍然存在较大的住房重建压力，需要增加政府金融支持政策的供给。张舒英（2011）通过分析日本灾后陷入财政困境的原因，表明国家财政一定要留有余地，即使实行积极的财政政策，也要控制在适度的范围内，不可过度透支公共信用，唯有如此，灾后重建工作才不至于陷于被动局面。刘敏（2011）分析了我国财政救灾项目的现状以及国外其他相关地区的经验，寻找确定灾害救助标准可考虑的原则、影响因素和计算方法，并在对现行标准进行分析和评价之后提出了系列政策性建议。王凤京 等（2012）在《灾后重建多元化融资体系的可行性分析——以汶川灾后重建为例》一文中，从资金需求方和资金供给方两个角度分析多元化融资的可行性，发现多元化灾后融资体系切实可行，是灾后重建融资长效机制的必然形式。王凤京 等（2012）提出灾后重建财政资金绩效分析需要运用综合绩效分析来负责总体效益监督，认为财政资金的绩效管理应采用项目绩效和综合绩效两个层次相结合的管理方式；要通过吸引其他渠道资金，促进政府财政资金绩效管理；要加快财政绩效管理的立法，为财政绩效评价体系提供法律和制度保障，以此构建科学、统一、完整的财政绩效评价指标体系。秦锐（2013）在《财政公共危机管理的财政保障研究》一文中表明公共财政应急保障体系是公共危机管理保障机制中的重要一环，加快对财政保障体系的研究对于，提高政策危机管理能力将发挥积极作用。潘兆宇 等（2014）通过分析灾区恢复重建的资金支持状况、存在问题及影响，针对灾后重建推进过程中的资金筹集与运用进行了相关研究，发现灾后恢复重建资金主要来自政府财政和金融机构，他们认为灾后重建工作应当开辟多种筹资渠道，着力构建多元化的灾后重建资金支持体系；创新金融支持机制，进一步拓展金融支持的广度和深度；优化重建资金的投向结构，加快实施产业重构，提高资金使用效率。宋文青（2015）在《灾后重建资金绩效评价文献综述》一文中对灾后重建资金的来源与筹措、资金的支持、资金的投向、资金的绩效进行了综述。

2.2 灾后重建的财税与金融政策评估研究

公共政策不仅是实现公共利益良性循环的重要前提，也是推动政策科学发展的强大力量，在当今世界社会、政治、经济发展中长期发挥着“助推器”的重要作用，因此，对公共政策的评估是实现社会经济活动及其相互关系稳定发展的现实性基础和保障。随着社会进步和时代变迁，尽管公共政策的定义和内涵在不断演变，但公共政策在很大程度上将会影响并且长期影响公共关系仍是当前的基本现实。

政策评估（policy evaluation）也称政策评价，是公共政策制定过程中具有重要意义的一个环节，自 20 世纪 70 年代以后逐渐成为社会科学领域中一个相对独立的发展方向。在世界各国，特别是西方发达国家，政策评估受到学术界和政府管理部门的普遍重视，且实践范围越来越广，成为社会科学中最为活跃的领域之一。政策评估作为一个独立的研究领域在我国出现于 20 世纪 80 年代后期，目前相关研究尚处于发展阶段。与政策制定和政策执行相比，政策评估仍是政策实施过程中较为薄弱的环节，缺乏必要的政策评估制度基础和政策法规。随着我国经济社会的发展和改革的深入，政策评估的强化是一个必然趋势。

在政策科学的发展历程中，对政策评估内涵的界定一直是国内外相关学者的研究焦点，且到目前为止尚未有统一的定义。

1. 国内专家对政策评估的定义

张金马（1992）在《政策科学导论》一书中认为政策评估就是围绕着政策效果进行的规范、测度、分析、建议等一系列活动的总称。规范即确定政策评估得以进行的标准，是科学评估的一个先决条件；测度即收集有关评估对象的各种信息，这些信息可以是高度精确的，也可以是不很精确的，甚至可以是完全凭主观印象的；分析是最基本的活动，对政策价值做出判断，得出结论；建议即提出下一步的行动方案，可针对某项政策本身也可面向政策过程或政府机构。李帆 等（2018）在《公共政策评估的循证进路——实验设计与因果推论》一文中明确提出公共政策评估的重点是事后的政策实施效果和影响评估，但同时还包括事前的可行性论证和风险分析、改革试点复制推广前的总结提炼，以及事中的政策实施的督查监测和修正纠偏。张国庆（1997）在《现代公共政策导论》一书中提出公共政策评估包括了确定事实、构建因果关系以及价值判断三个层面。李伟（2015）认为："政策评估的目的是改进公共政策系统，提高公共政策的科学性和可实践性，促进政策目标的顺利实现。"姜国兵（2012）在《公共政策绩效评估体系建构初探》一文中指出，构建公共政策绩效评估指标体系，需要紧紧抓住实现公共性、政府责任和公众满意三大核心问题及指标体系的形成维度。吴勇（2007）指出公共政策是指以政府为主体的公共组织，依据政府待定目标，对社会公共利益经由价值分配过程中所制定的引导、规范有关机构、团体和个人行为的方案。陈振明（2003）认为，政策评估就是依据一定的标准和程序，对政策的效益、效率、效果及价值进行判断的一种政治行为，目的在于取得有关这些方面的信息，作为决定政策变化、政策改进和制定新政策的依据。

台湾学者林水波、张世贤（1982）认为："评估是一种过程，这个过程在于确立重要的决策范围，选择适当的资信，收集与分析资信而做成有用的摘要资料，提供决策者选择适当的政策方案之基础。"强调的是对政策方案的评估。

综合以上学者观点，笔者认为，政策评估是指在特定的政策制度下，评估主体按照一定的评估标准，对公共政策的质量和效果以及构成政策系统的诸要素、环节和评价方法进行局部或全面分析，并获得相关信息与政策结论的过程。

2. 国外专家学者对政策评估的界定

政策科学的主要倡导者和创始人之一的哈罗德·拉斯韦尔（1951）在《决策过程：功能分析的七种类别》一文中把"评价功能"（appraising function）定义为"就公共政策的因果关系作事实上的陈述"。威廉·N. 邓恩（2002）认为，政策评估是用多种质询和辩论的方法来获得政策的相关信息，使之有可能用于解决特定政治背景下的公共问题的一项工作。弗兰克·费希尔（2003）认为，政策评估是一种社会科学，主要是"政策分析"和"政策科学"的结合应用活动，其既可以侧重于对政策的制定与实施过程（即"过程评估"）或政策的实施结果（即"结果评估"），也可以侧重于对政策预期效果的评估（即"事前评估"）或对政策运用之后的实际结果的评估（即"事后评估"）。美国学者 N. E. 格朗兰德（2003）对评估的定义是：评估等于量或质的记述加上价值判断。这里"量或质的记述"就是对事物现状、属性与规律的客观陈述；所谓"价值判断"，就是在事实判断的基础上，根据人的需要和愿望对客观事物做出判断。

Charles O. Jones（1984）在 *An Introduction to the Study of Public Policy* 一书中认为，政策评价是在政策执行之后，政府有关机构对政策执行的情况加以说明、检核、批评、量度和分析的一系列活动的总称，其目的在于确认政策是否正确和推断政策的利弊，从而为将来改进政策提供参考。托马斯·R. 戴伊（2008）在《理解公共政策》一书中基于政策过程模型来认识政策评估。政策过程模型描述了一个“反馈”的关系——对当前政策的评估可以确认新的政策问题，从而进入新的政策制定过程。这一模型将评估视为政策制定过程的最后一步，它意味着决策者试图了解他们所制定的政策“是否实现了既定的目标”“需要多大的成本”以及“对社会将产生什么样的预期的和非预期的后果”这三个问题。基于以上认识，托马斯认为，政策评估研究是对实施中的政策、方案，相对于他们的预期目标而言，作用于目标群体的效果进行的客观性、系统性和经验性测量。詹姆斯·E. 安德森（2009）在《公共政策制定》一书中认为，政策评价主要研究“政策对其所欲解决的问题产生何种影响？政策的效力或效率如何？谁负责政策评价？评价的后果为何？是否需要修订、变更或者废止原政策？”上述概念均将评估活动看作是以一定的主观标准去审视客观价值的活动。

Hogwood 和 Gunn（1984）在他们合著的 *Policy Analysis for the Real World* 一书中指出，政策过程存在两种状态：其一是应然状态，即政策应该怎样制定；其二是实然状态，即制定了怎样的政策。政策评估是介于应然状态和实然状态之间的活动，是实然政策分析和应然政策分析的分界线。迈克尔·豪利特和M. 拉米什在《公共政策研究》（2006）一书中将政策评估分为行政评估、司法评估和政治评估。从学习的角度看，他们认为公共政策评估是政策的行动主体对于政策问题的性质及其解决方案的动态学习的重复过程，政策学习就是政府在过去经验的基础上对新形势的反应。

综合以上各种观点，政策评估包括五个层面的定义：①政策评估的着眼点应是政策效果；②政策评估主要是对政策方案的评估，属于政策评估中预测评估的范畴；③政策评估要达到促进政策目标顺利实现的目的；④政策评估是对政策全过程的评估，既包括对政策方案的评估，还强调对政策执行以及政策结果的评估；⑤政策评估就是发现误差，修正误差。这些定义各有千秋，本书结合研究需要将政策评估主要看作对政策结果的评估。综合考虑后，本书采纳了学者陈振明（2003）的定义：政策评估是依据一定的标准和程序，对政策的效益、效率及价值进行判断的一种政治行为，目的在于取得有关这些方面的信息，作为决定政策变化、政策改进和制定新政策的依据。

政府的扶持政策（特别是财税支持与金融扶持政策）一直是各国灾后重建中面临的重要甚至核心问题。灾后重建财税与金融政策是政府发挥其公共管理职能、运用公共财政资源及国家宏观金融调控机制鼓励灾区人民及受灾企业重建家园、恢复生产和促进灾区各项事业协调发展的重要政策资源。在“5·12”汶川特大地震发生后，我国将地震灾后恢复重建问题提到了空前重视的高度。党中央、国务院及地方各级人民政府相继出台并实施了支持灾区人民和受灾企业恢复生活、生产的各项财政、税收与金融政策，对促进灾后重建工作的有效开展起到了积极的作用。目前，这些政策已在帮助灾区人民重建家园、恢复生产、重振信心方面发挥出积极而深远的作用，在很大程度上决定了灾区恢复重建的发展前景。

2.2.1 政策评估的范式

2.2.1.1 政策评估范式的演进

由于受到行为主义政治学理论的影响，早期的政策评估比较重视评估技术与事实分析，其核心就是检测政策的绩效与效率。20 世纪 80 年代中期以后，在后行为主义的影响下，政策评估理论开始从价值和伦理出发，着重讨论政策“绩效和效率究竟为谁服务”的问题，认为政策评估若抛开价值、公平性、妥当性来对社会发展的总体影响进行分析，那么评估理论的研究将失去社会意义。Guba 和 Lincoln 在 1989 年将政策评估研究划分为四个阶段：

第一阶段，从 1910 年到第二次世界大战期间，是第一代评估范式。这个阶段的标志是“测量”（measurement），认为“政策评估即实验室实验”。评估的重点放在技术性测量工具的提供上，以实验室内的实验为主，比如对智商、学习成效进行测量。政策评估者相当于技术员。第一代评估的不足在于，过分重视测量和实验室评估研究的结果，而没有顾及实验室的评估能否适用、能否推广到现实生活中去。

第二阶段，从第二次世界大战结束到 1967 年，是第二代评估范式。这个阶段的标志是“描述”（description），主张“政策评估即实地实验”，强调现实生活实地调查的重要性。除仍保留技术测量的特性外，重点强调描述的功能，通过描述的方式揭示政策执行效果的优劣，政策评估者逐渐变成了描述者。这种以客观事物为取向的描述有致命的缺陷，即过分强调政策评估的价值中立，而实际上，调查活动本身就有意无意地包含了评估主体的价值偏好。

第三阶段，从 1967 年到 1980 年，是第三代评估范式。这个阶段的标志是

"判断"（judgment），认为"政策评估即社会实验"，强调价值判断功能，将重点放在社会公平性议题上。评估者不再简单地测量和描述政策效果，而是根据调查、实验并结合自身的经验进行判断，从而影响决策制定和政策调整，该范式认为评估者是判断者。这种评估范式虽然相对前两代范式而言有所改进，但仍存在偏重于定量研究、趋于管理导向、缺乏对统治阶级以外群体利益的关注等缺陷。

第四阶段，1980 年以后，是第四代评估范式。这个阶段是"回应的建构性评估"（the responsive constructive evaluation），其核心是"协商"，认为"政策评估即政策制定"。其焦点不再是目标、决定、结果或类似的组织者，而是诉求、利益和争执，涉及众多的利益相关者。第四代评估范式分享着一个结果性的信念：价值多元主义。由于不同的判断在面对同一事实性证据时引起利益相关者价值上的冲突，因此，政策评估者应该扮演问题建构者角色，重视利益相关者的诉求、利益和争执等回应性表达。通过与利益相关者的反复论证、批判和分析，使政策评估者与利益相关者之间形成对问题的共识。第四阶段的评估范式开始运用定性研究的方法，认为评估不仅注重技术精良和方法严谨，更要具有实用价值。

政策评估范式经历了从实证本位到规范本位的演变，最近的发展强调两者的统一。实证本位的评估主要是从事实的角度，运用政策实验法、社会指标法、效用分析等数理的方法和模型，对政策效果进行相对精确的测量。20 世纪 70 年代中期以后，政策评估范式开始转换到重视价值分析的规范本位，注重辩论和批判的诠释方法，运用定性研究方法来测评政策产出和影响。美国学者费希尔强调实证评估和规范评估的统一，提出了将事实和价值结合起来进行评估的多重方法论框架结构，推动了政策评估的研究。

Rebien（1996）基于 Shadish（1991）等人的理论，认为政策评估活动经历了三个主要阶段。在第一阶段，自然科学的研究方法被引入社会科学，政策评估往往是定量化的，目的在于解决社会问题，评估者也会参与决策制定和调整。在这一阶段，人们假设政策干预可以随时调整并立即生效，因此认为评估的结果会直接影响实践。到第二阶段，人们认识到变革不是一朝一夕的事情，评估者也难以影响决策制定，因此评估成功的关键在于其结果能否被采用。为此评估活动邀请更多的相关者参与以便增加评估结果的使用率。第三阶段综合了前面两阶段的特点，既承认社会变革是逐步产生的，又认定评估将在长期的变革与政府干预中扮演重要角色。它强调评估的系统性和全面性，认为政策评估应该综合评估者的经验判断和相关者的感知，评估结果既可以改进现有政策也可以增进学习以促进将来的决策制定。

2.2.1.2 政策评估现有的惯用范式

按照评估的动机，现有的政策评估范式大体可以分为两类：一类是政府或政策制定部门组织的评估，旨在了解政策的实施效果，为评价当前工作效果或为今后的政策制定提供依据。它可能是政府部门的自我评估也可能是请学者和专业机构进行的评估。另一类是学者或其他人士出于研究目的而进行的评估活动，旨在总结相关规律或完善相关理论等。

经济合作与发展组织（OECD）国家大多对所指定的政策进行评估，也发布了众多的评估报告。世界银行和亚洲开发银行等国际组织也都设有运行评估部门（operation evaluation department）之类的部门，以便对其所颁布的援助发展中国家的政策和资助项目进行评估，并且发布了一系列评估标准和评估报告。这些评估大多以对比分析为主，采用定量分析的方法，通过对项目实施前后经济指标的比较来判断相关政策的效果。也有一些列出了评价指标体系，按照指标打分进行政策评价。我国的政策评估大多采用建立指标体系的方式，其中部分指标通过调查和统计数据得到，另一些不易获得实际数据的指标则采取专家打分的方式。

与政府和机构组织的评估相比，个人进行的评估研究范式更为多样化。有些评估者通过定性的方式描述政策影响以评估其效果；有些评估者通过实验或准实验的方式比较政策的效果；也有一些评估者采用了较具创造性的评估方法。但与理论研究相比，实际评估中采用的范式较为单调，且受到数据等的限制，很多评估无法按照既定范式进行。

2.2.2 政策评估的模型与应用

2.2.2.1 政策评估的模型

政策评估模型是西方政策评估研究的重要内容，在西方政策科学领域中，具体的政策评估模型有多种。西方政策科学家一直在尝试用一种统一的分类标准来对其进行分类。“组织者”（organizer）是评估中提出的基本问题，通常，所选择的价值标准就是评估的“组织者”，这样根据“组织者”的不同就形成不同的评估模型（evaluation model）。在 1981 年 Guba 和 Lincoln 的教育评估论文中提出的“组织者”含义的基础上，瑞典学者 Vedung（1997）在“Public policy and program evaluation”中，从政策科学和更广阔的社会科学视角出发，赋予了“组织者”更多抽象的含义，提出了关于政策评估模型的系统分类。Vedung 的评估模式理论也成为目前比较具有代表性的分类方式。Vedung 的政策评估模型如图 2-1所示。

- 评估模型
  - 效果模型
    - 目标
      - 目标达成模型
      - 侧面影响模型
    - 结果——自由目标评估模型
    - 系统组成成分——综合评估模型
    - 关注顾客——顾客导向模型
    - 关注利益相关者
      - 利益相关者模型（北美）
      - 政策委员会模型（瑞典）
  - 经济模型
    - 生产模型——生产率模型
    - 效率模型
      - 成本—利益模型
      - 成本—效益模型
  - 职业化模型——同行评价模型

图 2-1　Vedung（1997）的评估模式分析模型

Vedung 从政府干预的实质结果入手，按“组织者”的不同将评估模型分为三大类：效果模型（effectiveness models）、经济模型（economic models）和职业化模型（professional models）。效果模型由一个相当大的、各不相同的模型组成。除了传统的目标达成评估（goal-effects evaluation）外，效果模型还包括侧面影响模型（side-effects evaluation）、自由目标评估模型（goal-free evaluation）、综合评估模型（comprehensive evaluation）、顾客导向评估模型（client-oriented evaluation）和利益相关者模型（stakeholder model）。经济模型与效果模型的不同在于前者关心成本问题，而后者是忽略成本的。经济模型的两个基本变种是生产率模型（productivity model）和效率模型（efficiency model）。职业化模型并不直截了当地关心评估的内容，因为它把重点放在了执行评估的人身上。最著名的职业化模型是同行评议模型（peer review），这种方法举例子来说，就是教授评估教授、工程师评估工程师、外科医生评估外科医生等。

下面我们将对效果模型中的目标达成模型、侧面影响模型、自由目标评估模型、综合评估模型、顾客导向模型、利益相关者模型、经济模型、职业化模型这八种基本模型及其应用领域作简要的评述。

1. 目标达成模型

目标达成模型是探讨评估问题的传统方法，它的两个基本的组成部分分别为：①目标达成评价——关注的是结果与政策目标是否一致；②影响评价——关注的是结果是不是由政策所造成。如此，应用目标达成模型，要按以下三个步骤进行：①明确政策目标及它们的真正含义，并将它们按重要性程度加以排序，再把它们转变成可测量的客体；②测定这些预定目标实际可在多大程度上实现；③弄清楚政策促使或阻碍目标实现的程度。可以看出，目标达成模型是将预定的政策目标作为评估的标准和组织者，目标便是评估的逻辑起点。因而，评估的主要任务是判断预定政策目标是否已经实现以及政策在多大程度上有利于目标的实现。目标达成模型的使用范围十分广泛，它可在各个层次的政府干预中应用。如大到联合国开发计划署的人类可持续发展战略、欧盟关于建立欧洲统一货币体系的政策，小到某国的货币、财政政策，某省的农业发展计划，甚至是某个县（市）招商引资政策等都可用目标达成模型进行评估。而且，它可在各种类型的政府政策评估中应用。政策可以是政治、经济、社会或文化等方面的，也可以是关于组织变动、社会服务或新的法规实施等方面的。所以，在目标达成模型的应用中，不管是政策的类型还是政治或行政部门的级别都是不重要的，或者说，可以不予考虑。

目标达成模型作为一种古老的传统的方法，它在早期的研究工作中是占了统治地位的，而且不断发展应用至今。但自 20 世纪 70 年代以来，由于该方法自身缺陷的不断暴露，它连续不断地受到攻击。但不可否认，它的作用无可替代。Vedung（1997）对它鲜明的优点与缺陷做了较具体的阐述。在他看来，存在三个主要原因去推崇目标达成评估模型：第一，体现了民主。目标达成模型是以预定的政府政策目标作为评估的组织者，而政府的政策目标与其他社会生活行为的最根本不同之处在于，前者通过正式的政策制定机构形成，并在操作上制度化。它们是公开而法定地被人民代表在政治会议上所采纳，体现了政治过程中的民主。同时政策目标是在责任感之下制定的。政治官员原则上考虑的不仅仅是他们自己的意愿，而且要考虑可利用的资源，绝不是为所欲为。而部分利益团体，如各种压力集团，在追求利益和设定目标时根本就不考虑普通民众利益或财政情况。第二，提供了客观的评估标准。所有的评估都需要价值尺度来评价政策。目标达成模型提供一种客观解决价值标准问题的方法。因为它以既定的政策目标作为组织者，以政策目标来判断政策结果，所以可避免评估者在评估项目的价值问题上持个人主观的标准。既然价值问题能够以客观形式解决，整个评估也就可以按客观形式进行，而且，如果将评估工作交给那些学院的社会科学家或独立的研究组织去做的话，那么评估就会更为客观、真实。第三，具有简单性。这个模型只包含两个主要的问题，即“结果是否与目标一致？”“结果是否由政策所引起？”这非常容易理解与应用。

由于该模型将一个复杂的评估问题处理得过于简单，故而其缺点也是很明显的，Vedung（1997）认为目标达成模型的缺陷表现在五个方面：第一，忽略了成本。这是效果模型中普遍存在的问题。政策的实施、目标的实现，必然要投入大量的人力、物力、财力与时间等各种资源，但这些资源在目标达成模型中完全被忽略了。缺乏成本意识表明目标达成模型不可能成为政策评估唯一有效的模型。第二，在目标不清的情况下难以应用。目标不明往往是政策分析中存在的问题。目标都不明，又如何可用作判断的标准呢？目标不明主要有两种表现：一是大多数政策都具有多重目标，有些目标之间还存在着矛盾；二是有时政策制定者和执行者还有意用含糊的不太确定的形式来表达和说明政策目标，或者目标同时存在两个或更多的含义，或者目标模糊而界限不清，以此增加某种应变的能力或成为处理政治冲突而不真正解决它的权宜之计。第三，不考虑预料之外的结果。评估者将自己限定在只考虑预定的政策目标的结果上，而那些偶然发现的结果或没有预料到的副产品却不包括在主要的评估过程中，这是片面的。第四，忽视了公共政策制定中隐秘议程（hidden agendas）的作用。政策分析家将官方宣布的表面的预定目标作为评估的组织者，而忽视在政治游戏现实中的一些重要东西。官方宣布的目标可能有着象征性意义，并不打算会实现。一旦象征性意义达到的话，政治家就失去兴趣去实施项目的表面条款了。如禁烟日的设立只是号召人们关心健康、少抽烟、不抽烟而不是真正下大力气禁烟。那么在这种情况下，目标达成模型只是将表面的目标作为评估标准，往往是无效的。第五，忽视实施过程。在模型中，实施过程被看作是一个黑箱，模型关注的只是项目结果，而那些使政策产生结果的组织、制度和执行都不予考虑。“目标达成模型”认为政策执行者是严格按照决策者的意旨行事的，但事实并非如此，因为会存在如“政策扭曲”“上有政策，下有对策”的现象。

2. 侧面影响模型

目标达成模型只将政策实施后在目标领域内取得的结果作为评估对象，不考虑它在整个社会范围内带来的其他影响。实际上，政府行为的外部效应是很强的。一项政策实施后将会在目标领域之内、目标领域之外出现许多预料不到的、或不希望出现的结果。政策评估者如果要客观、全面地评估一项政策，就必须将这些结果都纳入考察范围。侧面影响（side effects）是指项目目标范围之外的影响，与主要效果（main effects）——政策制定者有意识地想要得到的主要的实质影响——相区别。侧面影响模型的特征是预定目标仍然是基本的“组织者”，但是要充分考虑到侧面影响的存在。

在政策活动中，有可能导致反常效果（perverse effects）的出现，反常效果是指产生的与预期目标完全相反的结果；也可能导致零效果（null effects）的出现，即在目标范围内没产生任何影响。反常效果与零效果有别于侧面影响，前二者产生在目标范围之内，而侧面影响则是在目标范围之外。提出这几个概念，是因为一直以来社会理论家之间对此争议很大。卡尔·波普尔在他的《猜测与反驳》一书中有力地证实了反常效果和副产品对社会科学家来说是如何构成中心问题的。社会生活中最令人惊叹的事是没有任何事情能像预测的那样准确出现，事情总会出现那么一些偏差。在社会生活中我们很难准确地产生我们所希望达到的效果。不仅如此，我们常常得到我们并不想要的东西。即使我们按头脑中的目标行事，但除了这些目标（它们可能或不可能真正实现），随之而来的是一些不想要的后果，而且通常这些不想要的后果不能消除。

侧面影响在人们的印象中似乎带有贬义，但它并非总是有害的，也可能是有利的。侧面影响既可以是预期的，但毫无疑问也可能是非预期的。一些政策分析家甚至认为大部分侧面影响在决策做出时是非预期的。而非预期的侧面影响可能是评估者最为关注的，但用什么样的标准来评价这些影响却是一个难题（由于它们是预料之外的结果，因而不可能有事先规定的衡量标准）。如果这些"侧面影响"无法评价，那么怎样得出最后的评估结论呢？Vedung（1997）的建议是，能够评价的就给予评价（如目标领域内取得的结果），将不能评价的那些"侧面影响"列举出来，留给决策者（或其他用户）自行评价。因此总的评估结论就只能由他们自己来做了。

重视反常效果的重要性对每一个评估者来说都是不言而喻的。如果政策产生了与主要目标完全相反的结果，那一定是政策行不通或执行出了差错。但为什么一定要重视侧面影响呢？因为侧面影响不管是有害或有利的，都是综合评价政策执行的关键因素。项目可能产生副产品，副产品反过来组成或制造新问题，从而又产生新的政策。解决问题变成问题需要解决，接下来问题又需要新的解决，如此反复。可以说，有关侧面影响的信息对于任一项政府政策的综合性评价来说都是不容忽视的，不及时发现与及时解决都可能导致更复杂的问题出现。非预期的侧面影响必须引起评估者的高度注意。真正的政策结果总是多少与政策主体在采取行动前所期望的不一样，这归因于结果是由项目的实施而产生的这个事实，在实施中由于各种环境因素的影响必然要产生偏差。

侧面影响评估遇到的主要挑战是判断价值时应用什么样的标准。理想的情况是，评估者会权衡所预期的主要效果的价值和有利或有害的侧面影响的价值。这样完成评估则需要主要效果的价值标准，每种侧面影响的价值标准和两者权衡的价值标准。Vedung（1997）也没有明确指出标准是什么。但他指出，除了勾画出主要效果并与既定目标比较外，还要标出侧面影响并由委员们和其他评估的使用者去明确它们的价值。计算全部价值的方法就是，将知道的每一个单独侧面影响的价值与主要效果价值相加或相减。

3. 自由目标评估模型

政策评估者的任务是评价一项政策的综合效应，这就要求他对各种现象的判断不能带有任何主观倾向性，而侧面影响模型将政策效应划分为若干层次，有意突出了目标领域内的政策效应，显然是有偏见的。为了消除这一缺陷，有人提出了“自由目标评估模型”，让评估者在没有任何目标约束的条件下开展评估，全面考察政策实施带来的方方面面的影响，不论它们是预期的还是非预期的。

斯克里文猛烈抨击评估者沉迷于预定的干预目标，被牵着鼻子走。因为有关预定目标的知识可能会变成思想的禁锢，从而阻碍评估者去注意侧面影响，特别是没有预期到的侧面影响。从这种意义上说，自由目标评估模型正是解决侧面影响问题的一种尝试。它对政策效果持广阔的视角，小心避免主要效果和侧面影响之间的区别。模型可以帮助评估者全面关注结果，尤其是一些可能被忽视的结果。

自由目标评估模型试图去掉附在副产品、非预期后果的发现上的消极含义，但自由目标评估模型又绝不等于侧面影响模型。如前所述，侧面影响模型仍然是“基于目标”之上的，同时辅之以对各种侧面影响的考察评估，而自由目标评估模型完全抛开了政策的预定目标，只对后果感兴趣，所有的效果也无轻重之分。当政策目标不明确时，自由目标评估模型似乎给出了一种解决办法，干脆将这些目标撇开，只看它所产生的效果。

自由目标评估模型很显然与结果导向管理有关。它建议评估者只需描述事实、结果，而对判断标准的应用、把判断糅合成价值和用结论来指导未来的行动等工作最好是留给决策者去做。

自由目标评估模型存在的局限性表现在：第一，一味回避目标，等于无视民主。既然政治主体在规定的程序下采纳了干预目标，那么这些目标必然在一定程度上符合民众利益而应该被吸收进评估模型。自由目标评估模型完全抛开了这些政策干预目标，实质上忽视了民众持续的或偶然的愿望表达。斯克里文在创立这个模型时没有意识到这个问题，其他有关自由目标评估模型的文献同样也没有意识到。第二，没有提供判断价值的标准。自由目标评估模型似乎让人感觉它只是效果或后果分析而不是评估，但它提供了公共政策评估中的价值标准问题的制度性解决办法，那就是找出所有有关的项目结果，但将它们的价值留给合适的决策者和权力使用者去判断。斯克里文并不认为缺乏评估标准是一个问题，他认为价值是由相关的项目结果所决定的，这一结果又与受影响对象的有关需要相联系，而不与预定标的方案的目标相关。它可以称作是基于需要的评估和基于目标的（管理者导向）评估相比较。第三，难以操作。斯克里文认为，项目的效果要和顾客以及受影响人们的需要相比较，但评估者如何来查明需求呢？从方法论上来说，找出需要比描述结果或让顾客做评估难得多。第四，它与目标达成模型一样，忽略成本。

4. 综合评估模型

一项政策从酝酿、制定、实施到最终成功或失败，通常要经历比较长的时间。从某种意义上说，它类似于产品生产过程，“投入”（input）、“转化”（conversion）、“产出”（output）三个阶段必不可少。那么，评价一项政策的成败、优劣，仅仅看它取得的最终结果，有失偏颇。而将政策的前期准备（投入）、落实（转化）、取得成果（产出）三个阶段都纳入评估范围的模型就是这里所说的“综合评估模型”。在评估过程中，对上述三个阶段都要进行“描述”（description）和“判断”。需要“描述”的内容有两项：各阶段的目标和实现情况。而“判断”则首先要明确评估标准，然后拿目标、现实情况与之进行比较，进而得出评估结论。综合评估模型的评估范围比目标达成模型要广泛得多。它认为，判断阶段不应只局限在已得到的结果上，而至少应包括执行，甚至还应包括计划。综合评估模型力图弥补目标达成模型忽视实施过程的这个缺陷。两者的主要区别在于目标达成模型关心的是预定的和实际的结果是否相符，而综合评估模型显然也包括判断政策的计划、决策、执行阶段。

综合评估模型在每一阶段中区分了描述和判断两个范畴。描述这一范畴又细分为目标和现实情况，判断则分成标准和判断，因而整个政策被分成了十二个单元，如表 2-1 所示。

表 2-1　综合评估模型框架

投入阶段	描述： ①目标（指定了什么样的目标，希望得到什么样的效果） ②现实情况（发生在这一阶段的活动的相关数据；对现状的描述） 判断： ①标准（作为比较基础而使用的价值标准） ②判断（将目的、现实情况和标准进行比较的过程）
转换阶段	描述： ①目标（所制定的政策或计划的内容） ②现实情况（政策或计划的实际落实情况） 判断： ①标准（作为比较基础而使用的价值标准） ②判断（将目的、现实情况和标准进行比较的过程）

表2-1(续)

产出阶段	描述： ①目标（政策或计划所预期的结果） ②现实情况（政策或计划执行后所收集的与实际结果相关的数据） 判断： ①标准（作为比较基础而使用的价值标准） ②判断（将目的、现实情况和标准进行比较的过程）

显然，在综合评估模型中，评估者的首要工作是比较预期目标与实际结果，即目标与现实。在“描述”这一范畴中三个阶段的基本问题为：①前期准备工作是否如期完成？②项目是按预期的那样执行吗？③实际结果与所希望的一致吗？从这里，我们可以看出，目标仍然是评估活动的“组织者”。而在每一阶段的“判断”，也就是拿现实情况与预期的目标比较。

同其他模型相比，综合评估模型有两个突出的优点：第一，政策的制定和落实过程都属于评估范畴，故而评估结论能够较好地反映决策民主化程度以及政策执行程序的公开、公平、公正性；第二，对政策实施后出现或不出现某个结果的原因能够给予较好的解释。如果政策实施效果难以物化甚至难以描述，那就只能依赖对政策过程的评估了。

同时，综合评估模型也存在一些缺陷，如它只关注官方具体目标而排除侧面影响、不重视成本、忽略顾客的看法等。同时评估的实践者也发现，模型的十二种设计很难理解和操作，这种复杂性使得它的实际应用受到阻碍。

5. 顾客导向模型

上述几种模型与“顾客导向模型”属于两种不同的类型——前者是从政策制定者的角度出发来考虑问题，后者则着眼于政策接受者（addressees）或者“政策用户”的目标、需求、关注点等。

Vedung（1997）认为，“收件人”“标的”“顾客”“接受者”“参与者”“消费者”“受益人/受害人”均可用来表示公共干预的标的，但现在使用频率最高、广为接受的是“顾客”。企业是为赢利而存在的，要赢利就必须使顾客满意，所以在竞争的环境中，企业知道必须对顾客予以极大的注意，但在公共组织中甚至不知道谁是顾客，要真正为谁服务。“顾客导向”的政府向顾客提供选择，把各种资源直接交到顾客手里，让他们选择服务提供者，从而开始让顾客坐到驾驶的座位上，并且“为顾客建立后果负责机制”。顾客导向评估正是基于这样一种观点：公共行政在市场领域为顾客提供物品与服务，顾客所表明的对服务供应的态度会导致服务交付的改进和顾客满意度的提高。

需要强调的一点是，政策用户与政策评估报告的用户是不同的。我们所说的

“顾客导向”，指的是“政策用户”导向，而不是“报告用户”导向。只有按照政策用户的需求进行评估，才可能将公众意见反映到评估结论中，进而影响下一步决策。此外，由于种种原因（如政策的外部效应、政策的扭曲、同一政策在不同制度环境下的不同效果等），政策的目标用户与实际用户往往是不一致的，用户的定位点应该是实际用户而非目标用户。评估者需要通过深入分析和细致调查对其加以区分。

开展顾客导向的评估，首先要进行政策用户的定位（除非评估对象是针对全体公民的政策）；其次要确定评估样本（一般情况下，政策用户的数量都非常庞大，因此只能进行抽样调查）；第三步自然就是调查用户意见了。那么，需要向用户调查哪些内容呢？顾客导向模型并没有给出确定的答案。它允许进行广泛的、多样的评价。根据不同的评估对象，可以有各种不同的选择（政策制定、实施直至终结各个阶段的相关内容均可纳入考察范围）。评估工作的最后一步是对调查结果进行统计分析，进而做出评估结论。

顾客导向模型体现了民主和参与。由顾客评估公共服务，表明顾客处在主动的位置上，而不是被动地接受服务；参与的特征表明，顾客可以对服务供应者表达他们的不满和需求，从而在一定程度上影响服务供应者并使之为服务内容负责。这种模型也使得评估结论更易为政策制定者或服务供应者使用，使他们一目了然地知悉哪一方面顾客是满意的，哪一方面顾客的抱怨很少，哪一方面顾客有怎样的需求，从而为进一步改进工作指出方向。

Vedung 还指出，顾客的价值标准在公共服务方面的评价，比在受规章限制的政府干预的评估中扮演更占统治地位的角色。也就是说，目前在西方国家，顾客导向模型得到了广泛应用，尤其是涉及向公众提供公共服务的政策领域，如公共交通、绿化、环保等。但仍要记住：“消费者永远不会错”不可能是所有评估的指导原则，因为顾客的价值标准是以个人利益倾向为准，可信度要打折扣。因而顾客导向模型也只起一个补充作用。

6. 利益相关者模型

“利益相关者”（stakeholder）一词的本义是指在一个企业或一项商业活动中拥有投资份额、股份或其他相关利益的个人或组织。而政策评估活动中的“利益相关者”如何定义是一个难题。显然，利益相关者是一个范围极广的概念，这一模型也没有明确界定它的范围。我们不妨参考联合国开发计划署（UNDP）对重要的利益相关者进行的界定：①目标群体，即从计划/项目的结果中最终受益的那部分目标人群；②直接受益者，一般是指在承担由特定目标群体所指导的开发任务的同时，可加强其能力的直接的技术合作团体或个人；

③直接管理者，即那些负责保证按计划产生结果的计划管理者及政府职员（在国家执行方式下）或联合国执行机构的雇员；④资源提供者，即负责向计划/项目提供资源的国家政策制定者及预算部门、投资人以及其他开发合作伙伴；⑤外部咨询顾问、供应商以及其他对计划/项目提供工作支持的个人或机构；⑥在本计划/项目环境中可能受到计划/项目结果影响或对其感兴趣的其他机构（私人实体机构、社会组织）。

Vedung（1997）在 *Public Policy and Program Evaluation* 一书中专门就利益相关者评估模型在瑞典和北美的不同操作方式做了说明：在瑞典，由相关利益人组成“特别政策委员会”（adhoc policy commissions），对他们所关心的政策自行评估；在北美，则由评估专家做评估，利益相关者仅是采访或咨询对象。

利益相关者模型是在顾客导向模型的基础上发展来的，因而其运作程序与后者非常类似。不过，实际操作起来，这种评估方法难度很大。评估者必须对利益相关者的需求、关注点十分敏感，把握得非常准确，否则调研工作将很难进行。评估者与被调查者对问题的认识不可能完全一致，相差甚远也不足为奇。因此，评估者在调研过程中，需要不断调整原定计划（如修改样本、重新设计调查问卷等），使评估报告能够充分反映利益相关者的真实想法。

利益相关者模型的评估程序包括：①利益相关者的定位；②利益相关者抽样，确定评估样本；③调查利益相关者的意见，内容视评估对象而定；④对调查结果进行统计分析，做出评估结论。

利益相关者模型的优点是很明显的。第一，评估者对于一项政策所涉及专业知识往往知之甚少，给评估工作带来了很大的困难，但通过与利益相关者的交流，通常可以解决这一难题。第二，该方法不囿于既定的政策目标，而是综合考察政策制定、实施过程中涉及的各种因素，故而最大化地反映了现实情况。第三，如果不了解利益相关者的需求和关注点，而由评估专家独自做出的评估报告往往会被决策者束之高阁，从而失去了评估的意义；利益相关者模型将各方面的意见都反映到评估报告之中，其政策建议也最易于操作，因而应用价值是较高的。

但是，利益相关者评估方法也存在明显的缺陷。最突出的一点是，它要将方方面面的意见都收集起来，耗费的人力、物力、财力之大可想而知，故而真正实施很不容易；其次，到底谁是“利益相关者”，往往没有明确的答案，这就不可避免地会造成操作上的随意性，进而影响到评估结论的权威性；第三，相关各方不可避免地存在一种倾向——过分强调自己的利益，忽视别人的利益，这样就会出现不少难以调和的矛盾，正所谓“公说公有理，婆说婆有理”，然而他们自己的某些说法往往过于武断，难以反映现实情况，根据这样的调查结果来做评估，显然是不理想的。

7. 经济模型

如前所述，所有的效果评估模型的共同缺点是忽视成本，而关注成本恰恰是经济模型的典型特征。经济模型可分为生产率模型和效率模型两种。

（1）生产率模型。生产率，简单地说就是产出与投入的比率，即生产率=产出/投入。究竟什么样的生产率才是高的？高的或低的生产率又意味着什么？评估者所需要的执行标准有：与过去执行情况进行比较，与同一国家类似制度进行比较，与其他国家相似制度进行比较，与政治主体的目标、顾客或利益相关者的目标进行比较。

以色列政治学家德洛尔列出了公共政策评估中最常用的价值准则，Vedung（1997）在他的基础上增添了自己的一些东西，形成下列十条准则：①与过去比较——已经取得的生产率和过去的相比较；②国内比较——同一国家或行政区域相似组织间生产率的比较；③国际比较——不同国家相似组织已得到的生产率的比较；④水准基点——和过去最好的经验相比较；⑤目标——已取得的生产率是否符合政治主体的目标，这个结果与政府目标是否一致；⑥顾客期望——是否满足顾客的需要；⑦利益相关者需要——是否满足其他利益相关者的需要；⑧职业准则——生产率满足是否已被接受的职业准则；⑨最小化——生产率是否满足最小化的要求；⑩最优化——生产率是否与最优化模型一致。

生产率有技术优势，如果成本与产出都能量化的话，生产率就能更客观真实地反映价值。但实际并非如此，有时资金投入与花费记录不全，很难理出相应的成本，产出也并非一概可以量化的。除此之外，难以找出所有的产出指标，并不能完全用具体的数字表现内在的、潜在的、期望性价值，无法衡量目标的影响都是生产率模型面临的困难。

（2）效率模型。效率通常被当作公共行政的价值。效率可以从两方面测量：成本—利益分析和成本—效益分析。在成本—利益分析中，项目的投入与产出都用货币单位测量，而在成本—效益分析中，投入用货币单位而产出则根据真实效果计算，也就是说，后者是通过可计算的政策成本与可比较的政策效果来考量政策的合理程度。两者的差异如表 2-2 所示。

表 2-2　成本—利益分析与成本—效益分析比较

	成本—利益分析	成本—效益分析
操作复杂度	①应用币值计算政策结果的所有成本和利益，操作方法较复杂	①避免以币值衡量利益分析，操作较为简单

表2-2(续)

	成本—利益分析	成本—效益分析
分析模型特征	②强调政策的净收益，显示出经济理性的特征	②强调政策的功效，显示出技术理性的特征
依赖属性	③由于强调币值计算政策的净收益，因此依赖对成本的考量	③极少依赖市场价值，不大依赖利润极大化的逻辑
适用政策	④不重视较具外部性和无形结果的政策	④适合于具有外部性和无形结果的政策
适用问题	⑤适合于处理成本变动与效益变动的政策问题	⑤适合于处理固定成本与固定效益的问题

8. 职业化模型

职业化模型指职业人员根据他自己的价值准则和执行的质量标准来评估其他人员的执行情况：主要是同行评议。在这种方法中，评估由委员会进行，这一委员会是相同职业者的集合体。

同行评议特别着力于对评估对象做全面的质量判断，在一些技术性领域，政治官员们发现把规划和讨论这些问题留给受到良好教育的专业人员是明智之举。于是有名望的科学家被任命去评价质量和相关的研究工程、项目和大学院所。它通常开始于被评估者的自评，在这些自评和另外收集的材料纪实证据、现场观察的基础上，评估者做出初步判断，然后让被评估者在报告结论出来之前讨论评估者的报告。总的说来，评估者要注意倾听和征求被评估者的意见。同行评议的执行步骤为：首先要选定同行，这个同行应该是具有比被评估的同事更多专业知识的专家，且他们是独立的，并没有实施这个领域的工作。其次评估者与被评估者应相互沟通。评估者应认真考虑被评估者的意见和观点；被评估者要提供有关的作品和其他研究材料，双方要进行交流，信息沟通。

同行评议比较费时，而且会因价值准则的因人而异而导致混杂的结论，但是在复杂的技术领域，这可能是最有效的办法。

2.2.2.2 政策评估模型的实际应用

1. 目标模型的应用领域

目标模型应用范围十分广泛，它可用于各个层次的政府干预中，也可对所有类型的政府政策进行评估，因为它是以既定的干预目标作为组织者的。既然侧面影响的存在又是一切政府干预所不能避免的，那么可以说侧面影响模型和目标达成模型一样应用极广，因为它也是基于目标的。

（1）目标达成模型

这一模型只要明确了政府干预的目标所在，知道干预后产生的结果就可依结果是否与预定目标一致，在多大程度上一致来进行政策评估了。

（2）侧面影响模型

这个模型解决了目标达成模型的一个内在困境：如何看待政府干预中必然产生的副产品。侧面影响是政策所产生的目标范围之外的作用和影响，它有预期与非预期之分，也有好坏之分。侧面影响在我国政策评估中也逐渐引起学者们的重视。

显然，目标达成模型和侧面影响模型通常是在一块考虑的。主要效果、附带效果，再加上反常效果和零效果就构成了一项政策或项目实施可能出现的各种情况。

2. 自由目标评估模型的应用领域

该模型关注的是政策所产生的任何结果，对预定的政策目标和其他事前标准不做任何的考虑，只研究分析结果，单纯判断结果的价值。我们看到，自由目标评估模型完全是针对目标达成模型忽视侧面影响，在目标模糊时束手无措的弊端而提出的。它的应用领域也十分广泛。但是，由于它并没有提供评估标准，又完全忽视了预定目标，只依赖于决策者和权力使用者的公正判断，这显然会导致主观因素的介入。价值标准的不一，会导致自由目标评估的非客观性。所以，它的应用需慎重考虑，自由目标评估模型也许只是在政府目标不明确或在多目标之间的权衡没有明确时的一个不得已的选择。

3. 顾客导向模型的应用领域

该模型主要应用于大量的评估性的问题之中，特别应用于评估地方政府的公共服务提供（如医院、预防犯罪、托儿所、公寓、养老院）、文化项目提供（如图书馆、博物馆、动物园、剧院）、娱乐项目提供（如国家公园、游泳池、足球场、体育馆、乒乓球馆）等方面，同时顾客导向评估也适用于教育方面的评估。

4. 利益相关者模型的应用领域

利益相关者模型允许进行广泛的、多样的评价。它可以评估如：政策制定过程的合理性和内容的公正性，政策执行的有效性，服务提供的有效性，政策结果与影响等。特别是在公共物品与服务提供领域，如城市能源、交通、卫生等基础设施的管理与服务方面，该模型的引用可以更好地促进政府与公民在政策制定过程中的互动，使得政策更加顺民心、合民意。

5. 经济模型的应用领域

经济模型是在经济学方法被引进至政策科学领域后迅速形成并广泛应用的一种模型。它克服了诸多效果模型的共同缺陷即忽视成本，从而把成本即政策投入作为一个重要指标纳入评估范畴。生产率模型中的生产率被定义为产出与投入的比率，产品和服务的产出必须是能够量化的，投入则由货币币值或时间单位来测量。显然，所有的政府干预即政策与项目都至少能找到一组能够量化的投入与产出关系。但是，这对评估结果来说毫无疑问是不全面的。相比之下，效率模型中的成本—利益分析和成本—效益分析则更为常用。通常，成本和收益都是对政策的总的衡量，包括直接的和间接的，具体的和象征性的，正面的、负面的和附带的，关注点是政策的“净利益”。成本—利益分析一般以货币作为计算的单位，对那些非货币形式的支出和收益也要转换成统一的货币度量单位然后加以计算；成本—效益分析多数情况下应用于政府社会政策的评估。社会政策的特点之一在于其政策成本往往可以以金钱形式直接计算，而其收益则往往难以通过货币价值表现。成本—效益分析不要求通过货币形式表现政策的价值，它关注的是通过“相同单位成本所达成的政策目标”或“相同政策目标所付出的单位成本”来考量政策的投入产出比。

6. 职业化模型的应用领域

职业化模型主要用于研究性工作的评估中。这些研究性工作指的是公共生活中的一些目标较复杂、技术难度较大的政策领域，如医院、大学、科研院所、建筑设计院、律师事务所等。在应用该模型时，通常将这些特殊领域中有名望的科学家、学者、技术人员组织起来，形成专家小组，由这一专家小组来评估其领域的项目、工程等。然后组织被评估者自我评估，并连同相关的其他研究材料给予评估者。评估者认真考虑被评估者的观点，独立做出判断，形成初步报告；再就初步报告与被评估者进行非正式谈话，倾听和征求意见，形成最终报告。这是职业化评估模式运作的一般步骤。

2.2.3 灾后重建财政政策评估研究

重大灾害的发生会对国家、社会、企业及个人等诸多方面产生影响，而这势必会引起广大专家学者的关注与研究。

在灾后重建社会评估研究上，周怡（2010）在四川地震两年后给出了灾后重建模式的调查报告，在城乡住房重建、产业重建、对口支援、企业重建、文化重建、心理重建等方面对灾后重建模式做了总结。李小云 等（2008）研究制定的《灾后社会评估框架・方法》一书中提出从灾后社会组织系统、家庭及社会支持系统、农户生计系统、社会公共服务系统、性别影响、食物安全系统、社会心理与社会安全系统等方面进行社会评估，对不同的内容分别提出了评估方法和评估步骤。李鹤（2008）指出灾后重建中公共教育、医疗健康、社会保障、商业金融、信息沟通、公共文化、公共卫生等公共服务系统的社会评估应该是灾后社会评估的主要内容，并指出了解公共服务体系的损失情况、了解受灾群众对于公共服务的需求优先顺序、识别公共服务的目标群体、了解目标群体对于公共服务的需求和对于公共服务均等性的评价和满意程度等是评估的主要内容。杨月巧 等（2013）从工程项目后评价、经济效益后评价、生态环境可持续性后评价、社会效果后评价、人文价值后评价和应急能力后评价方面建立灾后重建综合评价框架体系。陈升 等（2018）以“消除灾害影响并恢复到灾前水平所用的时间”作为衡量灾后重建绩效的标准，反映出灾后重建的效果和效率，用来评价地震灾后重建评估。刘波 等（2014）通过汶川灾区实地调研发现，与经济资本和人力资本相比，社会资本在灾后的恢复过程中发挥着更重要的作用，并指出社会资本在社会评估中的重要性。但是，就农村家庭获得住房重建资金的方式和能力的影响因素来看，震前社会经济地位较高、社会网络资源量较丰富的家庭能够获得更多住房重建资金，家庭社会网络中亲戚比例较高对于家庭获得亲友借贷的金额有正面作用，但对获得更多建房资金却有负面影响，政府统一建房补贴和银行贷款政策都更偏重于处在受灾更严重地区的家庭（卢阳旭 等，2011）。

在财政支持政策对灾后重建的影响作用研究上，杨京钟（2010）采用比较分析法和图表法对财税政策支持抗灾救灾进行了定性研究，对现行财税政策扶持和激励我国抗灾救灾取得的积极作用进行了具体分析，借鉴了发达国家抗灾救灾的财税政策经验，并说明了财税政策与抗灾救灾具有紧密的相关性，运用了财税政策宏观调控杠杆工具来扶持我国的抗灾救灾工作，进而构建了符合中国国情的抗灾救灾财税政策激励体系。刘铁（2010）分析了对口支援与分税制下财政均衡之间的关系，并对《汶川地震灾后恢复重建对口支援方案》进行了实证分析，认为该方案体现了财政均衡的理念，对口支援的本质是地方政府间的横向转移支付，同时指出我国应将这种临时性措施上升到法律层面，变成一种长效机制。张文彬 等（2015）研究发现抗震救灾政策对灾区的经济增长具有显著的促进作用，而其与政府的财政支出政策存在互补性，二者的交互作用进一步促进了经济增长。

在灾后重建财政支持政策的评估研究上，高培勇（1998）针对赈灾与财政制度安排以及震灾对税收的影响进行了分析，提出建立健全我国灾害防御与应急体系。陈志勇（2001）认为设立专门的财政转移支付制度来应对各项抗灾救灾能起到支撑保障作用，实现灾区公共财政服务均等化。李明（2017）提出涉及重特大灾害灾后重建，除由中央政府直接承担的事权，其他由中央政府委托地方政府直接承担事权的支出责任，均应由中央政府通过转移支付的方式予以解决；转移支付构成中应当减少专项转移支付的比重，增加灾害救助一般性转移支付比重。苗崇刚（2007）从建立地震灾害资金补偿机制的重要性探讨了建立多形式相结合的巨灾资金补偿体制。马海涛（2008）从抗灾救灾的机制性着手，提出完善灾情救助财税机制，增强应对突发灾害的能力。杨宝华 等（2008）从政府的立场和角度研究了巨灾风险管理中的政府财政角色和作用运作机制。岳树民（2008）阐述了灾后重建和恢复生产的重要性，认为应适当调整税收优惠方式，为抗灾救灾恢复生产提供资金和物质支持。匡小平（2008）从救灾物资捐赠的有效机制入手，对捐赠资金、物资的管理和发放机制进行了研究，以确保救灾款物的规范拨付和有效利用。郭复初 等（2008）和唐曼萍（2010）介绍了灾后重建的财税政策，并探讨了财税政策对灾后重建的影响及完善的政策建议。

在受灾居民灾后重建财政政策研究上，张欢、任婧玲 等（2011）在分析已有灾后救助政策公平感研究的基础上，借鉴组织公平感的理论框架和测量指标，提出了新的灾后救助政策公平感的多维度测量方法，并运用此方法在玉树地震灾区进行了入户问卷调查，根据调查数据对所建构的量表进行了分析，结果表明，灾后救助政策公平感包括分配公平、程序公平、自上而下的信息公平、水平信息公平和人际公平五个方面。陈升、吕志奎和罗桂连（2010）在对国家、省级政府出台的汶川地震灾后重建政策全面收集和分析的基础上，运用基于顾客导向的政策执行评估模型，围绕受灾群众最需要但不太满意的政策（包括住房、就业、保障等）进行梳理、归纳，设计相关问卷，并通过对千余户受灾家庭问卷调查、深度访谈收集数据，研究了灾后重建政策的执行情况、各类群体的评价差异。在农房重建资金筹集方面，幸宇（2012）提出了四种资金来源并对汶川地震灾后农房重建资金筹集中的制度创新和存在的问题提出了相应看法。

在受灾企业和产业灾后重建财政支持政策研究上，纪尽善（2010）在研究灾后产业重建问题上指出应继续加快灾后产业重建与发展项目建设，努力加大政策支持和对吸引民间资金参与灾后产业重建与发展的支持力度，努力改善灾区融资、引资和吸引民间资金的环境条件。李国平 等（2013）借鉴区域经济政策中期与事后评价采用的问卷调查分析方法，从四川省地震灾区受灾群众的视角，对汶川地震灾后恢复重建政策的效应进行评价，结果发现群众对灾后恢复重建政策效果的整体评价倾向于满意，但是，对产业发展、就业及创业等民生工作仍有更高的期望。

综上所述，国内对灾后重建财政政策的评估研究内容比较分散，不同学者从不同角度阐释了自己的观点。灾后重建评估的内容主要涉及公共教育、医疗健康、社会保障、商业金融、信息沟通、公共文化、公共卫生等方面，其中财政政策与抗灾救灾具有紧密的相关性。然而，就灾后财政支持政策的研究来看，可以分为从居民和企业或者产业的角度；就研究方法而言，可以分为档案式研究、个案式研究和问卷调查式研究。

2.2.4 灾后重建税收政策评估研究

很多学者在灾后重建税收政策评估方面提出了研究的框架与方法。牛彦绍（2012）以平衡记分卡的方法，创新了基于平衡记分卡下科技创新企业税收政策绩效评估方法，这是公共政策绩效评估的一个重要组成部分。该方法涉及科技创新企业、税收、平衡记分卡诸多方面，其中的科技创新企业税收政策绩效评估指标体系设计是一个关键。他认为科技创新企业税收政策绩效评估指标体系设计的理念应遵循以下几点：①结果导向兼顾过程导向；②公众导向是社会公众对政府政策的回应程度、满意程度；③具有层次和适度。在设计政策评估指标时，只设置一个层次的指标会因缺少逻辑关系造成指标罗列现象出现，而设置指标的层次太多也将导致指标不可测。且对一些不能直接量化的指标要提出定性要求，采用一定标准重新量化，从而达到可测性。

殷吉昌（2010）认为在灾后的地区税收政策应该特殊时期特殊处理。在征收方法上需要税务机关提供更加便捷的征收方法，诸如简易申报等；在纳税地点上，单一的办税服务厅不能满足纳税人需求，可提供流动办税服务车、上门办税等措施；在处罚条例上，要坚持从轻从理的原则，应坚持法、理、情的原则，正确行使自由裁量权，充分体现纳税处理的人性化；同时，要注意在税收管理权中个别税制管理权限的划分不明确的问题。

鲁伟 等（2012）在完善我国慈善事业税收激励政策体系中对税前可扣除比例、税收激励政策的具体落实、公益慈善事业单位的核定与监管、税收激励政策的程序简化等方面进行深入研究，提出了提高税前可扣除比例、建设公益事业单位准入与监管体制、完善捐赠物资评估体系、简化慈善捐赠税收政策执行程序等措施，为我国慈善事业的税收激励政策评估与体制健全提供参考。

杨卫红（2012）回顾总结了西部大开发税收政策执行效应，具体可以从

“积极推动”和“存在问题”两个方面来考量。从税收的角度来看，主要体现在基础设施、产业结构、可持续发展、经济增长方式等方面，以企业所得税为主的优惠政策较大地减轻了西部企业的负担。以税收优惠和产业政策相结合促进了产业结构的优化。具体表现在三次产业结构得到部分优化：①政策对基础产业的支持，使基础设施建设取得重大突破；②税收政策促进了优势特色产业的形成和发展；③工业化进程明显加快。他在文章中认为当前的税收优惠政策仍需不断优化和完善。首先，优惠标准太高，这使很多企业难以真正享受这项政策。相反，可能会迫使企业为享受税收优惠政策，而放弃多元化的经营战略或者加强对辅业收入的人为控制，从而在根本上影响企业经营模式的优化和产业结构的调整升级。其次，优惠形式过于单一。上一轮西部大开发税收优惠只涉及增值税、企业所得税、耕地占用税和关税这 4 个税种。再次，优惠幅度减弱。新企业所得税法的实施使西部大开发税收优惠力度大减，加之增值税全面转型在全国范围内的施行，使得西部地区的税收政策优势已大为削弱。最后，优惠特色不明。西部大开发税收政策适用的西部 12 省、自治区、直辖市在基础设施建设水平、产业结构、资源利用和保护、人力资源开发等领域都存在着差异。

在其措施建议上，对于在发展中的西部大开发建设，应该进一步完善资源税改革，促进资源综合利用和循环经济的发展；加强对教育和技术创新的支持力度；完善以人才引进和技术进步为导向的税收政策；鼓励企业加大科技投入，适当提高研发费用的税收抵扣比例或予以加倍抵扣。

2.2.5 灾后重建金融政策评估研究

1. 国内关于灾后重建的金融政策研究

国内学者钟开斌（2008）较早研究灾后重建政策的评价问题，他从政策执行评价的层面探讨了灾后重建政策的主要困境和对策建议，认为巨灾导致政策执行面临快速性与复杂性、成本性与效益性、统一性与差异性、公平性与效率性、单一性与综合性、民主性与科学性以及决策性与执行性等主要矛盾，需要建立政府主导、社会参与的综合性政策平台和相对独立的第三方政策评估机制。他的研究为灾后重建政策的评估做了有益的铺垫。此后，陈升 等（2010）以汶川地震灾后重建政策为例，运用基于顾客导向的政策执行评估模型，围绕受灾群众最需要但却不太满意的政策（包括诸如住房、保障、就业等方面）进行了系统梳理与归纳，通过对千余户受灾家庭进行问卷调查、深度访谈来收集数据，进一步分析研究了灾后重建政策的执行情况和各类群体对政策的评价差异。研究结果表明：基本生活保障以及农房修改重建政策落实得较好，城镇住房修复重建以及就业援助政策落实得较差；受灾程度越大的群体对有关政策执行情况的评价越差。杨海燕 等（2008）认为对于川西藏区灾后重建应采取特殊的金融政策，包括赋予地区金融特权、调整信贷政策、创新融资方式、政策性金融体系整体变革等。姜林（2008）以四川绵阳地震灾区为例，探讨了灾后重建的金融支持政策制度设计，在此基础上从多方面提出了建立以“救生、减灾、恢复、发展”为特征的金融支持灾后重建专项政策支撑体。纪尽善（2010）则从灾后重建产业融资的视角分析了我国在汶川地震灾后重建中金融扶持政策的作用及尚存的不足，认为应进一步加快灾后产业重建以及发展项目建设，加大政策支持力度和吸引民间资金参与灾后产业重建与发展的支持力度，努力改善灾区融资、引资和吸引民间资金的环境条件。蒋远胜 等（2010）从灾后农房重建资金缺口及融资策略层面研究发现，虽然政府财政补助对农房的顺利重建起到了积极作用，但受建房成本的提高、资金需求数量大、资金来源渠道单一等原因的影响，农户仍然存在较大的住房重建压力，影响农户贷款需求的因素有户主年龄、农户地形、收入和损失，并提出要扩大农村金融机构对农户的贷款，需要增加信贷支持政策的供给。邵辉 等（2011）根据玉树地区的经济发展方向、建设项目运行方式、投放主体对象等情况，在充分考虑金融机构信贷资金的安全性、流动性和营利性的基础上，提出相应的信贷支持模式设想。

2. 国外关于灾后重建的信贷政策研究

国外学者 Gurenko、Walker 对政府的巨灾保险及保障政策机制进行了评价，认为政府巨灾保险与保障政策还应从建立专项巨灾风险保障基金和政府对保险公司赔偿限额外的差额补偿机制两方面来加以完善。而 Mahul et al.（2006）则从经济学的层面深入探讨了政府实施灾害预备基金和应急信贷工具的边际成本。但这些文献并没有设计系统的政策评估指标体系，也没有涉及政策的实施效果等重要环节的评估。

2.3 文献评述与进一步研究方向

2.3.1 文献评述

从整体上来看，目前关于灾后重建政策评估的研究成果具有以下缺陷：第一，相对比较分散、缺乏系统性和研究深度；第二，并没有形成深入、系统、全面的评估标准和评估指标体系，没有深入探讨支持重建的财税政策与金融政策的评估问题；第三，很多研究（特别是国内研究）还只是停留在对政策内容的介绍和述评，或者对政策执行效果仅是简单评估，无法有效测度灾后重建财税与金融政策实施的政策效果。而从实践操作看，政府相关部门主要是简单统计用于灾后重建的金额，而缺乏对财税与金融政策实施效果全面而系统的评价和思考。由此可见，灾后重建财税与金融政策评估的现实需要将促进我们对已有成果进行扩展和深化，我们的研究将有极大的发展空间。

2.3.2 进一步研究方向

政策评估包括政策的事前评估（prospective exante evaluation）、执行评估（monitoring interim evaluation）、事后评估（retrospective expost evaluation）三种类型，事前评估是在政策执行之前进行的一种带有预测性质的评估。事前评估的内容包含三方面：对政策实施对象发展趋势的预测，政策可行性的评估，对政策效果进行评估。执行评估就是对在执行过程中的政策的实施情况的评估，就是具体分析政策在实际执行过程中的情况，以确认政策是否得到严格的贯彻执行。事后评估是政策执行完成后对政策效果的评估，旨在鉴定人们执行的政策对所确认问题达到的解决程度和影响程度，辨识政策效果成因，以求通过优化政策运行机制的方式，强化和扩大政策效果的一种行为。事后评估在政策执行完成以后发生，是最主要的一种评估方式。

在世界各国，政策评估受到学术界和政府管理部门的普遍重视，实践范围越来越广，并成为社会科学中最为活跃的领域之一。国内对于政策评估的研究大部分处于事前评估及执行评估的阶段，对事后评估的研究相对较少。但是不管是国外还是国内，在现实的政策活动过程中，由于政策涉及面广，参与人数众多，政策过程中的变量因素很多，因此难以设定一个统一的、能被绝大多数学者共同认可的政策评估标准。

因此，未来关于灾后重建财税与金融政策的进一步研究应建立系统的评估体系，并在事后评估及灾后重建财税与金融政策实施效果基础上进行定量与定性分析。这样的研究将具有重大的学术价值、理论意义和实践应用价值。

3 汶川地震灾后重建财税与金融政策实施现状分析

3.1 汶川地震灾后重建财税与金融政策的具体脉络

政策扶持对于灾后重建起着至关重要的作用，为支持和帮助受灾地区积极开展生产自救，重建家园，鼓励和引导社会各方面力量参与灾后恢复重建工作，使地震灾区早日恢复正常的生产生活秩序，党中央、国务院及地方人民政府相继出台并实施了支持灾区人民和受灾企业恢复生活、生产的各项财政、税收与金融政策，以下将从国家层面和地方层面对财政、税收、金融政策分别进行说明。

3.1.1 财政政策

3.1.1.1 国家相关财政政策基本情况

灾后重建财政政策规定主要集中于《汶川地震灾后恢复重建总体规划》（后文称《总体规划》）和《国务院关于支持汶川地震灾后恢复重建政策措施的意见》（后文称《意见》），具体来说包括：

1. 建立恢复重建基金

《总体规划》中指出，中央财政建立地震灾后恢复重建基金。灾区省级财政比照建立地震灾后恢复重建基金。

《意见》中也指出，为支持受灾地区恢复重建，统筹和引导各类资金，中央财政建立地震灾后恢复重建基金。所需资金以中央一般预算收入安排为主，中央国有资本经营预算收入、车购税专项收入、中央彩票公益金、中央分成的新增建设用地有偿使用费用于灾后重建的资金也列入基金。2008 年中央财政安排灾后恢复重建基金 700 亿元，2009、2010 两年继续做相应安排。同时调整经常性预算安排的有关专项资金使用结构，向受灾地区倾斜。

《意见》还指出，在加大中央财政投入的同时，要统筹使用好受灾地区财政投入、对口支援、国内银行贷款以及国际组织贷款等资金，引导各类捐赠资金合理配置、规范使用，提高资金使用效益。受灾地区主要是四川省财政比照中央财政做法，相应建立地震灾后恢复重建基金。

2. 调整财政支出结构向灾后恢复重建工作倾斜

《总体规划》中指出，压缩中央和灾区各级政府行政事业支出，加大转移支付力度，保障县乡基层政权机构正常运转。调整现有专项建设规划和专项资金安排，按用途不变原则整合资金，向灾区特别是受灾贫困地区倾斜。

《意见》中规定，中央财政地震灾后恢复重建基金支出，按照“统筹安排、突出重点、分类指导、包干使用”的原则，采取对居民个人补助、项目投资补助、企业资本金注入、贷款贴息等方式，对城乡居民倒塌毁损住房、公共服务设施、基础设施恢复重建以及工农业恢复生产和重建等给予支持：

（1）倒塌毁损民房恢复重建。对房屋倒塌或严重损坏、无房可住的农户的住房建设，中央财政原则上按平均每户 1 万元的标准给予补助；对其他毁损房屋的农户给予适当补助。

对房屋倒塌或严重损坏的城镇居民和其他城镇无房可住居民（包括中央在受灾地区的机关、企事业单位职工）的住房建设，中央财政采取对项目投资补助、居民个人补助等方式给予支持。受灾地区根据实际情况，可组织建设安居房出售或出租给符合条件的家庭；由政府投资建设适量廉租住房按照低租金出租给符合条件的家庭；对居民购买各类住房（包括安居房）或通过其他方式自行解决住房的，每户按一定标准给予补助。对城镇居民住房经鉴定需除险加固的，给予适当补助。

（2）公共服务设施恢复重建。对教育、卫生、基层政权等公共服务设施，恢复重建资金原则上由中央和受灾地区财政按比例分担，其中中央垂直管理部门（含直属事业单位）由中央财政负担。同时，对口支援和社会捐赠资金要优先用于教育、卫生等公共服务设施建设。

（3）工商企业恢复生产和重建。中央财政对国资委管理的中央国有重点骨干企业恢复生产和重建，采取按因灾毁损恢复重建投资的一定比例注入资本金或贷款贴息方式给予支持。其中，注入资本金资金从中央国有资本经营预算收入中安排。中央财政对中央军工企事业单位恢复生产和重建，通过项目投资补助或贷款贴息给予支持。

对地方工商、旅游等企业恢复生产和重建，除中央财政对受灾严重地区的重点行业给予贷款贴息支持外，原则上由地方负责统筹考虑资金支持办法。鼓励地方政府通过财政注资等方式，支持受灾严重地区地方法人金融机构恢复重建。

（4）农业、林业恢复生产和重建。中央财政对种子、种苗、种畜等农业生产资料、土地整理以及受损农田水利设施、规模化种养殖棚舍池、良种繁育设施、农林推广和服务基础设施、森林防火设施、受损林木和农林业病疫情控制等，采取项目投资补助、贷款贴息等方式给予适当支持。中央财政增加扶贫贷款贴息资金。

（5）基础设施恢复重建。中央财政重点对破坏严重需整体重建或搬迁的非经营性城镇市政设施给予项目投资补助；对经营性或有收费（收入）来源的城镇市政设施恢复重建给予贷款贴息。

中央财政对交通基础设施恢复重建采取项目投资补助、贷款贴息等方式给予支持。其中公路包括受损国道、省道及桥梁、涵洞、县乡公路，所需资金以车购税专项收入调剂安排为主，中央一般预算收入适当安排为辅。

中央财政对受损水库及病险水库除险加固工程给予投资补助；对受灾严重地区的其他水利设施恢复重建给予适当支持。

（6）其他恢复重建。中央财政对震后地质灾害治理、环保监测设施等恢复重建给予项目投资补助。

3. 支持利用国外贷款

《总体规划》规定，国际金融组织和外国政府提供的灾后恢复重建优惠紧急贷款资金，与中央恢复重建基金配合使用。规划区内国际金融组织和外国政府贷款项目，因灾无法按期偿还贷款本息的，先暂由中央财政垫付偿还。

4. 中央财政贴息政策的支持

《汶川地震灾后恢复重建贷款中央财政贴息管理办法》（财金〔2008〕97号）指出，为落实对列入国家汶川地震灾后恢复重建规划范围的极重灾县（市）和重灾县（市、区）恢复重建支持政策，中央财政对汶川地震灾区恢复重建贷款实施贴息政策，贴息资金由中央财政承担，从灾后恢复重建基金安排，可采取向借款人贴息或经办银行贴息两种方式。

3.1.1.2　四川省相关财政政策基本情况

为了更好地做好本省灾后恢复重建工作，四川省就自身权限出台了相关的灾后恢复重建财政政策。

1. 努力筹措灾后恢复重建资金

省和受灾市（州）、县（市、区）三级要整合一般预算、政府性基金、国有资本经营预算、彩票公益金、预算外资金、其他财政性资金（含捐赠资金），建立地震灾后恢复重建基金，与国家灾后恢复重建基金统筹安排，用于灾区恢复重建。恢复重建期间，省直各部门在分配中央和省级预算安排专项资金时，要重点向受灾严重且财政困难的县（市、区）倾斜。

2. 给予重灾区过渡期财力补助

三年恢复重建期间，对受灾严重且财政减收较大的市（州）和县（市、区），给予过渡期财力补助，支持灾区保障政权机构正常运转和履行基本公共服务职能。

3. 统筹预算内投资安排

整合省直各部门基本建设投资，协调并调整省、市（州）、县（市、区）三级基本建设投资和结构，按照灾后恢复重建规划支持重大项目建设，优先启动应急项目，先期安排与灾区群众生活、生产密切相关的公共服务设施和基础设施的恢复重建。

4. 整合省级现有贴息资金

整合省级现有的各项贴息资金，对恢复重建的重点领域、重点行业的企业（公司）贷款、企业（公司）债券给予贴息或部分贴息。

5. 减免灾区部分行政事业性收费

从2008年7月1日起至2011年6月30日止，免收部分行政事业性收费。

（1）一次性免收证照工本费。对因地震灾害遗失损坏需要补办的居民户口簿、暂住证、机动车登记证、机动车驾驶证、拖拉机行驶证、拖拉机驾驶证、婚姻登记证书、房屋所有权登记证书、土地登记证、老年优待证、土地承包经营权证、城镇职工医疗保险证（卡）、城镇职工养老保险证（卡）、卫生许可证、税务登记证、工业产品生产许可证、各类职业（执业）资格证书、道路运输从业资格证、工商（含个体工商户）营业执照等，其工本费一次性免收，同时免收房屋产籍管理费等办证查询费。为鼓励工商企业投资经营、恢复生产，对地震灾区新建注册的工商企业（含个体工商户）免收工商营业执照、税务登记证、卫生许可证、工业产品生产许可证工本费。

（2）减免部分重灾区的行政事业性收费。对汶川、北川、青川、绵竹、什邡、都江堰、平武、安县、江油、彭州、茂县、理县、黑水、松潘、小金、汉源、崇州、剑阁共18个县（市）免收因地震破坏需要灾后重建的城市基础设施配套费、建设工程质量监督费、工程定额测定费、防空地下室易地建设费、征地管理费、城市房屋拆迁管理费、水土保持设施补偿费、河道砂石管理费、房屋安全鉴定费、特种设备检验检测费。其他受灾地区根据灾害严重程度和本地实际情况，经县以上人民政府批准，可对以上收费或其他需要减免的收费进行免收或减收，并报省物价局、省财政厅备案。

（3）免收管理类和其他收费。免收收养登记费、集贸市场管理费；运输帐篷、活动板房的车辆以及由省抗震救灾指挥部统一安排的救灾物资车辆，经乡镇以上政府统一组织运输临时转移安置和集体返乡灾民的客车，凭救灾物资调拨单和运管部门开具的派车单可免缴通行费。对环境检测费用减半收取，免收重灾区营运旅游汽车客运附加费。

3.1.1.3　财政政策的作用

财政政策最大优势在于能快速地集中力量，优化资源配置，帮助灾区实现灾后经济发展，同时，能迅速恢复受灾人民的基本生活。财政政策通过财政贴息、政府采购、财政支出等手段，让灾区的企业尽快恢复生产，增加了自我造血功能，促进灾区经济秩序的恢复；支助企业获取银行贷款，减轻企业资金压力，帮助企业渡过难关；最大限度地发挥资金的使用效益，保障灾区人民的基本权益。

3.1.2　税收政策

3.1.2.1　国家相关税收政策基本情况

灾后重建税收政策规定集中于《总体规划》和《意见》；同时，财政部、海关总署、国家税务总局出台的《关于支持汶川地震灾后恢复重建有关税收政策问题的通知》（财税〔2008〕104号，后文称《税收政策问题》）和财政部、国家税务总局制定出台的《汶川地震受灾严重地区扩大增值税抵扣范围暂行办法》（财税〔2008〕108号）做了更为详尽的说明。

1. 减轻企业税收负担

《总体规划》规定，扩大规划区企业增值税抵扣范围，灾区企业享受企业所得税优惠政策。对进口国内不能满足供应并直接用于恢复重建的大宗物资、设备等给予进口税收优惠。对专项用于抗震救灾和恢复重建新购的特种车辆，免征车辆购置税。

《意见》和《税收政策问题》规定：①自2008年7月1日起，对受灾严重地区的所有行业（国家限制发展的特定行业除外）实行增值税扩大抵扣范围政策，允许企业新购进机器设备所含的增值税进项税额予以抵扣。具体实施办法参照财政部、国家税务总局出台的《财政部 国家税务总局关于认真落实抗震救灾及灾后重建税收政策问题的通知》。②对受灾严重地区损失严重的企业，免征2008年度企业所得税。③自2008年5月12日起，受灾地区企业通过公益性社会团体、县级以上人民政府及其部门取得的抗震救灾和灾后恢复重建款项和物资，以及税收法律、法规和本通知规定的减免税金及附加收入，免征企业所得税。④自2008年7月1日起，对受灾地区企业、单位或支援受灾地区重建的企业、单位进口国内不能满足供应并直接用于灾后重建的大宗物资、设备等，在三年内给予进口税收优惠。

2. 减轻个人税收负担

《总体规划》《意见》和《税收政策问题》规定，自2008年5月12日起，对受灾地区个人取得的各级政府发放的救灾款项、接受捐赠的款项；对抗震救灾一线人员，按照地方各级政府及其部门规定标准取得的与抗震救灾有关的补贴收入，免征个人所得税。

3. 支持受灾地区基础设施、房屋建筑物等恢复重建

《总体规划》规定，对灾区城镇廉租住房和经济适用住房建设给予税收优惠。对农民重建住房，在规定标准内免征耕地占用税。

《意见》和《税收政策问题》规定：①由政府为受灾居民组织建设的安居房免征城镇土地使用税，转让时免征土地增值税。②对地震中住房倒塌的农民重建住房，在规定标准内的部分免征耕地占用税。③由政府组织建设的安居房，所签订的建筑安装、销售、租赁合同，免征印花税。④对在地震中损毁的应缴而未缴契税的居民住房，不再征收契税；对受灾居民购买安居房，按法定税率减半征收契税。如因地震灾害灭失或损毁居民住房而重新购买住房（包括安居房）的，按照《财政部 国家税务总局关于认真落实抗震救灾及灾后重建税收政策问题的通知》的规定，准予减征或者免征契税，具体减免办法由受灾地区省级人民政府制定。⑤经省级人民政府批准，对经有关部门鉴定的因地震灾害损毁的房产、土地免征2008年度房产税、城市房地产税和城镇土地使用税。对经批准免税的纳税人本年度已缴税款可以从以后年度的应缴税款中抵扣。

4. 免收部分政府基金，减免部分行政收费

《总体规划》规定，免收规划区内的三峡工程建设基金、大中型水库移民后期扶持基金，以及属于中央收入的文化事业建设费、国家电影事业发展专项资金和水路客货运附加费。同时，免收规划区内属于中央收入的建筑企业和矿产资源开采企业有关收费，减免金融机构以及电力企业的有关监管费。

5. 鼓励社会各界支持抗震救灾和灾后恢复重建

《意见》和《税收政策问题》规定：①对单位和个体经营者将自产、委托加工或购买的货物通过公益性社会团体、县级以上人民政府及其部门无偿捐赠

给受灾地区的，免征增值税、城市维护建设税及教育费附加。②对企业、个人通过公益性社会团体、县级以上人民政府及其部门向受灾地区的捐赠，允许在当年企业所得税前和当年个人所得税前全额扣除。③财产所有人将财产（物品）直接捐赠或通过公益性社会团体、县级以上人民政府及其部门捐赠给受灾地区或受灾居民所书立的产权转移书据，免征应缴纳的印花税。④对专项用于抗震救灾和灾后恢复重建、能够提供由县级以上（含县级）人民政府或其授权单位出具的抗震救灾证明的新购特种车辆，免征车辆购置税。符合免税条件但已经征税的特种车辆，退还已征税款。

6. 促进就业

《意见》和《税收政策问题》规定：①受灾严重地区的商贸企业、服务型企业（除广告业、房屋中介、典当、桑拿、按摩、氧吧外）、劳动就业服务企业中的加工型企业和街道社区具有加工性质的小型企业实体在新增加的就业岗位中，招用当地因地震灾害失去工作的城镇职工，与其签订1年以上期限劳动合同并依法缴纳社会保险费的，经县级劳动保障部门认定，按实际招用人数和实际工作时间予以定额依次扣减营业税、城市维护建设税、教育费附加和企业所得税。定额标准为每人每年4 000元，可上下浮动20%，由灾区省级人民政府根据本地实际情况具体确定。按上述标准计算的税收扣减额应在企业当年实际应缴纳的营业税、城市维护建设税、教育费附加和企业所得税税额中扣减，当年扣减不足的，不得结转下年使用。②受灾严重地区因地震灾害失去工作的城镇职工从事个体经营的（除建筑业、娱乐业以及销售不动产、转让土地使用权、广告业、房屋中介、桑拿、按摩、网吧、氧吧外），按每户每年8 000元为限额依次扣减其当年实际应缴纳的营业税、城市维护建设税、教育费附加和个人所得税。纳税人年度应缴纳税款小于上述扣减限额的，以其实际缴纳的税款为限；大于上述扣减限额的，应以上述扣减限额为限。

以上优惠政策中，除增值税扩大抵扣范围政策外，凡未注明优惠期限的，一律执行至2008年年底止。确需延长期限的，由国务院另行决定。

3.1.2.2 四川省相关税收政策基本情况

1. 落实国家已出台政策

认真贯彻执行《财政部 国家税务总局关于认真落实抗震救灾及灾后重建税收政策问题的通知》的规定，省政府授权灾区县（市、区）政府批准，因灾造成重大损失的个人可在3年内减征五至九成个人所得税。对受灾居民购买安居房，按法定税率减半征收契税；对购买其他住房的（除安居房外），契税减征80%。纳税人开采或生产应税产品（天然气除外）过程中，因地震灾害遭受重大损失的，2008 年 5 月 1 日至 2011 年 4 月 30 日，免征应缴资源税。

2. 支持企业吸纳就业

受灾严重地区的企业在新增加的就业岗位中，招用当地因灾失去工作的城镇职工，经县级劳动保障部门认定，按实际招用人数予以定额依次扣减营业税、城市维护建设税、教育费附加和企业所得税。定额标准为每人每年 4 800元。

3. 调整重灾县营业税起征点

三年恢复重建期间，重灾县（市、区）按期缴纳营业税的起征点调整为月营业额 5 000 元。

4. 减免因灾损毁房屋有关税收

经法定机构鉴定，对因地震灾害损毁不堪居住、使用的房屋，在停止使用后，在 2008 年年底前免征损毁房产、土地的房产税、城市房地产税和城镇土地使用税。

5. 允许延期申报纳税

纳税人、扣缴义务人因灾不能按期办理纳税申报或者报送代扣代缴、代收代缴税款报告表的，可以延期办理；其应缴税款，可以延期缴纳，最长不超过 3 个月。延期期间，纳税人的应纳税款一律不加收滞纳金、不罚款。

6. 实行出口货物退（免）税应急管理

①地震前发生出口业务 2 年以上且 3 年内无违反税法行为的受灾地区出口企业，经省国税局批准，主管税务机关可暂依据相关单证电子信息审核办理出口货物退（免）税，企业于 2008 年 12 月 31 日前补齐相关纸质单证。②受灾地区出口企业尚未申报出口货物退（免）税的纸质单证、资料因灾损毁、灭失无法补办的，主管税务机关于 2008 年 12 月 31 日前可依据相关单证电子信息审核办理出口货物退（免）税。③受灾地区企业出口货物备案单证等资料在地震灾害中损毁、灭失的，将备案单证的损毁、灭失情况的书面材料报主管税务机关备案，可不再补办备案单证。④受灾地区出口企业申报出口货物退（免）税的期限及申请开具代理出口货物证明的期限延长至 2008 年 12 月 31 日。

3.1.2.3 税收政策的作用

税收政策对支持灾后恢复重建具有十分积极而重要的作用。第一，税收政策有利于鼓励各行业向灾区投资，加快恢复生产。在受灾严重地区实行增值税转型改革，扩大增值税抵扣范围，能够消除对固定资产重复征税的现象，减轻企业负担，支持企业加大投资力度、实施设备更新和技术改造，促进企业发展。第二，临时减免企业所得税、个人所得税、土地增值税、耕地占用税等措施有利于减轻受灾地区企业和人民群众的负担，支持他们恢复生产、改善生活。第三，税收政策有助于弘扬“一方有难，八方支援”的民族精神，营造鼓励慈善、奉献爱心的良好氛围，吸引更多的社会资金支援灾区。企业、个人捐赠可在企业所得税前和个人所得税前全额扣除等政策，能进一步激发社会各界向灾区捐赠的积极性。第四，税收政策有利于促进因地震灾害失去工作的人员就业与再就业，缓解受灾地区就业压力，增强灾区人民生产自救能力。

3.1.3 金融政策

3.1.3.1 国家相关金融政策基本情况

灾后重建金融政策规定集中于《总体规划》和《意见》；同时，中国人民银行、原银监会、证监会、原保监会《关于汶川地震灾后重建金融支持和服务措施的意见》（银发〔2008〕225号，后文称《金融意见》）和《关于进一步做好汶川地震灾后重建金融支持与服务工作的指导意见》（银发〔2010〕271号）做了更为详尽的说明。

1. 支持金融机构尽快全面恢复金融服务功能

《总体规划》规定，全国性金融机构对口支持受损分支机构。鼓励金融机构对灾区受损严重的地方法人金融机构兼并重组。支持适当减免金融机构交易费用、客户查询等收费。

《意见》和《金融意见》规定：①支持金融机构基层网点恢复重建。加快修复和合理布设金融基层网点，加强和改进对受灾居民集中安置点的金融服务。对受灾损失严重的全国性金融机构由其总行（部）提供对口援助，对受灾损失严重的地方法人金融机构，鼓励有实力、经营稳健的金融机构按照市场化原则对其兼并重组。鼓励金融机构在有效控制风险的前提下到受灾地区设立分支机构。支持银行业金融机构在保证业务运营安全的基础上布设临时营业网点，通过系统改造实现跨机构业务代理服务。②保障支付清算、国库、现金发行、证券期货交易和邮政汇兑系统的安全运营，为受灾地区资金汇划提供便捷、高效的金融服务。加强支付清算系统动态监测，构筑灾后重建资金汇划“绿色通道”，确保灾后重建资金汇划通道畅通运行。加强重要金融基础设施的备份系统建设和因灾受损的重要文件、数据、档案等信息资料的清理及备份工作，提高应对突发事件的处置能力。支持证券期货交易所和登记结算公司提供资金和技术服务，帮助灾区证券期货经营机构加强灾难备份中心、中心机房等建设，强化对交易、结算、通信系统的安全维护。③支持适当减免金融业收费。支持适当减免受灾严重地区金融机构缴纳的交易场所会费、投资者保护基金、保险保障基金等收费。鼓励受灾地区金融机构适当减免客户账户查询、挂失和补办、转账以及证券持有人的证券账户卡挂失与补办、证券查询、证券继承等收费。

2. 加大信贷支持力度，鼓励金融机构加大对受灾地区的信贷投放

《总体规划》规定，实施倾斜和优惠的信贷政策。允许符合条件的银行业金融机构开展并购贷款和跨地区贷款业务。增加扶贫贴息贷款投放规模。对城镇住房建设给予贷款优惠，鼓励发放农民自建住房贷款。拓宽农村贷款抵押担保物范围。

《意见》和《金融意见》规定：

（1）对受灾地区实施倾斜和优惠的信贷政策。在坚持总量从紧宏观政策的同时，对受灾地区信贷投放实行区别对待、有保有压。全国性银行业金融机构要加大系统内调剂力度，将信贷资源向受灾地区倾斜。受灾地区地方法人银行业金融机构可在满足资本充足率等要求的前提下充分运用资金，支持当地恢复重建合理的信贷需求。允许银行业金融机构开展并购贷款业务，在受灾地区没有营业网点的银行业金融机构可以开展跨地区贷款业务，以支持受灾地区恢复重建。对灾前已经发放、灾后不能按期偿还的各项贷款延长还款期限六个月，在2008年年底前不催收催缴、不罚息且不作为不良记录，不影响借款人继续获得受灾地区其他信贷支持。

（2）加大对受灾地区重点基础设施、重点企业、支柱产业、中小企业和因灾失业人员的信贷支持力度。鼓励金融机构对灾后重建中的重大基础设施建设项目、国家需要扶持的重点企业、灾区支柱产业以及水、电、道路、通信、学校、医院等有收入来源的受损公共设施修复的贷款需求及时给予必要支持。对受灾地区吸纳就业强、产品有前景、守信用的中小企业加大支持力度。对因灾失业人员和吸纳受灾群众就业达到一定比例的劳动密集型中小企业，参照下岗失业人员小额担保贷款政策执行。

（3）加大对受灾地区“三农”发展的信贷支持力度。积极发展适合受灾地区特点的村镇银行、农村资金互助社、贷款公司和小额贷款公司等新型农村金融机构。采取专项票据兑付等方式增强农村信用社信贷投放能力。拓宽农村贷款抵押担保物范围，鼓励发展农村小额信贷。鼓励各金融机构大力发放面向受灾地区农户的小额信用贷款和农户联保贷款，对农村种养大户、特色种养殖业予以重点扶持。增加对受灾地区的扶贫贴息贷款，支持农村受灾群众恢复生产。

（4）对受灾地区实行住房信贷优惠政策。各商业银行对政府组织的住宅恢复重建项目优先给予贷款支持。对国家确定的重灾区的普通商品住宅和经济适用住房开发建设项目，鼓励银行业金融机构在贷款条件方面给予优惠。鼓励商业银行等银行业金融机构发放农民自建住房贷款，用于重建和修复因灾损毁住房。降低地震灾区个人住房贷款利率下限和首付款比例。灾区居民在灾后购置自住房的贷款利率下限由人民银行规定的现行水平（首套为贷款基准利率的0.85倍、二套为1.1倍）统一下调为贷款基准利率的0.6倍，商业银行可根据客户的还款能力等因素自主决定具体贷款利率水平；最低首付款比例统一下调为10%，具体首付比例由商业银行根据贷款风险管理原则自主确定。个人住房公积金贷款利率各档次均优惠1个百分点。

3. 增强金融机构特别是受灾地区金融机构贷款能力

《总体规划》规定，继续执行倾斜的准备金政策，允许灾区金融机构提前支取特种存款。增加再贷款（再贴现）额度，降低支农再贷款利率、拓宽再贷款使用范围。发展新型农村金融机构，增强农村信贷投放能力。

《意见》规定：①加大对受灾地区的再贷款（再贴现）支持力度。2008年增加受灾地区200亿元再贷款（再贴现）额度，今后根据实际需要可再适当增加支农再贷款额度，并相应拓宽其使用范围，再贷款利率在现行优惠支农再贷款利率水平上再降1个百分点。②继续对受灾地区地方法人金融机构执行倾斜的存款准备金政策，灾后重建期间，法定存款准备金率上调，对灾区地方法人金融机构暂不执行。对灾区资本充足率较低的地方法人金融机构停止执行差别存款准备金率政策。③允许受灾地区金融机构提前支取特种存款，增加信贷资金来源。对已办理特种存款且支持灾后重建资金不足的灾区金融机构，可提前支取在人民银行的特种存款，并按其实际持有期限对应的特种存款利率计付利息。

4. 发挥资本、保险市场功能支持灾后恢复重建，引导各类资金支持灾后重建工作

《总体规划》规定，支持符合条件的企业优先上市融资、发行债券和短期融资券以及对上市公司的并购重组。扶持符合条件的中小企业发行短期融资券、中小企业集合债券等，支持灾区符合条件的地方法人金融机构发行金融债券；支持为恢复重建提供工程、财产、货物运输、农业以及建设人员意外健康等各类保险，对支持恢复重建的各类保险给予费率优惠。

《意见》和《金融意见》规定：

（1）支持受灾机构通过债券市场募集灾后重建资金。支持符合条件的地方法人金融机构通过发行各类债券用于补充资本金和灾后重建信贷资金来源。

鼓励符合条件的企业集团财务公司、非金融企业等通过债券市场发行企业债券、公司债券、短期融资券等债务融资工具。鼓励融资创新，支持有稳定收益的交通、水务等基础设施项目发行资产证券化产品。鼓励开展针对受灾地区重建发展的直接投资和集合理财、专项理财业务。

（2）支持受灾地区企业通过股票市场融资。在符合法定条件下，优先安排受灾地区企业申请首次公开发行股票和上市公司再融资，优先审核拟将募集资金投向受灾地区和生产受灾地区重建、安置急需物资的公司的融资申请。支持受灾地区上市公司并购重组、资产注入和整体上市。支持证券交易所适当减免受灾地区上市公司的上市年费等费用。加强对受灾地区企业的上市培育服务，推动符合条件的企业上市。

（3）积极引导保险机构参与灾后恢复重建。积极引导和协调保险机构，将保险资金优先投资受灾地区关系国计民生的重大项目，以支持受灾地区基础设施恢复重建。发挥保险产品的功能，大力发展针对受灾地区的保险产品。对提供给受灾地区的各类保险，给予费率优惠。

（4）鼓励和引导各类基金支持灾后恢复重建。采取多种优惠措施，鼓励私募基金、风险投资、社会捐赠资金和国际援助资金加大对灾区的资金投入。研究建立多方参与、多层次的巨灾保险体系，支持灾后重建和分担次生灾害损失风险。

5. 加强受灾地区信用环境建设

《总体规划》规定，依法保护遇难者账户资金、金融资产所有权和继承权。对因灾形成的不良债务实施有效重组。依法维护金融债权。

《意见》和《金融意见》规定：①保护受灾地区客户合法权益。加快整理核实受灾地区金融机构客户基本信息；对暂时无主客户的债权，另账保存。依法确认和保护遇难者账户资金、金融资产所有权和继承权；为遇难者亲属妥善办理周到、便利、快捷的各项金融服务。原则上按合同进行地震保险赔付；加快保险理赔进度，提高理赔效率。②对于符合现行核销规定的贷款，按照相关政策和程序及时核销。积极鼓励和支持金融机构对因灾形成的不良债务实施有效重组，促使企业和个人恢复生产和偿债能力。金融业按照市场化、法制化、可持续的原则支持灾后重建，防止金融风险和道德风险。③依法维护金融债权，推进受灾地区信用体系建设。加强受灾地区金融运行监测，保持受灾地区金融秩序和金融安全。加强受灾地区信贷统计、征信和金融知识普及宣传工作。

3.1.3.2 四川省相关金融政策基本情况

1. 开启绿色授信通道

制订信贷支持计划，从信贷总量、信贷资金和授信审查等方面优先支持灾区恢复重建；扩大二级（市、州）分行和省分行直属分行的信贷审批权限，简化贷款流程，改善服务质量。

2. 增加重灾区再贷款、再贴现限额

中国人民银行成都分行新增重灾区部分再贷款限额，并授权有关市（州）对新增限额根据当地实际情况实行切块到县（市、区）管理。增加再贴现限额，新增部分重灾区再贴现窗口，授权其按有关规定办理再贴现。新增成都、绵阳、德阳、雅安中小金融机构再贷款限额，支持重灾区城市商业银行加大对中小企业的信贷支持力度。

3. 创新信贷产品

针对不同的受灾对象，制订针对恢复生产经营、重建家园、安居工程和基础设施项目贷款等的专项授信产品，并实行灵活的贷款方式。

4. 放宽机构准入条件

灵活调整灾区机构准入政策，在网点重建和增设、迁址、高管任职资格等方面，建立行政许可绿色通道，提高行政许可效率。支持股份制商业银行、城市商业银行、邮政储蓄银行到灾区设立分支机构。

5. 支持中小企业担保机构建设

整合工业、中小企业以及旅游发展资金，加大财政支持力度，对为灾区中小企业和旅行社恢复重建提供担保的担保机构给予适当的风险补助。

6. 扶持地方金融机构

支持社会资本参与成都、德阳、绵阳等城市商业银行增资扩股；督促北川富民村镇银行股东增加资本金，积极发展适合灾区特点的村镇银行、农村资金互助社、贷款公司和小额贷款公司等新型农村金融机构。

7. 推动企业利用资本市场融资

对上市公司和拟上市公司再融资、重大资产重组和首发上市中涉及的灾区土地、环评、项目审批等，提供直通车服务，由终审机构直接受理。

3.1.3.3 金融政策的作用

财税政策与金融政策在灾后重建当中一直起到相辅相成的作用，并且在灾后重建后期占主导地位，为灾后重建提供支持力量。第一，适时的减免金融收费，实施住房信贷优惠政策，减轻了灾区企业和人民的负担。第二，增强灾区金融机构贷款能力，使灾区人民在进行恢复性建设时有钱可借。第三，金融信贷政策的大力支持，有利于减轻重大基础设施建设项目、国家需要扶持的重点企业、灾区支柱产业以及水、电、道路、通信、学校、医院的资金压力。第四，有利于充分发挥资本市场、保险市场的功能，为灾后重建工作引入多元化资金。

3.2 汶川地震灾后重建财税与金融政策实施成效分析

2008年“5·12”汶川大地震给四川、甘肃、陕西等地的经济社会发展和人民生命财产造成了重大损失，尤其是对四川经济社会的发展造成了严重影响。随后国务院出台《国务院关于支持汶川地震灾后恢复重建政策措施的意见》，支持和帮助受灾地区积极开展生产自救，重建家园。截至2018年，汶川大地震已过去十年，十年间重灾区经济发展取得显著成就，四川省统计局最新发布《汶川特大地震十周年重灾区经济发展成就显著》的灾后重建统计监测报告显示，目前汶川地震灾后重建财税与金融政策实施已有显著成效。

3.2.1 综合实力明显增强

1. 经济总量逐步上升

截至2017年年底，四川省39个国定（极）重灾区地区生产总值年均增长11.8%，高于全省平均0.8个百分点，生产总值总量（6 829.7亿元）是2008年（2 247.3亿元）的3倍。其中，10个极重灾县地区生产总值年均增长13.1%，高于全省平均2.1个百分点，地区生产总值为1 657.5亿元，是2008年的3.3倍（参见图3-1）。其中汶川县地区生产总值年均增长15.3%，北川县地区生产总值年均增长15.0%，平武县地区生产总值年均增长15.0，经济都保持了较快增长。

2. 经济结构不断优化

39个（极）重灾县（市、区）三次产业结构进一步优化，其中第一产业比重下降8.5%，第二产业比重提高0.9%，第三产业比重提高7.6%。10个极重灾县三次产业结构也发生较大调整，第一产业比重降低较多，下降了7.6%，第二产业变化不明显，第三产业比重提高较多，上升了7.3个%。茂县、汶川县、彭州市加快都加快了各地区的工业发展进程；而北川县、都江堰市主要以旅游服务业为龙头发展；安州区注重发展综合性发展，第一产业以现代农业和观光农业为抓手，第二产业以汽车及零部件、精细化工和医药食品为主导，同时深入推进全域旅游服务业发展加快，达到经济结构优化的目的。

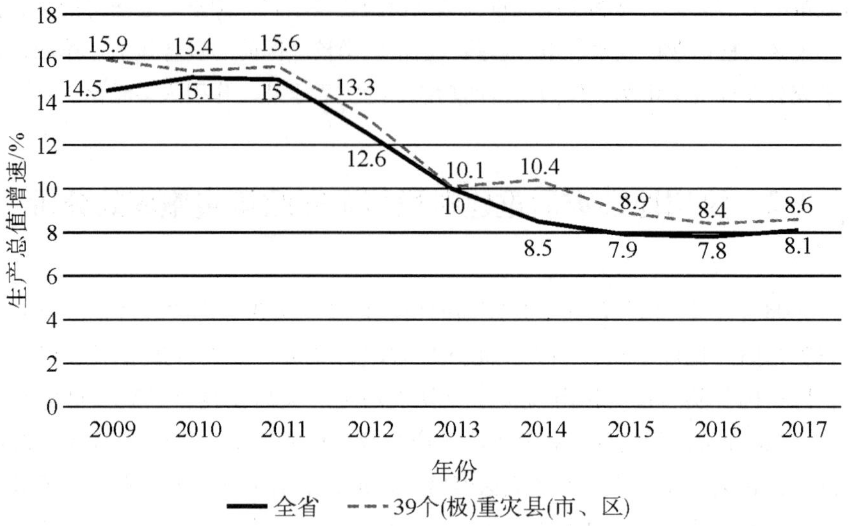

图 3-1　2009—2017 年四川省 39 个重灾县与全省生产总值增速对比

3. 人均生产总值显著提升

截至 2017 年年底，39 个重灾县人均生产总值已经达到 42 188 元的水平，相当于全省平均水平的 94. 5%，是 2008 年经济总量（13 836 元）的 3 倍，比 2008 年全省平均水平（89. 3%）高 5. 2%；其中，2017 年 10 个极重灾县人均生产总值达到 47 324 元，比全省平均水平高 2 673 元，是 2008 年（13 609 元）的 3. 5 倍。分县看，从 2008 年到 2017 年，重灾区汶川县由 13 733 元提高到 56 829元，北川县由 6 917 元提高到 22 618 元，都江堰市由 12 281 元提高到 50 654元，均实现了大幅度上升。

4. 财政实力不断夯实

地震灾后，在党和国家的坚强领导和各项政策支持下，灾区财政收入的基础不断夯实，实力不断增强。截至 2017 年年底，39 个重灾县实现地方一般公共预算收入 311. 0 亿元，是 2008 年（72. 7 亿元）的 4. 3 倍，年均名义增长 17. 5%。从地方区县看，重灾区县如安州区、彭州市、汶川县、都江堰市和茂县增长 5 倍以上，一般区县如朝天区、昭化区、剑阁县、北川县、青川增长 10 倍以上。

3. 2. 2　“三产”发展提质增效

灾区恢复重建十年以来，上下一心，以产业发展为第一要义，推动农业、工业和服务业“三产”发展增效提质，实现了经济基础进一步夯实巩固。

1. 农业农村经济稳定发展

省委省政府通过加大农业投资力度，新建和改造农业产业基地一批，完善农田水利工程一批，规划实施农业产业项目一批。2017 年，39 个重灾县第一产业增加值达 901.2 亿元，年均增长速度达到 4.1%。都江堰市以四个“十万亩”优质高效产业示范基地为依托，大力发展猕猴桃、粮经、笋用竹和林下中药材，成功创建四川省现代农业（林业）重点县；北川县实施走精品农业路线，大力发展生态农业，培育新型经营主体；汶川县全力打造高原生态有机农畜产品，成功打造“汶川车厘子”特色名片。

2. 工业产业不断转型升级

以省级开发区新设工作政策为依托，新建北川、中江、旺苍等 20 个省级开发区，实现规模效应；同时，立足成都电子信息和汽车制造、德阳重大装备、绵阳智能家电等重大产业基地建设，招商引资，促进产业加速转型升级。2017 年，39 个重灾县实现全部工业增加值 2 696.9 亿元，总量是 2008 年（870.5 亿元）的 3.1 倍，年均增长 15.3%，高于全省平均增速高 2.1%。其中，黑水县、茂县、小金县、理县全部工业增加值总量均为 2008 年的 10 倍以上。

3. 旅游服务业加快发展

2008 年 39 个重灾县服务业增加值 748 亿元，2017 年达到 2 796.2 亿元，约是 2008 年的 3.7 倍，年均增长 10.6%；10 个极重灾县实现服务业增加值 654.9 亿元，是 2008 年的 4 倍，年均增长 11.8%（参见图 3-2）。其中，平武县以民俗文化旅游活动为特色，旅游服务创收 33 亿元，全县第三产业年均增长 15.3%；绵竹市以电子商务为靶心，积极打造农村物流体系，建成县级物流中转中心、运营中心、电商集聚中心等电商载体，实现第三产业加快发展；北川县、安州区以旅游发展为核心，旅游服务业年均增加值分别增长 16.7% 和 14.5%。

3.2.3 城乡建设协同推进

十年来，各受灾县优化城镇布局，加强交通基础设施建设，推进幸福美丽新村建设，城乡面貌和人居环境焕然一新。

1. 新农村建设成效显著

以助农增收致富和改善生产生活条件为出发点，德阳市建成 100 余个特色生态的聚居点；安州区截至 2017 年建成幸福美丽新村 128 个，创建省市级“四好村”73 个；平武推进城市修编和农村美化大力建设，大力新建幸福美丽新村，其中桅杆村获评“中国美丽休闲乡村”称号。

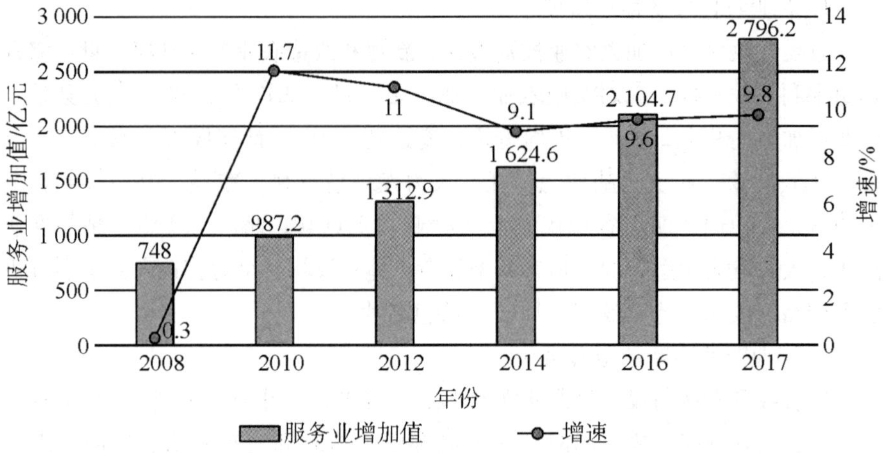

图 3-2　2008—2017 年四川省 39 个（极）重灾县（市、区）服务业增加值

2. 城镇化建设进程加快

在省委省政府的支持下，实施“百镇建设行动”，推动地震重灾区的 95 个城镇快速发展。灾区已建了一批有着鲜明特色的旅游、商贸小城镇。2017 年末，39 个重灾县城镇化率达到 47.8%，2008 年城镇化率达仅 36%。都江堰市、江油市等 2017 年城镇化率均超过 50.0%，均超过全省平均水平。

3. 基础设施建设力度加大

大力实施灾区交通发展振兴规划，完善路网布局，立体交通网络加速成形。都江堰市大力投入基础设施建设促进城市功能提档升级，市区智能交通主体工程逐步完善；安州区 2017 年完成基础设施投资 29 亿元，获评全省首批“四好农村路”示范县。灾区的各项基础设施与灾前相比大幅提升，为经济的良好发展打下了坚实基础。

3.2.4　发展后劲充足有力

北川、平武、青川等受灾地区以投资消费需求提升为抓手，促投资、稳增长，为经济持续健康发展保驾护航。

1. 投资规模逐渐扩大

2009 年以来，为恢复基础建设，提升产业发展，灾区投入大量资金。8 年来，39 个重灾县固定资产投资超过 3.5 万亿元。2016 年完成全社会固定资产投资 4 003.6 亿元，2017 年完成全社会固定资产投资 4 858.8 亿元，增速从 23.4%逐渐稳定到 12%（参见图 3-3）。灾后重建期间，10 个极重灾县当年投资总额均超过千亿元。什邡市、绵竹市、彭州市、安州区等 2017 年投资总额相比于为 2008 年出现了大幅度的增长。

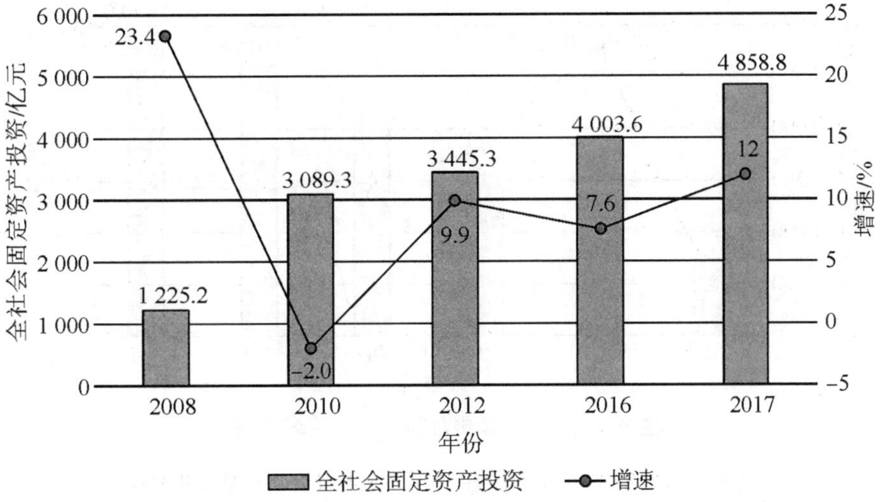

图 3-3　2008—2017 年四川省 39 个重灾县全社会固定资产投资

2. 消费品市场发展快速

2008 年，社会消费品零售总额仅有 737 亿元，2010 年，39 个重灾县社会消费品零售总额 1 144. 8 亿元，增速达到 24%，消费需求在灾后重建期间及其旺盛；2012 年会消费品零售总额达到有 1 551. 4 亿元，突破 1 500 亿元；2017 年达到 2 940 亿元（参见图 3-4）。以县域进行划分，可以发现，2017 年绵竹市社会消费品零售总额增长率为 19. 4%，北川县、青川县等重灾县增速达到了 28. 8%和 18. 4%。

3. 2. 5　民生工程有序推动

灾后多年来，省委省政府实施多项民生工程，加强基本生活保障，始终把保障和改善民生作为灾后恢复重建的一项极其重要的任务。

1. 就业人数稳步扩大

充分利用脱贫攻坚政策，各受灾县大力发展优势特色农业和旅游业，完善配套产业发展基础设施，拓宽群众就业渠道。2017 年，安州区发放扶贫小额信贷 8 500 余万元，同时利用创业创造就业岗位，累计带动就业 1 300 人，将城镇失业率有效控制在 3. 8%以内。北川县大力推广“旅游+就业”的模式，转移输出劳动力 5. 4 万人，动态消除“零就业”家庭。

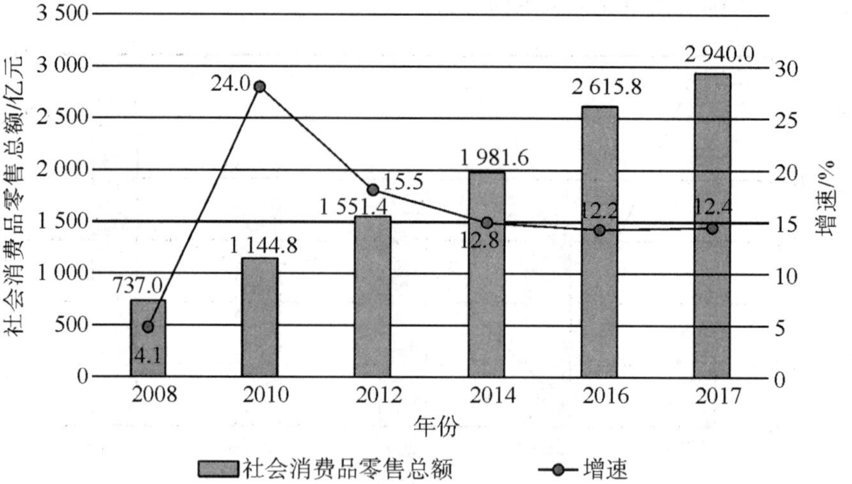

图 3-4　2008-2017 年四川省 39 个重灾县社会消费品零售总额

2. 生活保障坚强有力

在省委省政府对的有力推动下，各重灾县向贫困村选派干部驻村帮扶，解决贫困群众的交通、住房、饮水、医疗、教育、致富等六大难题。阿坝州率先在民族地区实施 15 年义务教育；全省重灾县加强与北京市在教育、卫生等多个方面的合作，加快了民间协作在全省的发展，大力提高了重灾县医疗救治、疾病控制能力，基本做到了小病不出乡、大病不出县。

3. 居民收入逐年增加

2008 年，39 个重灾县城镇居民人均可支配收入仅 10 802 元，2017 年跨过 3 万元，年均增长 12.4%。10 个极重灾县农村居民人均可支配收入均突破万元大关，经过十多年的发展，茂县由 2 265 元增加至 11 707 元；汶川县由不到 3 000元增加至 12 000 余元；北川县农村居民人均可支配收入增加至 2008 年的 3.7 倍。

3.3　汶川地震灾后重建财税与金融政策实施困境分析

汶川地震灾后重建是一个长期的工程，工作量更大，任务更加艰巨。国家政府出台一系列财税、金融政策支持和辅助灾后经济社会重建工作，但是仍面临诸多问题。在 2009 年 6 月 24 日第十一届全国人民代表大会常务委员会第九次会议上，国务院公布了四川汶川特大地震灾后恢复重建工作情况的报告，指出灾后重建工作中所面临的困难与问题：

1. 农村贫困户住房重建资金困难较大

在农村居民住房重建中，部分贫困农户由于家庭经济困难，收入来源有限，缺少劳动人口，难以获得贷款支持。

2. 城镇住房恢复重建进展相对缓慢

由于城镇住房的产权关系比较复杂，群众对住房重建方式需要协调统一等原因，目前城镇住房重建面临一些困难，重建速度进展相对缓慢。

3. 贷款存在一定困难

人民银行、原银监会多次进行调查研究，做了大量工作，出台了对灾区的支持政策，但灾区金融贷款困难，特别是中小企业贷款难的问题仍然较为突出。特别是灾区农村信用社承担了发放农房重建贷款任务的90%以上，也是支持农业生产恢复的主要贷款渠道。此次地震又造成三省农村信用社各类损失上百亿元，使信用社的融资功能受到重大影响。

4. 一般受灾地区困难较多

灾区政府和有关部门多次反映，除纳入总体规划的51个重灾县（市、区）外，其他一般受灾地区由于缺少资金，恢复重建面临困难较多，特别是教育、卫生等公共服务设施恢复重建缺乏建设资金。

5. 建材供应不足、技术力量紧缺等问题突出

随着灾后恢复重建加大力度、加快进度，建材集中使用与供应相对不足的矛盾仍然比较突出。由于恢复重建任务繁重，特别是重灾地区恢复重建项目多，专业技术人员紧缺，急需增加建筑、道路、桥梁等设计、监理方面的技术力量支持。

6. 灾区干部群众心理健康问题

汶川特大地震灾情严重，受灾面积广、受灾人员多，需要对大量灾区群众、干部、师生、伤残人员进行心理治疗和精神抚慰。一段时间以来，虽经心理干预和抚慰，个别干部群众仍会因亲人遇难、财产损失、生活和工作压力大等多种原因，出现心理健康问题。

因此，在困难环境下，相关财税、金融政策的具体实施面临快速性与复杂性、统一性与差异性、无序性与科学性的重重考验与挑战（钟开斌，2008）：

（1）快速性与复杂性。一方面，灾后重建需要相关政策快速制定与实施，但是因为地震给经济社会造成的影响过大，造成灾区人员伤亡、房屋倒塌、公共基础服务实施损坏以及生产资料破坏等，极大地降低了灾区本身的重建能力，使得灾区最基础、最根本的部分都需要恢复和重建，进而导致灾区财税、

金融政策实施的迫切性与重建基础的薄弱性形成矛盾。另一方面，灾后恢复重建的政策实施环境复杂，政策针对的相关对象在界定方面存在复杂因素，导致政策执行中存在难题。

（2）统一性与差异性。此次地震灾害影响波及范围涉及 237 个县（市、区）。综合灾害评估认定 51 个县（市、区）为重灾区或极重灾区。不同灾区在地理环境、经济发展水平、产业结构等方面差异极大，并且受损程度也不同，这些差异性势必给灾后恢复重建政策设计和实施带来非常大的困难和挑战。一方面，灾后重建财税和金融政策的实施要求具有统一规范性，能给各灾区的财税、金融政策的实施提供指导。另一方面，灾区的差异性又要求财税、金融政策在各灾区实施时要具有针对性和实效性。这种差异化的要求可能会使地方政策与统一的指导政策存在差异，使各灾区制定相关财税、金融政策时考量因素更复杂，实施难度增加。

（3）无序性与科学性。灾后重建工作中，政府实施的财税、金融政策具有较强的整体性和科学性。同一政策对不同对象的影响作用不同，不同个体向政府提出政策建议和对政策的反馈以及借此传达的自身需求也不同。这种不同需求的传达可能导致“无序政策建议的灾难”，在一定程度上扰乱了灾后恢复重建政策体系的整体设计和综合实施。

4 灾后重建财税与金融政策评估的理论基础与方法

4.1 政策评估的理论基础

4.1.1 福利经济学理论

传统福利经济学的发展经历了新旧两个时期，旧福利经济学思想界定了福利经济学研究的对象，新福利经济学理论对其进行了发展，新旧福利经济学理论产生了福利经济学第一、二定理，但新旧两种福利经济学思想都存在不足。有人将阿罗不可能定理称为福利经济学第三定理，并以此为新福利经济学的标志。近年对于福利经济学有突出贡献的是阿玛蒂亚·森关于贫困、分配的福利经济学理论研究，其本人也因此获得1998年度诺贝尔经济学奖。

1. 旧福利经济学思想

旧福利经济学涵盖四大主要特征：整个社会的福利是所有效应的加总、使用物质福利或效用表示个人福利概念、继承了英国效用主义伦理学的传统、经济学用来解决物质福利问题。旧福利经济学产生的历史源头最早可追溯到以Pigou（1920）*The Economics of Welfare*（《福利经济学》）一书的出版，其基本思想是以完全市场竞争为前提，论述福利的概念及其政策应用，其理论体系可以归纳如下：

（1）基于边际福利价值论界定“福利”的含义。

Pigou认为“福利的要素是一些意识形态，或者说是意识形态之间的关系”。福利是人们对享受、满足或效用的心理反应或主观评价，社会总福利可以以一国的国民收入来表示。如果国民收入增加并且没有分配不均的情况，那么经济福利就会增加；如果收入分配不均，那么以一定方式把富人的一部分货币转让给穷人，社会总经济福利就会增加，这体现了货币边际效用的递减规律。一个人的福利寓于他自己的满足之中，它可能源于物的占有或者其他原因（如知识、情感、欲望等）。如果一个人欲望稳定，他持有一种商品越多，那么根据边际效用递减规律，持有人每增加一个单位的持有量所获得的效用就越来越小，直至为零。根据 Pigou 对福利的定义，福利可以分为广义的“社会福利”和狭义的“经济福利”，前者指对财富的拥有而产生的满足感，涉及“自由”“家庭幸福”“愉快”等内容，是无法计量的；后者可以用货币计量，常用国民收入来衡量。

（2）两个基本命题。

社会福利状况检验的标准是国民收入的多少及其在社会成员的分配状况，由此产生福利经济学的两个基本命题：社会的福利因个人的实际收入增加而增加；同时，转移富人收入到穷人会增加社会福利。

（3）促进社会福利的主要因素。

增加国民收入总量是促进社会福利的主要因素，而实现国民收入增加的关键在于资源的有效配置。对于国民收入量的增加，Pigou 认为最重要的是应当通过优化资源在生产中的配置，使国民收入量达到最大限度。关于国民收入的分配，他认为“以下情况中的任何一种情况，即，或者国民收入增加，而不减少穷人在其中占有的绝对份额；或者使穷人占有绝对份额增加，而不减少国民收入，都一定会增加经济福利”。关于国民收入的变动，他认为任何引起国民收入份额变动的因素，如果并不同时引起国民收入量的减少和分配不均等化程度的上升，都意味着经济福利的增加。旧福利经济学的“社会最大福利原则”是其后福利经济学研究者一直沿用的准则。

2. 新福利经济学思想

新福利经济学是指 20 世纪 30 年代以来经济学家们对旧福利经济学进行修改、补充和发展形成的新理论，其代表有勒纳（A. P. Lerner）、卡尔多（N. Kaldor）、希克斯（J. R. Hichks）、伯格森（A. Bergson）等。新福利经济理论对旧福利经济理论的发展表现在如下几个方面：

（1）序数效用论和无差异曲线。

新福利经济学将微观经济领域的“序数效用论”“无差异曲线”等方法运用于福利经济理论，对 Pigou 的“最大效用总量”提出质疑。旧福利经济学认为，福利经济学的理论基础是：福利等于效用，效用可以用基数效用论和边际效用分析，可以用某种计量单位表示效用的大小，并且人们之间的效用是可以比较的，因此每个人获得的效用之和，便构成全社会效用的总和，即社会福利。而新福利经济学认为：由于效用是序数不能相加，效用是由人的主观心理决定的，是对于愿望的满足，因而效用是不可观察的，各人的效用因其偏好不同而不能比较，“个人是其福利的最好判断者”，“社会福利取决于组成社会的所有个人的福利，而不是取决于任何其他东西”，“如果至少有一个人境况好起来，而没有一个人的境况坏下去，整个社会的境况就算好起来了”。因此，消费者追求最大满足的途径就不能是 Pigou 所说的“最大效用总量”，而应该是力求达到最高的满足水平，即最高“无差异曲线”。

（2）提出“帕累托福利标准”。

为获得社会排序，新福利经济学采用了帕累托标准。帕累托标准（Pareto criterion）指出：如果从一种社会状态到另一种社会状态的变化，使至少一个人的福利增加，而同时又没有使任何一个人的福利减少，那么，这种变化就是好的，就是人们所希望的。新福利经济学认为，交换的最优条件就是在完全竞争条件下，交易双方通过交换彼此都获得最大满足；生产的最优条件就是在完全竞争条件下，生产要素进行最有效配置，使得产品最有效生产。所谓“最优条件”，是生产和交换最优条件的结合，以同时满足交换最优条件和生产最优条件的要求为前提。具备了这些条件就意味着供给和需求无论在量上还是在结构都是均衡的：从交换最优条件讲，交换双方在这种交换中，可以获得最大的满足；从生产最优条件来说，企业使用生产要素的效率最高，社会资源的配置也最合理。因此，从整个社会来说，必然达到福利的最大化。

（3）提出“补偿原则”。

帕累托标准有一个重大的缺陷，就是现实中的大多数变化往往都是使一部分人的福利增加而同时使另一部分人的福利减少，对于这种不同状态的判断，帕累托标准则无能为力。据此，卡尔多和希克斯等提出了“补偿原理”（1939）：如果一些社会成员经济状况的改善没有造成其他成员经济状况的恶化，或一些成员经济状况的改善补偿了其他成员的恶化，社会福利就会增加。据此原理，只要社会变革总的效率是好的，就可以通过对得利者征税等方式来补偿受损者，从而对一部分人有利而对其余人补偿了其不利。“补偿原理”提出“整个社会的福利”和“福利综合指标”，其不足在于没有考虑福利的相对性。

（4）福利的主观性和相对性。

Mishan（1967）指出，在美国这样的富裕社会，人们更关心相对收入水平，即其收入水平在社会收入结构中的地位。但对相对福利的研究导致了对福利经济学根基的怀疑：提高国民收入水平和缩小国民收入差距都不能增加福利。这限制了其应用的效果。对比旧福利经济学家只研究收入水平，新福利经济研究专家则将研究侧重点放在效率上，效率的高低是决定社会福利高低的关键因素，只有经济效率问题得以解决，才有可能实现社会福利最大化。

（5）提出“社会福利函数”理论。

“社会福利函数”（social welfare function）理论是在批判继承“补偿原则”论的基础上形成的一种新福利经济学主体理论。伯格森（Bergson）等人认为，最适度原理强调的生产、交换达到最适度，并不表示经济福利达到最大化，即经济效率并不是最大福利的必要条件；考虑到福利的补偿和福利的相对性，最大福利的充分条件是对收入的合理分配，因此，社会福利受效率和分配的共同影响。据此，伯格森等提出一种社会福利函数（Bergson-samuelson social welfare function），将分配和效率等因素作为变量考虑进函数，当这一函数达到最大值时，社会福利达到最大。这一福利标准已在福利经济理论体系中占据主导地位。

新旧福利经济学理论都是建立在边际效用价值、消费者自由选择和完全竞争的假设之上，得到了福利经济学两个基本定理：一是完全竞争的市场是帕累托有效的，二是政府可以通过收入分配政策解决“市场失灵”。但新旧福利经济理论也存在困难，例如对于收入均等化的目标、关于序数效用的质疑等。这些矛盾和问题推动了福利经济学理论的新发展。

3. 福利经济学理论的新发展

传统新旧福利经济学理论存在的缺陷一直引起人们对福利经济学的质疑。阿罗不可能定理（Arrow's impossibility theorem）认为，试图在任何情况下从个人偏好次序推导出社会偏好次序的想法是不可能实现的。这是因为个人偏好是复杂的、多种多样的，个人偏好显然不能作为社会选择的一种充分依据；实际上还存在着第二个判断准则，就是把个人判断的总和作为福利判断的准则。阿罗不可能定理提出之后，整个西方福利经济学界受到了很大的震动，福利经济学研究的内容和方向也发生了很大变化，因此有人称之为福利经济学第三定理。这一理论还引发了对于政府干预可以实现社会福利最大化的疑问，进而产生对传统福利经济理论的批评和挑战，其中，阿玛蒂亚·森的福利理论研究受到了很大肯定。

森的福利经济学理论贡献主要表现在：①把基本价值判断（basic value judgement）引入福利经济研究领域，即在任何条件下都正确的价值判断，例如自由等；认为在基本价值判断被满足的基础上，经济福利的增长才被视为福利增加。②针对功利主义福利理论导致的反对公平化，森提出以“能力”中心观取代产品组合的效用观。由于个人满足感是可测度的，因此，在充分信息条件下，个人满足感可以扩展为合理的社会福利函数。据此，森指出，经济增长的重要性在于其带来的相关利益，而不是增长本身，因此，福利提高的本质是人的权利和能力的提高，经济学更加应该关心的是提高人们社会生活的能力。森定义的贫困指数（Sen index）成为衡量贫困的一个计量标准。

4.1.2 公共物品理论

1. 公共物品的概念

现代经济学意义上，公共物品（public goods）一般是相对私人物品（private goods）而言的。公共物品的概念最早由 David Hume 在其著作 *A Treatise of Human Nature*（《人性论》）中提出，后由 Samuelson 等人加以规范。研究公共物品理论的发展历史，可以看出多公共物品的定义有以下几种具有代表性的观点：

（1）Samuelson 的定义。

Samuelson 是从"非排他性"和"非竞争性"的角度对公共物品做出了比较精确的分析性定义。他在"The pure theory of public expenditure"一文中指出，公共物品是指任何人消费这种物品不会导致他人对该物品消费的减少，也就是说公共物品的个人消费等于集体消费，用数学公式表示为：

$$Z_J = Z_j^i$$

这就是说，对于任何一个消费者 i 来讲，他实际可支配的公共物品 Z_j^i 数量就等于该公共物品的总量 Z_J，即公共物品在人们之间是不可分的。而私人物品是指那种能够加以分割因而每一部分能够分别按竞争价格卖给他人，而且对其他人没有产生外部效果的物品，私人物品的总消费量等于个人消费量的和。

（2）Olson 的定义。

Olson 在 *The Logic of Collective Action*（1971）一书中定义一个公共的或集体的物品为：任何物品，如果一个集体 X_1，X_2，…，X_i，X_j，… 中的任何个人 X_i 能够消费它，它就不能不被那一集体中的其他人消费。换句话说，那些没有购买任何公共或集体物品的人不能被排除在对这种物品的消费之外，而对非公共物品，这种排斥是能够做到的。

（3）布坎南（J. M. Buchanan）的定义。

布坎南在《民主财政论》（1993）中指出，任何集团或社团因为任何原因通过集体提供的商品或服务，都将被定义为公共物品。按照这一定义，凡是由集体提供的物品都是公共物品。同时布坎南在 *Public Finance and Public Choice*（1999）一书中认为，公共物品的显著特征就在于它的不可分性和非排他性。不可分性意味着一个灯塔可以由许多人使用，而非排他性意味着排除服务的潜在使用者相对来说要付出很大代价，并且是无效的。很明显，布坎南强调了公共物品的集中消费特性，而没有拘泥于消费上的竞争性。

以上经济学家对公共物品的解释都各有侧重，但是，Samuelson 从分析公共物品所具有的两大消费特征来定义公共物品的概念认可度最高。这两大特征，一个是消费的非竞争性，另一个是消费的非其他性。这是 Samuelson 从消费的角度对公共物品做出的定义，实际上也反映了公共物品最显著的特征，从而得到了西方主流学派的普遍认可，成为西方经济学中主流的公共物品理论，并启发了后来的学者，引导他们对公共物品理论做进一步的探讨阐释。

2. 公共物品的特征

根据 Samuelson 等经济学家对公共物品的定义，公共物品主要具有非竞争性和非排他性两个基本特征：

（1）消费的非竞争性。

公共物品的非竞争性，是指当某种物品在增加一个消费者时，并不引起其边际成本的增加。具体来说，公共物品的非竞争性包含两方面的含义：一是在生产方面，当某一公共物品被提供出来后，多增加一个消费者并不需要多追加资源的投入，即消费者增加所带来的边际生产成本为零，例如，城市公园是较典型的公共物品，增加一位游园者并不需追加任何生产成本；二是在消费方面，每个消费者的消费都不影响其他人的满足程度，或者说消费者的消费不会带来“拥挤成本”，即公共物品的“边际拥挤成本”（marginal congestion cost）为零。这就是说，一个人对某一公共物品的消费并不排斥或妨碍、影响其他个体对该产品的同时消费，也不会因此减少其他个体对该物品消费的数量和质量，也就是新加入的消费者的消费并不会减少原有消费者从该物品中所获得的效用。这就是说，对于既定的公共物品产出，新增加的消费人数所带来的边际分配成本为零。

非竞争性的例子如电视台播放节目，增加一个用户并不会给提供者和其他用户带来任何成本的增加；再比如修好后的公路桥、未载满乘客的火车，在其承载的许可范围内，多通过一辆汽车、多一个乘客并不需多追加成本，同时也不妨碍其他人的使用。

（2）消费的非排他性。

公共物品消费的非排他性是相对于排他性而言的，是公共物品具有不可能排除任何人对它的消费的特征。具体来说，公共物品的非排他性包含三层含义：其一，公共物品不易排斥众多的受益者，任何人都不可能排除他人对它的消费，因为将不为公共物品付费的个人或厂商排除在公共物品的受益范围之外，在技术上不可能或技术上可行但排他成本高昂到在经济上不可行；其二，公共物品的非排他性还包含非拒绝性，即任何人都不得不消费它，即使有些人可能不情愿，但却无法拒绝，或者说任何人都不能以拒绝付款的方法，将其不喜欢的公共物品或服务排除在其享用范围之外；其三，对于纯粹意义上的公共物品来说，任何人都可以恰好消费相同的数量。对于消费的非排他性，只要满足其中一个条件即可认为该物品具有消费的非排他性。以国防为例，任何人都无法使国防体系只为他一个人服务；任何人即使不情愿也无法拒绝该国防体系的保卫；同样，任何人由于该国防体系的存在所受到的保护和安全程度也是一样的。与此对应，假如有个物品是一台电脑，情况就会恰恰相反，如果有人想独占这个电脑，只要通过付费方式购买即可；如果不想拥有这台电脑，完全可以对其置之不理不去购买；再者，如果你购买了这台电脑，其他人就得不到，可供其他人消费的电脑数量就会减少。

需要指出的是，公共物品的非竞争性和非排他性特征并不是绝对的，它会随着技术条件、制度条件以及消费者人数的变化而发生变化，使其非竞争性程度与非排他性程度降低或上升。这种可能发生的变化意味着，过去非排他性和非竞争性程度高的公共物品由于条件的变化，现在完全可能变成非排他性和非竞争性程度低的公共物品。除上述两个基本特征外，公共物品还具有效用的不可分性、公益性、外部性等特征。

3. 公共物品的供给

公共物品的供给问题是公共物品理论的核心和本质问题。关于这个问题，学术界一直存在着争议，主要表现在两个方面：一是关于公共物品的供给主体之争，即政府和市场的关系以及各自作用问题；二是关于公共物品供给模式之争，即什么样的供给模式是最优的公共物品供给模式。其实，这两种争议的实质就是公共物品供给机制问题。以 Samuelson 为代表的福利经济学派认为，由于公共物品的非排他性和非竞争性特征，如果通过市场方式提供公共物品，将无法实现排他或排他的成本很高，并且在规模经济上缺乏效率，因此，由政府提供公共物品比市场来提供更有效率。二十世纪六七十年代以后，福利国家出现危机，一批新自由主义经济学家开始怀疑政府作为公共物品唯一供给者的合理性，如德姆塞茨、戈尔丁、布鲁贝克尔和科斯等人，他们从理论上和经验方面论证了公共物品私人供给的可能性。也就是说，公共物品供给并不一定由政府一家来担当，而可以由各种不同形式的主体来担任。

无论是公共物品还是私人物品的供给，都是通过一定的社会主体来实现的。政府、企业、非营利组织是人类最基本的社会主体，其中，政府是以强有力的权力为特征，市场中的企业以营利为目的，而非营利组织以社会公益为主要目标，它们都有可能成为公共物品的供给者。

（1）政府供给。

政府供给是公共物品的传统供给方式。公共物品往往是增进社会福利、促进社会和谐所不可缺少的，因此，需要公共部门的介入。即使是主张“自由放任”的亚当·斯密也承认政府应提供最低限度的公共服务。从某种意义上说，正是由于对公共物品的需求才导致了政府的产生。因此，政府供给机制是公共物品供给的基本机制，是以公平为目的、以税收和其他公共收费为主要筹资手段，利用公共资源供给公共物品的供给方式。

政府是公共物品供给最重要的供应者，尽管政府不再完全包揽公共物品的供给，不再直接进行公共物品的生产，但仍然有义务保证社会中有足够的公共物品并以公平的方式分配给所有的公民，这是政府的职责和使命。

（2）市场供给。

公共物品的市场供给是指企业基于营利目的，根据市场对某公共物品的需求，按市场机制提供相应公共物品从而获取一定利润的供给方式。随着公共经济的发展，市场供给机制也开始在公共物品供给领域扮演越来越重要角色。企业是诸多公共物品的消费者，而且只要有制度的许可、有利可图、有技术的可行性，企业就会成为公共物品生产者。

需要指出的是，公共物品的市场供给并不能完全脱离政府，在市场供给机制发挥作用的情况下，政府更应该从宏观上发挥其应有的调控与监管作用。

（3）公益供给。

非营利部门在其成立之初，就在公共物品供给方面发挥了巨大作用。非营利部门就是不以获取利润为目的、为社会公益事业提供服务的独立组织。由于政府提供的公共物品一般用于满足多数人的需求，而社会公众对于一些公共物品的偏好往往存在着较大差异，一部分人对公共物品有过度需求或特殊需求时则难以得到满足。提供公益性服务的非营利组织恰好弥补政府和市场供给的缺陷，特别是在公共物品受益范围有限且需求具有个性化的情况下，非营利组织更是可以发挥拾遗补阙的作用，提供一定范围公众群体所需要的公共物品。

4.1.3 社会学理论

社会学中的观点、理论或范式是复杂的理论性和方法性框架，旨在分析和解释社会学的研究对象，并协助把社会学的知识组织好。它涉及宏观层面的分析，聚焦于塑造社会的社会结构以及微观层面的分析，对在特定情况下发生的社会互动做近距离研究。

1. 结构化理论

社会结构的形成是一个结构化过程，这个具有行动和结构的二重性特征，社会系统的结构对于它们反复组织起来的实践来说，是后者的中介，亦是后者的结果。这就是说结构化过程具有双重性，一方面社会结构规定着人们的社会活动，另一方面人们的社会活动也产生和再生出新的社会结构。

2. 符号互动论

"符号"是指在一定程度上具有象征意义的事物。符号互动论认为事物对个体社会行为的影响，往往不在于事物本身所包含的世俗化的内容与功用，而在于事物本身相对于个体的象征意义，而事物的象征意义源于个体与他人的互动，这种互动包括语言、文化、制度等，在个体应付他所遇到的事物时，总是会通过自己的解释去运用和修改事物对他的意义。

符号互动论的基本观点是：事物本身不存在客观的意义，它是人在社会互动过程中赋予的；人在社会互动过程中，根据自身对事物意义的理解来应对事物；人对事物意义的理解可以随着社会互动的过程而发生改变，不是绝对不变的。

4.1.4 可持续发展理论

灾后重建的目标是实现灾区可持续发展，产业重建是灾后重建的核心内容，灾后产业重建通过产业重新布局和产业结构调整，加强灾区经济与生态环境之间的内在联系，寻求经济恢复与环境保护之间的平衡方案，实现灾区可持续发展。因此，可持续发展理论是指导灾后产业重建的重要理论。

1. 可持续发展理念

1962 年，美国女生物学家雷切尔·卡逊出版的《寂静的春天》中，描绘了一幅由农药污染造成的可怕景象，她惊呼人们将会失去"春光明媚的春天"。自此，全球生态环境问题被提到了国家政策的高度上。1972 年，罗马俱乐部的梅都斯等人发表了题为《增长的极限》的报告，预言在未来一个世纪中，人口和经济需求的增长将导致地球资源耗竭、生态破坏和环境污染，除非人类自觉限制人口增长和工业发展。1980 年，联合国环境规划署首次在有关文件中正式使用了可持续发展的概念。1987 年，以挪威首相布伦特兰夫人为首的世界环境与发展委员会正式发表了题为《我们共同的未来》的研究报告，提出了被广泛接受的可持续发展的定义，即“可持续发展是指既满足当代人的需要，又不损害后代人满足需要的能力的发展”。

自“布伦特兰报告”后，可持续发展成为全球共同关注的热点，大多数国家积极开展可持续发展的理论研究与实践活动，在自然属性、社会属性、经济属性、科技属性等方面发展和深化了可持续发展的概念。1991 年，国际生态学协会和国际生物科学联合会从自然属性方面定义可持续发展。同年，世界自然保护联盟、联合国环境规划署和世界野生生物基金会共同发表了《保护地球——可持续生存战略》从社会属性的角度定义可持续发展。

可持续发展的概念引起了学术界的极大关注，众多的学者对可持续发展从多个角度进行了研究，因而也产生了多样化的理解与界定。

（1）从自然属性定义。

世界自然保护联盟 1991 年对可持续发展的定义是：“可持续地使用，是指在其可再生能力（速度）的范围内使用一种有机生态系统或其他可再生资源。”国际生态联合会和国际生物科学联合会将可持续发展定义为“保护和加强环境系统的生产更新能力”，即可持续发展是不超越环境系统再生能力的发展。

（2）从社会属性定义。

世界自然保护联盟、联合国环境规划署和世界野生生物基金会 1991 年共同发表了《保护地球——可持续生存战略》，其中提出的可持续发展定义是“在生存不超出维持生态系统涵容能力的情况下，提高人类的生活质量”，并进而提出了可持续生存的 9 条基本原则。这 9 条基本原则既强调了人类的生产方式与生活方式要与地球承载能力保持平衡，保护地球的生命力和生物多样性，又提出了可持续发展的价值观和 130 个行动方案。报告认为，各国可以根据自己的国情制定各自的发展目标。但是，真正的发展必须包括提高人类健康水平，改善人类生活质量，合理开发、利用自然资源，必须创造一个保障人们平等、自由等权利的发展环境。

（3）从经济属性定义。

这类定义把可持续发展的核心看成经济发展。巴伯在《经济、自然资源：不足和发展》中，把可持续发展定义为“在保护自然资源的质量和其所提供服务的前提下，使经济发展的净利益增加到最大限度”。普朗克和哈克在 1992 年为可持续发展所作的定义是“为全世界而不是为少数人的特权所提供公平机会的经济增长，不进一步消耗自然资源的绝对量和涵容能力”。英国经济学家皮尔斯和沃福德在 1993 年合著的《世界末日》一书中，提出了以经济学语言表达的可持续发展定义："当发展能够保证当代人的福利增加时，也不应使后代人的福利减少。"而经济学家科斯坦萨等人则认为，可持续发展是能够无限期地持续下去，而不会降低包括各种"自然资本"存量（量和质）在内的整个资本存量的消费数量的发展。他们还进一步定义"可持续发展是动态的人类经济系统与更为动态的、但在正常条件下变动却很缓慢的生态系统之间的一种关系"。

（4）从科学技术属性定义。

这主要是从技术选择的角度扩展了可持续发展的定义，倾向这一定义的学者认为"可持续发展就是转向更清洁、更有效的技术，尽可能接近'零排放'或'密闭式'的工艺方法，尽可能减少能源和其他自然资源的消耗"。还有的学者提出"可持续发展就是建立极少产出废料和污染物的工艺或技术系统"；他们认为污染并不是工业活动不可避免的结果，而是技术水平差、效率低的表现；他们主张发达国家与发展中国家之间进行技术合作，缩短技术差距，提高发展中国家的经济生产能力。

2. 可持续发展的基本理论

可持续发展是一种全新的反战战略和发展观，尚未形成完整的理论体系，支撑可持续发展的基本理论有人口承载力理论、环境承载力理论、外部性理论、财富代际公平理论、三种生产理论。

（1）人口承载力理论。

所谓人口承载力理论是指地球系统的资源与环境，由于自身自组织与自我恢复能力存在一个阈值，在特定技术水平和发展阶段下对于人口的承载能力是有限的。人口数量以及特定数量人口的社会经济活动对于地球系统的影响必须控制在这个限度之内，否则，就会影响或危及人类的持续生存与发展。

（2）环境承载力理论。

环境承载力是某一区域环境在某一特定时期维持某种环境状态条件下所能提供的对人类活动支持能力的阈值，它是描述环境状态的重要参量之一，是研究环境与经济是否协调的一个重要依据。当区域产业高度集聚导致对环境不良影响的累积超过该区域的环境承载力时，会造成环境质量急剧下降，影响环境的可持续发展，同时降低环境对产业发展的支持能力。因此，在产业结构优化中，必须将产业活动安排在环境承载力限度内。

（3）外部性理论。

外部性理论认为，环境日益恶化和人类社会出现不可持续发展现象和趋势的根源，是人类迄今一直把自然视为免费享用的"公共物品"，不承认自然资源具有经济学意义上的价值，并在经济生活中把自然的投入排除在经济核算体系之外。如何从经济学的角度把自然资源纳入经济核算体系，是该理论研究的核心问题。

（4）财富代际公平理论。

财富代际公平理论认为，人类社会出现不可持续发展现象和趋势的根源是当代人过多的占有和使用本应属于后代人的财富，特别是自然财富。该理论重点探索财富在代与代之间能够得到公平分配的理论和方法。

（5）三种生产理论。

三种生产理论认为，人类社会可持续发展的物质基础在于人类社会和自然环境组成的世界系统中物质的流动是否畅通并构成良性循环。该理论把人与自然组成的世界系统的物质运动分为三大“生产”活动，即人的生产、物资生产和环境生产，致力于探讨三大生产活动之间和谐运行的理论与方法。

4.1.5 多元模式分析理论

1. 批判性政策分析理论

现代欧洲哲学的批判理论是构建批判性政策分析理论的基础。卡尔·波普尔（Popper，1968）的科学哲学既反对逻辑实证主义，也反对非理性主义或怀疑论；要证实任何科学的主张在任何时候都正确无误或无可挑剔，根本就不易做到。David Hume 的怀疑论认为“我们无法确信可以从以往的经验推出没有经历的事实的可靠性”。卡尔·波普尔肯定 Hume 怀疑论的问题价值，但并不赞同其哲学结论。他认为“一个系统只有做出可能与观察相冲突的论断，才可以看作是科学的；实际上通过设法造成这样的冲突，也即通过设法驳倒它，一个系统才受到检验”。卡尔·波普尔将科学的发展看作是知识的增长，而知识的增长就是不断批判原有理论，发现其不足或缺陷，产生更好的新理论。约翰·福里斯特（1987）则吸收了哈贝马斯对工具理性的批判，来构建其批判性政策分析理论。

20 世纪早期的社会批判性政策分析理论家认为，科学技术的发展在造福社会的同时带来了很多负面影响，这是理性推动技术和科学进步继而改造社会的必然结果。批判性政策分析理论在最广泛的政策分析的意义上，对传统的政策分析理论提出了挑战。受波普尔哲学的启发，科林德里奇将政策分析过程视同为科学探索过程，认为在政策方案实施前和实施后，我们同样可能无法论证一个方案的绝对正确。但是，这并不妨碍我们比较政策方案的优劣，也不妨碍我们判断所实施的方案的得失。

在政策制定的过程中，正确的途径不是去寻找那些可以被完全证实且正确无误的政策方案，而是去寻找那些错误和缺陷尽可能少，而且可以很快克服与改进，并无须花费过多代价的政策方案。

2. 利益相关者理论

利益相关者理论是指企业的经营管理者为综合平衡各个利益相关者的利益要求而进行的管理活动。与传统的股东至上主义相比较，该理论认为任何一个公司的发展都离不开各利益相关者的投入或参与，企业追求的是利益相关者的整体利益，而不仅仅是某些主体的利益。

彭罗斯（2007）在1959年首次出版的《企业成长理论》中提出了“企业是人力资产和人际关系的集合”的观念，从而为利益相关者理论构建奠定了基石。随后，瑞安曼（1961）提出了比较全面的定义：“利益相关者依靠企业来实现其个人目标，而企业也依靠他们来维持生存。”这一定义使得利益相关者理论成为一个独立的理论分支。直到1963年，斯坦福大学研究所才明确地提出了利益相关者的定义：“利益相关者是这样一些团体，没有其支持，组织就不可能生存。”这个定义在今天看来，是不全面的，它只考虑到利益相关者对企业单方面的影响，并且利益相关者的范围仅限于影响企业生存的一小部分。但是，它让人们认识到，除了股东以外企业周围还存在其他的一些影响其生存的群体。

在此后的30年间，对利益相关者的定义达三十多种，学者们从不同的角度对利益相关者进行定义。其中，以R·爱德华·弗里曼（2006）的观点最具代表性，他在1984年提出：“利益相关者是能够影响一个组织目标的实现，或者受到一个组织实现其目标过程影响的所有个体和群体。”弗里曼的定义，大大丰富了利益相关者概念的内容，使其更加的完善。显然，弗里曼界定的是广义上的利益相关者，他笼统地将所有利益相关者放在同一层面进行整体研究，给后来的实证研究和实践操作带来了很大的困难。克拉克森（1991）认为：“利益相关者在企业中投入了一些实物资本、人力资本、财务资本或一些有价值的东西，并由此而承担了某些形式的风险；或者说，他们因企业活动而承受风险。”克拉克森的定义引入了专用性投资的概念，使利益相关者的定义更加具体。

国内学者综合了上述的几种观点，认为“利益相关者是指那些在企业的生产活动中进行了一定的专用性投资，并承担了一定风险的个体和群体，其活动能够影响或者改变企业的目标，或者受到企业实现其目标过程的影响”。这一定义既强调了投资的专用性，又将企业与利益相关的相互影响包括进来，是比较全面和具有代表性的。

批判性政策分析理论在构建新的政策评估模式方面提供了新思路，但对如何吸收公民社会的广泛参与没有建设性构想。但利益相关者理论在这一方面产生了重要影响。以共同治理为核心理念，公共管理中的利益相关性在多层次上通过多种形式表现出来。遵循利益相关者理论的基本原则，在构建政策评估模式时，应重点关注三个基本要点：一是公共管理活动中的利益相关者的界定；二是利益相关度的界定；三是利益相关者的权重问题。

3. 理性选择理论

理性选择理论是建立在下列前提下的：第一，个人是自身最大利益的追求者。第二，在特定情境中有不同的行为策略可供选择。第三，人在理智上相信不同的选择会导致不同的结果。第四，人在主观上对不同的选择结果有不同的偏好排列。理性选择可以概括为最优化或效用最大化，即理性行动者趋向于采取最优策略，以最小代价取得最大收益。

人们在行动过程中总会有理性和非理性的判断。理性选择理论的代表人亚历山大（Alexander）认为人的理性行为是自私的，是强调个人效用最大化的；而非理性行为则是唯意志主义的，主要受感情和欲望的支配。亚当·斯密认为“经济人”强调自身利益最大化，通常情况下人们具有“经济人”特性，会采取手段最大化个人利益。但是随着实践的发展，越来越多社会行为却反映了人们“非理性的行动”，即在面临特殊事件时人们不会首先选择最大化自己的个人利益，而是选择满足其他主体的利益，这就是人的“非理性行为”，这些行为在社会中也大量存在。

在地震发生的第一时刻，多数人会选择逃跑，保护自己的生命，或者抢救自己的亲人和财务，具有“经济人”的理性行为特性。但也有一些群体会选择保护他人或者保护集体的财产，反映出“非理性”的一面，理性选择理论能给人们在地震下的行为以合理的解释。

4.2 政策评估的方法

4.2.1 对比分析法

对比分析法是政策评估中最直观的一种方法，这种方法主要是通过政策实施前后结果的对比进行分析，或对政策实施前后的一系列指标进行对比，来得出政策实施结果是否有效的结论。对比分析法包括前后对比、有无对比两种方法。前后对比法是将政策实施前后的情况进行对比，以确定政策实施后所产生的实际效益和影响的大小，主要分析政策实施后受灾地区在目标、效益、影响等各方面，是否完全恢复到原有水平或有所提高。一般用这种方法来测定政策实施后的效益和影响。有无对比法是指将政策实施后产生的实际效果和影响与假设不实施相应政策的情况进行对比，测定政策实施后产生的效益。由于政策发生效力的周期不定，因此，在应用对比分析法时还要注意周期内外部因素的作用。

4.2.2 定量评估方法——统计抽样分析法

由于政策评估中有不少内容涉及数量与统计，评估人员能够通过客观指标状况得出所评估对象的一定比例关系，进而能够根据数量与统计的结果来检验政策效果。定量评估方法具体包括实验法、准实验法、非实验法、统计抽样分析法等。定量评估方法的运用有利于减少不必要的评估纠纷与争论，避免评估活动中过于偏重主观价值的倾向。用事实和数据说明评估问题容易使评估对象接受评估判断，最终与评估主体一道尽快地就评估结论达成共识，结束评估活动。

统计分析法是定量分析中的一种，也是目前应用越来越多的分析方法。这种方法通过对问卷调查，对大量的数据进行整理和利用统计软件建立数理统计模型，经过统计假设检验后，通过分析模型得出评估结论。统计分析法相对较为科学、客观，现在人们在政策评估领域中经常用到这种方法。

4.2.3 定性评估方法——专家判断法

不论何时何地，政策的评估活动都无法离开人们特有的观念与思想，这就使不同的评估人员形成并产生了自身的价值判断，从而影响到政策评估标准。而且，事物的存在与演进也有其自身发展的规律，反映出事物的本质特性。所以，公共政策评估活动中仅用客观指标的定量评估方法无法真正反映事物的本质特性，体现评估主体和评估对象的主观愿望，因此还需要依靠定性评估的方法。定性评估方法包括脚本法、专家判断法等。通过定性评估方法来弥补定量评估方法的不足，能够对无法进行客观指标量化的政策进行恰当的评估，最终达到有效评估政策的目标。

专家判断法的具体形式有许多类型，如头脑风暴法、德尔菲法、广议法、集体商议法、圆桌会议法等，这里重点介绍头脑风暴法和德菲尔法。

德尔菲法是在20世纪40年代由O. 赫尔姆和N. 达尔克首创，经过T. J. 戈尔登和兰德公司进一步发展而成的。德尔菲法也称专家调查法，是一种采用通信方式分别将所需解决的问题单独发送到各个专家手中，征询意见，然后回收汇总全部专家的意见，并整理出综合意见。随后将该综合意见和预测问题再分别反馈给专家，再次征询意见，各专家依据综合意见修改自己原有的意见，然后再汇总。这样多次反复，逐步取得比较一致的预测结果。德尔菲法依据系统的程序，采用匿名发表意见的方式，即专家之间不得互相讨论，不发生横向联系，只能与调查人员发生联系，通过多轮次调查专家对问卷所提问题的看法，经过反复征询、归纳、修改，最后汇总成专家基本一致的看法，作为预测的结果。这种方法具有广泛的代表性，较为可靠。

头脑风暴法是指通过无限制的自由联想和讨论，产生新观念或激发创新设想。采用头脑风暴法时，要集中有关专家召开专题会议，主持者以明确的方式向所有参与者阐明问题，说明会议的规则，尽力创造在融洽轻松的会议气氛。

主持者一般不发表意见，以免影响会议的自由气氛，由专家们“自由”提出尽可能多的方案。运用头脑风暴法的同时要注意遵循四大原则：第一，自由畅谈。参与专家应该跳出条条框框的限制，提出创造性的想法。第二，禁止批评。参与专家不得对对方的设想提出批评性的意见，防止对创造性思维产生抑制作用。第三，延迟评判。在想法提出之初任何人不得对该想法进行评判，一切批评和判断必须等到头脑风暴结束之后进行。第四，追求数量。头脑风暴应该尽可能获取多的看法，最终才能从较多看法中提炼最优设想。

4.2.4 定量定性结合的评估方法

有的政策适合用定量评估方法，有的政策适合用定性评估方法，而有的政策适合用定量与定性相结合的评估方法。定量定性结合评估方法是指，在评估活动中把定量评估指标与定性评估指标，按照一定的权重拟合形成综合评估结果。根据定性评估指标得分对定量评估结论进行校正，以计算出综合评估得分的结果，其计算公式为：

定量定性结合评估得分=定量指标评估分数×定量指标权重+定性指标评估分数×定性指标权重

定量定性结合评估方法既发挥了定量评估方法的长处，又避免了定性评估方法的不足，使评估活动更多地得到人们的认同，评估结论更容易被评估对象所接受。

弗兰克·费希尔将经验分析与规范调查置于同等地位，重新整合经验事实与规范价值之间的关系，致力于将定性方法和定量方法结合起来，最终依靠后实证主义的认识论和方法论的理论支撑，借助哈贝马斯的综合合理、斯蒂芬·图密的实际论据的非正规逻辑和保罗·泰勒的评估论点逻辑，提出将事实和价值结合起来进行评估的多重方法论框架结构（参见表 4-1）。

表 4-1　弗兰克·费希尔的政策评估方法论框架

政策评估逻辑简介：层面、论点和问题
层面：第一顺序评估
技术—分析论点：项目验证（结果）
组织问题：按照经验该项目达到了既定的目的了吗？
相关论点：情景确认（目的）
组织问题：项目目的与问题情景有关吗？
层面：第二顺序评估
系统论点：社会论证（目标）
组织问题：政策目标对社会整体有方法性或者贡献性的价值吗？
意识形态论点：社会选择（价值）
组织问题：（构成社会顺序的）组织的基本理念（或者意识形态）为冲突的解决提供了合理的基础吗？

弗兰克·费希尔围绕关于方案结果的辩论、方案目标的适用环境、整个社会系统更大政策目标的影响、规范规则的评估，以及社会秩序潜在的价值这五个方面的政策评估议题来构建多重方法论框架结构。经验主义分析和规范知识的地位是这个框架的重要部分。规划评估的方法论是基于整个评估的不同层面而定位的，经验主义的手段/结果分析，现象学的社会科学、系统分析和政治哲学，分别对应于城市规划的项目验证、情景确认、系统论证和社会选择四个层面。所有的四个方法都是综合的、多种方法论的方案，每一种方法论都在评估适当的阶段有特定的用途，但归根结底它们都仅仅是总体评估的一部分。

4.2.5　多指标综合评估方法

随着统计内容的发展，指标评估方法不断健全更新，其结果是衍生了多指标综合评估方法，完善了以往指标评估方法的不足，显示出极大的创新性和健全性。综合评价是对客观事物以不同侧面所得的数据进行总评价。

1. 常规多指标综合评价法

综合评价问题大多数需要建立评价指标，不同的问题评价方法也不同。常规综合评价法就是最简单的评价方法，该方法一般不涉及模糊数学、运筹学、多元统计分析法等，主要是依赖建立评价指标来对经济社会现象进行综合评价。常规方法操作技术也往往较为基础，例如选取指标、对指标进行标准化、无量纲化处理、对逆指标的处理、确定定性指标、确定权数等，评价结果的精确性与这些步骤的技术精度有关，当然这也是其他综合评价方法的基础。其中，无量纲化是通过数学变换来消除原始变量（指标）量纲影响的方法，它可分为直线型、折线型、曲线型三大类，直线型中又有阈值法、Z-score 法、比重法等。不同相对数指标用来综合评价时需要做无量纲处理。

常规多指标综合评价方法与其他多指标综合评价方法相比，具有以下一些特点：不能消除相关指标对被评对象信息重复的影响，要求选取指标时注意指标间关系；权数通常是估价权数和信息量权数，是专门生成权数，可调整；需要专门的无量纲处理，处理方式没有什么限制；评价中不涉及等级划分问题，评价结果是一个点值；有时可以保证同一被评价对象评价值的唯一性，有时则不能，这一性质影响到评价结果的（时、空）可比性；可以分层次处理。

2. 多元统计分析方法

（1）主成分分析法、因子分析法。

有的综合评价问题如对影响经济效益的重要因素进行评价，就需要一种降维的处理，从数学的角度来看，就是建立一种从高维空间到低维空间的映射，在保持数据在高维空间结构的同时将错综复杂的因素在某个维度进行投影，将事物的影响因素提炼归类。例如运用统计年鉴中的某些经济指标如人口数、GDP、第三产业增加值、货运总量等对全国城市的第三产业发展水平进行综合评价，由于指标众多，要对指标进行综合提炼，可以运用因子分析方法将众多指标提炼为代表第三产业基本因子、基础环境因子、政策性因子、人员素质因子等几个，将因子得分加总排名，就可对城市发展进行评价。

（2）聚类分析法、判别分析法。

聚类分析法是指先将被评价对象的每一个单元看成一个类，再按照一定的距离计算规则，计算任意两个类别之间的统计距离，将距离较小的两个类合并为一个类，重新计算这一类与其他类别的距离，再选择较小距离进行合并。最后按照综合评价的精度要求选择一个值，则可以确定聚类的结果继而得到综合评价结果。确定统计距离的计算规则是关键。从基本的聚类分析法出发还可以得到动态聚类法、有序样本综合评价法等。

判别分析法是根据样本的评价指标的观测值来推断样本的所属总体的方法。贝叶斯判别则是利用贝叶斯统计推断、通过建立损失函数求解综合评价问题，是一种考虑了误判后果的判别方法。比如我们要根据新采集的沙石判断它属于哪一类，医生根据病人的各项指标来判断病人生病的类型等都可以用以上的方法。

3. 模糊综合评价方法。

客观事物的不确定性、不规律性使得传统的概率统计方法无法使用，在政策效果分析中经常会遇到的问题是不少指标因不易精确描述具有极大的模糊性，难以计量，在这种情况下，可以应用模糊数学手段进行量化。

模糊综合评价是一种基于模糊数学的综合评价方法。客观事物的不确定性分为两类，一类是分类明确，即具有确定性的特征，可以明确地分类到某个集合，只是事物出现的规律具有不确定性；另一类事物本身分类特征不明显，可以属于一个集合，也可以属于另一个集合，这就需要引入模糊集合的概念。前一类事物可以用传统的数学方法进行处理和分析，而后者就需要应用模糊数学方法了。模糊集合理论的概念由美国自动控制专家查德教授在 1965 年提出，用以表达事物的不确定性。该理论引入某一元素对于某一模糊集合的隶属度的概念，这构成了模糊数学的基本框架。

模糊综合评价法就是以模糊数学为基础，将一些边界不清、不易定量的因素定量化，再对其进行综合评价的一种方法。其基本操作方法是首先确定被评价对象的因素集和评价集；再分别确定各个因素的权重及他们的隶属度向量，获得模糊评判矩阵；最后把模糊评判矩阵与因素的权向量通过模糊算子进行模糊运算并进行归一化，得到模糊综合评价结果。这一方法的特点在于对评价对象逐一进行评判，被评价对象有唯一的评价值，不受被评价对象所处集合的影响。因此具有结果清晰，系统性强的优点，能较好地解决模糊的、难以量化的问题，适合各种非确定性问题的解决。模糊综合评判应用要注意评价指标选取时把相关程度较大的删除，权数确定要保证客观性，并注意信息量角度的因素。

模糊综合评判方法的特点在于：评判结果是一个向量而不是一个点值，可以方便地做多层次处理；R 阵本身就是没有量纲的，不需做专门处理；权数属于人为估价权数；没有消除指标间相关对综合评判结果的重复信息影响；评判逐对象进行，对被评对象有唯一的评价值，不受被评对象所处对象集合的影响；评判设立等级论域。

5 灾后重建财税与金融政策的“综合评估模型”

政策评估对于政策设计、执行、效果和成败原因进行了系统分析和评判，目的在于完善该项政策，并为新的相关政策的制定提供借鉴。党的十八大以来，中央政府高度重视政策评估工作，评估日益成为推动重大改革和政策落地的重要机制和工作法宝。众所周知，政策支持对于灾后恢复重建工作起着关键作用，而灾后恢复重建的政策评估同样重要。本章主要从理论上分析和构建了用于灾后重建财税政策与金融政策评估“综合评估模型”与指标体系，为政策评估提供研究的理论基础与工具。

5.1 “综合评估模型”的评估标准

通过在 2.2.2 节中对政策评估模型及其实际应用进行的梳理，我们对十种政策评估模型的优缺点和适用领域有了充分的了解和认识。现我们将结合灾后重建财税政策与金融政策的特点来选取政策评估标准。

政策评估的过程是个非常复杂的过程，必须围绕着政策及其活动全过程中各个环节的结果进行评估。由于学术界对于政策评估标准的确定存在很大的分歧，因此，目前还没有一套统一的评估标准。国内外的学者从不同的角度确立了不同的标准。

英国学者杰弗里·维克斯（2004）在其《判断的艺术》一书中提出了政策成功的评价标准：①保持动态平衡的功能（这种平衡不仅必须全面保持，它的暂时性波动也必须保持在该系统的弹性可以容纳的限度之内），又称为生存功能。②优化自我保持功能。③使资源流动最大化的功能，也称为增长功能。④优化功能性绩效的功能。

萨茨曼（1967）较早地概括了政策评估的五项标准，即工作量、绩效、绩效的充分性、效率、执行过程。威廉·N. 邓恩（2002）将政策评估标准分为效果、效率、充足性、公平性、回应性和适宜性六类。

台湾学者林水波、张世贤（1982）认为评估标准大致有十个方面：①工作量；②绩效；③效率；④生产力；⑤充分性；⑥公平性；⑦妥当性；⑧回应程度；⑨过程；⑩社会指标。

国内学者陈振明（2003）认为，一般而言政策评估有如下五个标准：生产力标准、效益标准、效率标准、公正标准和政策回应度。

张国庆（1997）在《现代公共政策导论》一书中提出了评估的“首要标准”和“次要标准”的概念。张国庆认为，对于一项政策的整体评估是建立在若干单元评估基础上的，他把用于整体评估的标准称为首要标准，把用于单元评估的标准称为次要标准，从立体的角度构建了一个评估标准的架构。所谓首要标准是指对某项政策进行评估的综合标准，是事实标准和价值标准的统一和高度概括，是从整体和原则的高度来衡量某项政策的是非曲直或利弊得失的标准。用于评估公共政策的事实标准和价值标准为次要标准：首要标准是根本性的标准，它支配和统率次要标准，次要标准必须服从首要标准，不能与首要标准相违背，更不能以次要标准来取代首要标准。在公共政策评估活动中往往出现不能设立正确的首要标准、背离首要标准甚至以次要标准取代首要标准的情况，导致公共政策评估发生方向性的错误。

评估的标准是衡量有关政策利弊优劣的指标或准则，对于政策评估而言没有标准就不可能有评估。因此建立政策评估标准是进行政策评估的起点，也是政策评估的重要内容。综合来看，政策评估的标准主要包括适用于各种政策评估的一般标准和可选择适用特定政策评估的具体标准两个层面。

5.1.1 政策评估的一般标准

评估是根据特定标准进行的，标准的选择非常重要，因为就同一项政策而言，选择不同的评估标准，很可能会导致完全相反的评估结论。

一般而言，政策评估既是一个事实判断的过程，也是一个价值判断的过程，因此政策评估既要建立事实标准，也要建立价值标准。事实标准的确立以特定事物和既定事实为依据，更多的是通过调查、统计等实证方法建立数字、比例等量化关系，旨在确定一项公共政策在事实上产生了哪些实际的效果和影响。而价值标准是建立在道德、伦理、观念、文化等社会和政治价值观基础上的，旨在确定一项公共政策的价值影响。

1. 政策评估的事实标准

事实是指在经验中表现出来的真实性，或者从必然性中推断出来的事件、性质或关系。事实标准就是指能够反映事物过去、现在和将来的存在状况的数量值、比率关系、统计结果等一些可测量的客观指标。政策评估者依据这些指标对政策的资源使用情况、政策执行过程以及政策的效果进行科学的衡量和评价，以期揭示公共政策在运行过程中，对国家、社会和个人产生了什么具体影响或作用。政策事实是政策行为发生后形成的，因此事实标准是一种回溯性政策评估标准，主要用于评估执行中或执行后的政策。从理论上说，政策过程是一个由四个要素构成的模型：政策投入（人、财、物、时间、信息等）→政策执行过程（传送服务）→政策输出（组织的活动或提供服务）→政策效果（每一产出或服务产生的影响）。与之相对应，衡量和判断政策过程的标准分别是资源投入、工作过程、政策效率、政策效益四个标准。

（1）资源投入标准。资源投入是指政策实施中投入和使用的人、财、物、时间、信息等公共资源。资源投入是实现政策目标、产生政策效果的前提，没有必要资源的投入，一项政策很难被不折不扣地执行，政策规定的目标和任务也难以完成。很多政策不能说不好，但就是效果不理想，很重要的一个原因就是资源投入不足。资源投入标准主要解决两个问题：一是投入资源是怎样分配和使用的？二是政策执行中的各种资源投入与使用是否符合政策规划的要求？具体言之，资源投入标准涉及的主要问题包括：政策执行了一段时间后耗费了多少资源？配备了多少执行人员？耗费的资源是否符合法定程序？政策经费的支出结构如何？信息资料的掌握数量和分析使用如何？等等。资源投入属于政府的政策产出，它衡量的是政府在资源投入中实际上做了什么。资源投入标准的衡量对象是目标群体，不能只看政府做了什么，还要分析政府所投入的资源是否落实到政策目标群体，以防止政策资源被执行机构截留。资源投入标准的测量指标可以从努力程度、进步程度、投资分配结构、投资使用效率等几个方面来进行设置。

（2）工作过程标准。工作过程是指政策执行机构和人员执行政策的实际过程。工作过程标准，是指在政策的实施过程也即从资源投入到产生政策绩效的工作过程中是否体现了较高的能力水平。设置工作过程标准主要用来衡量政策执行机构的运作和执行人员的工作态度、能力是否达到最佳状态，有没有违反政策原则、滥用行政自由裁量权的行为。工作过程评估标准主要涉及两个方面的基本内容：①从执行组织来看，评估标准主要包括：执行机构是否健全，人员配备是否合理，工作态度是否积极，工作能力能否胜任，有没有监督机制，等等。②从政策运行过程来看，评估标准主要包括：执行是否依照政策方案进行，执行指令是否明确，政策实施措施是否得当，对政策调整对象的分析和掌握是否充分，政策宣传是否达到最大的覆盖率，是否因时、因事、因地制宜，组织协调和社会沟通是否充分，信息反馈和意外情况的应变是否迅速，哪些环节对政策的成功或失败产生了更重要的影响，等等。

（3）效率标准。所谓效率，是指成本投入与产出之间的比例关系，即一定成本投入下产出量越大效率越高，或者可以说，一定产出量下成本投入越少效率越高。政策评估的效率标准，是工作量与绩效之间的相关程度，即一项政策要达到某种水平的产出所必须投入的工作量。其衡量标准是根据单位成本所能产出的最大价值或最小成本产生的最大收益为目的。政策的成本消耗包括政策主体在人、财、物方面的投入，也包括其在物质和精神方面的付出，同时还包括在政策的执行过程中带给社会的消极影响。政策的收益相应的也要从这三个方面去衡量。政策的效率标准就是在政策目标实现的程度和范围内以追求解决问题的难度、满足政策需求的程度和需求被满足的人数的最大化为目标。政策整体的效率衡量比较困难，一般可以把政策效率标准框定于财政范围内。由于现实生活中资源的有限和财政的紧张，效率标准已成为政策评估中最常用的标准之一。

（4）效益标准。效益标准主要用于衡量政策资源投入后所取得的成果，并通过比较政策执行的实际效果与政策方案设定的预期结果，衡量政策目标的完成程度。因此，政策评估的效益标准包括两个方面：一是政策执行的实际效果；二是政策效果对预期政策目标的实现程度，即政策效果的充分性。

政策执行的实际效果是指在不考虑资源投入的前提下，政策对象的境况或政策环境是否由于政策执行而得到了改善。由于政策效果的广泛性和多样性，一项政策效果往往并不仅仅局限于实施领域，而是涉及社会生活的各个方面。其中，既有预期效果，也有非预期效果；既有直接效果，也有间接效果；既有正效果，也有负效果；既有显性的、可测量的有形效果，也有隐性的、难以测量的潜在效果；既包括政策系统内部的各种变化，也包括政策系统外部环境的变化；等等。尽管评估者无法将所有的政策效果都纳入自己分析的视野，但至少应尽可能严谨、客观地对其进行辨别。其基本步骤是：①判明政策是否产生了效果。②如果产生了效果，则进一步分析这些效果作用或表现的领域。③分析这些效果在性质和形式上的差异，即哪些是政策目标设定的效果，哪些是非目标领域的效果；哪些是目标领域的主要效果，哪些是次要效果；在非目标领域，哪些是正效果，哪些是负效果。④按照事实标准通过一系列技术和方法确认这些效果和影响的具体实现程度。政策效果就是由政策作用因素所引起的政策对象及社会环境所达到的状态。一项政策实施后，如果能够有效地发挥作用，必然引起政策对象和社会环境状态的某种变化，通过对这些变化的分析，可以确定一项政策所产生的效果。但是，由于事物总是相互联系、相互制约的，事物状态的变化往往是由多种因素共同作用引起的，政策调整对象和非调整对象在政策推行期间所产生的行为和处境变化，未必都是政策影响的结果。因此，在衡量、评估政策效果之前，应当将非政策因素影响排除在政策效果之外。不过，由于人类理性的局限，评估者很难从中精确地分析出某一因素所引起的状态变化的大小。因而，确定一项政策的实际效果是一项非常复杂的工作。

政策效果的充分性是一种合理性标准，是指特定的政策效益对该政策问题、政策诉求及目标人群的需要、价值和机会的契合程度与满足情况，它明确了对政策方案和有价值的结果之间关系强度的期望。也就是说，通过政策执行解决政策问题的程度是否达到了政策设计的要求，这一标准实际上并不是纯粹的事实标准，而是包含着一系列事实与价值的互动。衡量政策效果的充分性一般遵循如下程序：①明确政策目标。由于政策效益是根据初始设计的政策目标来衡量的，因而有效地衡量政策效果的前提条件是，政策本身必须具有明确的目标。如果政策目标模棱两可，使不同评估者对目标的理解不同、认识不一，对政策效益进行评估就不可能达成一致。②通过对政策目标与政策效果的比较，研究政策效果是否达到了预期的目标或要求。如果一项政策取得了一定的效果，但未达到预期的政策目标或规划要求，说明政策方案本身可能存在问题，也可能说明政策实施存在一定的问题。③考察政策目标实现后在多大程度上解决政策所要解决的政策问题。在大部分情况下，政策目标与完全解决它所要解决的问题并不是一回事。因为，一方面，政策问题可以分解为不同的层次和方面，可能需要一系列相互联系和衔接的政策共同作用才能加以完全解决；另一方面，鉴于各种条件的限制，政策可能只追求问题的宏观上的解决。因此，尽管某项政策执行取得了一定的成效，但不意味着已经解决了既定的问题。为此，评估者不仅要考察政策解决问题的深度和广度，也要考察政策满足公众需要的有效程度和满足的人数。

2. 政策评估的价值标准

利用事实标准和指标形成了对政策的事实判断后，政策评估并没有结束，还需要在事实评估的基础上，对政策的价值和目标、因政策实施而导致的利益分配格局的变化等问题做出评估。即评估者要进行更为深入的社会政治分析，以此透视和反映现实整体状况，发掘那些更为隐秘的社会政治问题，进而探求改革的途径和方式。

价值标准是评估主体在评估过程中所坚持和依据的倾向性准则与原则，反映了评估主体的信念、理想和价值追求。政策评估建立在一个国家特定的历史与现实、伦理与文化、社会和经济价值的取向之上，不关注外在环境条件的作用，强调评估主体的价值主张和思想信念，反映社会公共利益和个人利益的实现状况。由于每个人存在不同的价值偏好，因而对于同一项政策，不同的评估主体会有不同的价值判断标准，即使是同一主体，在不同的历史时期，由于时间的推移、环境的改变、面临的问题与任务不同，其价值追求也会发生相应的转移。因此，政策评估的价值标准应建立在特定的历史与现实、伦理与文化、社会与经济等多元价值取向的基础之上。正如美国政策分析专家威廉·N. 邓恩（2002）指出，如果评估者将自以为是的价值标准等同于社会公认的价值观并应用于政策评估，那么即使评估中广泛使用了诸如实验设计、数学统计、随机抽样、问卷调查、社会审计等计量化的评估方法，其评估依然只是一种“假评估”，其引导政策实践的功用是十分有限的。

尽管价值追求是多元的、可变的，但是仍有一些价值追求是比较稳定、得到绝大多数人认同的。在我国，科学发展观理应成为公共政策的价值追求，成为公共政策评估的首要的核心价值标准。科学发展观作为价值标准应当包括：政策的目标标准、公平性标准和回应性标准三个方面。

（1）政策的目标标准。政策目标是制定政策的起点，也是政策制定所要实现的终点。政策目标在政策执行中具有指导、约束、凝聚、激励、辐射的作用。评价一项政策是否成功的重要标志就是看政策执行后能否在预定的时间内完成其所确定的目标。在评估政策时，把制定政策时所要达到的目标与在一定时间限度内执行政策所实际达到的成就相比较。如果政策在预期时间内取得的成就同制定政策所定的标准一致，那么，很明显这项政策是很成功的，达到了预期的目标。反之，没有达到所希望达到的目标，则说明这项政策是不成功的。因此，评价政策是否成功的第一个标准应该看政策在预期的时间内是否完成或实现了预期的目标或标准。

（2）政策的公平性标准。如果说事实标准关注的问题是“如何使政策获得更多的收益”，那么公平性标准关注的则是“更多的收益到底为了谁”。因此，公平性标准主要指的是利益分配的公平性。分配的公平性标准主要用于衡量因特定政策的执行而引起的权利、机会、资源、价值、收益与成本在不同社会群体和成员之间的分配和配置是否符合公平、正义、人道等基本原则。诸如财政政策、税收政策、金融政策等，在其评估中都将直接涉及分配的公平性问题。一项好的政策，应该是努力去公平合理地分配利益的政策。如果一项政策在实施后，达到了政策总体目标，并符合效益、效率和执行过程标准，但是却造成不公平的社会资源和利益的分配，甚至进一步加剧了利益分配的差距，那么这一项政策就不符合公平性标准。当然，引起该政策不公平的原因很多，可能是作为分配规则的政策本身就不公正，也可能是该政策在执行过程中出现了严重的扭曲。但是，无论是哪种情况，这样一项政策都很难说是可取的。分配的公平性是一个非常复杂的问题，公平的三个原则，即平等原则、差别原则和程序公正原则，是判断利益分配是否公平的主要维度。公平性评估标准能够帮助人们透视政策成本和收益在不同社会群体中的分布状况，掌握资源和利益分配的公平程度，进而探索消除利益分配不公平的途径和手段。

（3）政策的回应性标准。综合分析国内外学者的观点，政策回应性有狭义与广义的区别。狭义的回应性指回应度，以国内学者陈振明（2003）为代表，他认为回应度是指政策实施后对特定团体需求的满足程度。以政策回应度为评估标准，其目的是从整体上衡量政策对社会的宏观影响。他把回应度作为政策对象对公共政策满意度的重要体现，并把它作为衡量政策的优劣及成功与否的标准之一。广义的回应性以美国学者威廉·N. 邓恩（2002）为代表，他认为，政策评估的回应性是指政策运行结果符合特定集团的需要、偏好和价值观的程度。也就是说，一项政策在制定的时候对不同的利益群体都应该能够有所关照，要考虑到特定利益群体的需要、偏好与需求。按照这一标准，如果一项政策即使有比较好的效益、效率，但却没有反映特定政策对象的价值、偏好和需要，那么就不能说这是一项好的政策。一项政策，只要政策对象认为满足了自己的利益要求，焕发出较高的热情和积极性来促进社会进步，政策的回应度就高；反之，政策的回应度就低。政策对社会需求的回应或满足是政策系统维持自身生存、稳定和发展的基本功能。

按照戴维·伊斯顿（1968）提出的社会政治系统的观点，政策系统作为一个动态的、开放的系统，也要运用“输入”的资源，“输出”解决问题的政策。“输入”指的是政策系统边界以外的环境对政策系统的要求和支持，系统的环境由系统以外的自然界、社会政治、经济和文化等各种事物所构成；“要求”是指构成环境的个人和团体为获取一定的利益或实现一定的价值追求而向政策系统提出的政策倡议或主张；“支持”是指构成环境的个人和团体服从法律、遵守制度，接受政策系统做出的决定和采取的行动。由结果、程序、决策者构成的政策系统对要求和支持做出反应，进行加工，做出对社会具有约束力的权威决定，这就是“输出”，即政策。政策形成后，由政治系统进行政策宣示和政策执行，贯彻到环境中去以此回应输入，影响和改变环境。最后，政策结果再反映到政策系统中去，这就是“反馈”。政策系统就是在“输入→决策→输出→反馈”中不断回应社会各个阶层、集团对政策系统提出的各种政策诉求的。这种持续不断的转换过程是政策系统的生命力所在，而这种加工、转换的能力就成为衡量政策的一个重要标准。

从评估标准的综合角度来看，政策评估既应该重视事实判断，也应该重视价值判断。就两者关系而言，公正原则是第一位的，价值判断是起主导作用的。但在很多时候，由于政策分析视角不同等多方面的原因，这些纷繁复杂的评估标准并不始终相容，它们还有相互冲突的一面。具体表现在：①事实标准与价值标准之间的冲突。一般说来，符合社会公益标准的政策问题均应具有很好的执行基础。然而事实并不尽然。一些符合社会公益标准的政策往往也会因行政、技术、财力等客观条件的限制而遭到否决。②事实标准与事实标准之间的冲突。事实标准涉及政治、经济、技术等多方面的可行性问题。它们之间的冲突在政策议程建立过程中也时有发生。如经济上的成本最小与收益最大之间的矛盾就是其实例。③价值标准与价值标准之间的冲突。社会公益是政策问题评估总的价值标准。但社会公益是一种无法证实，也无法统一的价值观。其反映在政策问题评估过程中，有些人认为是公平，有些人认为是效率，有些认为是政治认同，也有些认为是经济上的最优，如此等等，莫衷一是。这种认识的混乱往往使得政策评估主体左右为难。政策评估标准的多重性客观上妨碍了政策评估的进行。但无论如何，我们在进行政策评估时要把握住的核心原则都是实事求是。

5.1.2 灾后重建财税与金融政策评估的具体标准

1. 社会公平与发展标准

（1）社会公平标准。社会公平标准主要是衡量在灾后重建财税与金融政策的实施过程中，政策的成本和效益在不同集团和阶层中分配的公平程度，并通过对灾后重建财税与金融政策实施前后灾区社会发展总体状况及变动的描述和分析，衡量政策实施给灾区社会带来什么影响、造成了什么后果、作用程度多深等；对个人而言，还须衡量政策实施是否对其自我价值的实现、自我选择的自由等产生积极影响。

政策的成本和效益在不同集团或阶层中分配的公平程度，实际上是指特定集团或阶层所承担的政策成本（或为政策实施所得到的补偿）之间的比例是否适当，与其他集团或阶层相比是否相当。不过，任何一项政策，都不可能完全做到这一点，即总有一部分人的利益需求会因新政策的实施而受到支持和实现，也有一部分人的利益因此而暂时受到约束或损失。对此，可以采取有关措施予以补救：一是通过加强宣传教育，通过政策制订的民主化程序（特别是听证程序），让灾区的社会公众实际参加政策制定活动，更多地了解政策的实际情况，这样，即使政策不能立即和直接满足公众的利益，也可以得到他们的谅解和支持。二是通过政策调整和政策配套，使灾区社会公众暂时受到约束和损失的利益，在其他方面得到补偿。这就意味着，对灾后重建财税与金融政策的社会公平程度的考察只能是相对的，同时这种考察不应局限在特定的一项政策上，而应从整个政策系统出发，充分重视各项政策的综合作用。

（2）社会发展标准。社会发展具体表现为劳动生产率的提高、科学技术的发展、社会结构的优化、综合国力的增强和人民生活水平的提高。灾后重建财税与金融政策评估的社会发展标准就是要衡量灾后重建财税与金融政策是否以及在多大程度上改善和促进了这些因素。

一般来说，政策评估的社会公平标准和社会发展标准是一致的，即达到了成本和效益分配公平的政策，一般都有利于调动人们的积极性，从而促进社会发展。但事实上并不尽然。由于人们才智、技能、学识水平、工作态度以及就业机会和岗位的不一致，再加上人们既得利益（包括财富）的不平衡，因而要想使不同阶级、阶层、集团的人通过同一项政策同等受惠，这不仅不可能，而且事实上也不公平。灾后重建财税与金融政策应该在机会均等、合理竞争和按劳动成果与劳动贡献付酬等方面，为灾区社会全体成员创造条件、提供支持与保护。这种承认并适当保护合理存在的不平衡或不平等的政策，才是达到了真正意义上的社会公平，才有利于效率的提高和社会的发展。

2. 经济发展与效率标准

（1）经济发展标准。体现经济发展水平的指标很多，最关键的是哪一个呢？从根本上讲，应该是效益。效益标准旨在衡量工作量或投入量的成果，其主要探讨的是在比较灾后重建财税及金融政策的实际成就与原来希望的理想水平之后，衡量政策是否产生希望的成果。灾后重建财税与金融政策的效益标准比较复杂，具体运用时要考虑各种因素的影响。首先，效益是根据灾后重建财税与金融政策的目标衡量出来的，因此运用这一标准的前提是灾后重建财税与金融政策本身必须具有明确的目标。其次，高度重视灾后重建财税与金融政策目标实现的充分性，即灾后重建财税与金融政策目标实现后能在多大程度上消除政策所要解决的问题。再次，灾后重建财税与金融政策效益既表现为政策实施后的经济成果，也表现为非经济成果。此外，在进行效益评估时，除了要着重于灾后重建财税与金融政策达成的直接效果，还要注意到灾后重建财税与金融政策影响的全部结果，特别是可能或已经产生的各种副作用。

（2）效率标准。经济学上讲究经济效率即投入和产出的关系，经济效率要求产出必须大于投入。灾后重建财税与金融政策的效率标准衡量的是灾后重建财税与金融政策取得效果所耗费的政策资源的数量，通常体现在政策投入与政策效果之间的比率和关系。政策效率的高低往往既反映出某一政策本身的优劣，也反映出执行机构的管理能力及水平和政策的执行状况。

一般来讲，灾后重建财税与金融政策的效率标准包括三个层次：①灾后重建财税与金融政策的成本层次。在政策的成本层次上，必须掌握政策过程中的资金来源和支出、物质与信息的调配与使用、决策者与执行者的数量和时间以及政策资源与政策对象的相互关系。在这里，应重点关注政策在制定和执行中投入了多少资源，投入的资源是否充足，是否能确保政策得到贯彻和实现等问题。②灾后重建财税与金融单项政策的投入和产出层次。在单项政策的投入和产出层次上，考虑政策效率时应该重点关注如何以较少的投入，较快、较好、高质量的实现政策目标，也就是在最小的政策成本下达到和实现最大的政策目标。③灾后重建财税与金融政策的全部成本与总体产出层次。在政策的全部成本与总体产出层次上，应该注意除了直接用于政策过程的资源外，还应注意由于该资源只用于该项政策，而不能用于其他方面，由此造成的机会成本有多大，以及该项政策实施后所产生的直接效果以外的附加效果、象征效果、非预想效果等间接效果有多大。这个层次的评估重点在于灾后重建财税与金融政策系统与灾区社会整体系统之间的关系。在这个层次上，评估灾后重建财税与金融政策不仅要考虑政策本身的效益，还要考虑执行政策后带来的社会效益。

灾后重建财税与金融政策的效益标准和效率标准既有区别也有联系，效益与效率之间有时并不统一。所以，灾后重建财税与金融政策的效率必须建立在政策的效果或效益上，没有效益的效率是无用的。

3. 目标群体回应性标准

目标群体的回应性是灾后重建财税与金融政策评估的重要标准，这一标准的特殊性在于它本身就是事实判断与价值判断的统一。一方面，通过对目标群体也即政策对象回应性的分析会使政策评估主体对政策效果进行直观的测量、描述和判断，从而进一步了解灾后重建财税与金融政策效果成功与否；另一方面，回应性评估的对象是灾区社会公众，对其的分析与研究必定可以了解到相应目标群体对灾后重建财税与金融政策的满意度，并进一步认识其需求、偏好和价值观，并最终以此为基础对政策进行价值判断。实际上，回应性提出了一个现实问题：效益、效率、充分性和平等标准是否真的反映了特定群体的需要、偏好和价值观。

由于灾后重建财税与金融政策主要实现大多数人的利益，因此，在制定政策的过程中公民的参与与回应必不可少，因而目标群体的参与和回应程度高低也就成为衡量政策是否成功的重要标准。政策对社会需求的回应是一个国家或政策系统维持自己生存、稳定和发展的基本功能。通过灾区人民的广泛参与，各种灾后社会问题不断输入到政策系统中，政策系统则不断地输出各种政策去解决各种各样的灾后社会问题，维护和实现灾区人民的利益。因此，一项灾后重建财税与金融政策不论是关系到全体还是一部分人，只要政策对象认为满足了自己的利益，就会对这种政策有着积极的回应。反之，政策的回应程度就低。这也是评价政策是否成功的重要标准。

政府制定灾后重建财税与金融政策的目的主要是满足灾区社会全体或部分灾区人民的利益需要，因此制定的政策必须为灾区人民所接受。但是，在一些政策的制定过程中，由于政府从自身利益出发在没有人民广泛参与的情况下制定出某些政策，原本以为体现和维护了灾区人民的利益，必然得到人民的支持与欢迎，但结果是灾区人民对制定的政策缺乏认同感。原因在于，政府把人民不需要的政策强加给人民，必然得不到人民的认同。部分灾区地方政府制定政策缺乏人民认同的现象时有发生。如某些地方的领导干部为了展现自己的“政绩”，脱离了本地社会、经济发展的实际情况制定了许多政策，结果导致政策不被人民认同，出现了大量的人力、物力、财力的浪费，严重损害了灾区人民的利益。由此可见，当政府所制定的灾后重建财税与金融政策不被公民认同时，将会对灾区社会造成极大的伤害，甚至影响到社会的稳定。一项具体的灾后重建财税与金融政策虽然有较高的投入、效益和效率，但如果其社会回应程度较低，也不能认定为是一项十分成功的政策。

5.1.3 政策评估方法研究现状

20世纪60年代后，政策评估在西方逐渐成为一项“成长工业”（growing industry），成为监督政府公共开支、促进政策规划成效的系统工程，而它的发展壮大与政策评估技术和方法的发展密不可分。

20世纪30年代，Stephan用实验设计方法对政府的“新社会计划”进行了评估。联合国20世纪70年代早期公布了《灾难社会、经济和环境影响评估手册》，该评估手册认为灾害涵盖三方面的灾害影响：一是直接影响，指的是在多方面认可的单位成本下重置原有各类资产和财产的资金总量，评估需考虑财产受损程度；二是间接损失，指的是在财产损失恢复前受到的收入减少、支出增加等方面的影响；三是经济影响，主要是对财政和经济增长等宏观指数的影响。Guba et al.（1989）曾指出，20 世纪 60 年代到 70 年代中期，评估方法倾向于定量化的研究，经历了实验测量、实地调查和社会实验三个阶段；20 世纪 70 年代中期以后，开始重视定性评估方法，主要有目标中立评估模式与回应性评估模式。“目标中立评估”（goal free evaluation）是由 Scriven（1973）提出，是对目标导向评估模式的修正，主张从实际层面去观察政策究竟产生哪些效益。回应性评估最早由 Stake（1983）首先提出，认为政策评估应以政策运作为导向，同时必须回应民众广泛的需求，重视政策利益相关者内心感受的回应，从不同价值观点来判断政策成败。在评估标准和指标确立方面，国内外学者对政策评估的标准看法不尽相同，但相差并不大，特别是对绩效（效果）标准和效率标准予以了充分的关注。Wright et al.（1986）认为政策指标包含净经济利益（成本效益分析）、主观性福利（利益关系人对政策感到满足或是快乐的程度）与公平性（政策福利分配是否关照需要者或弱势团体）三类终极价值。

总的来说，国内外的评估方法主要是实证方法和规范方法的综合。实证评估方法主要包括政策实验方法、社会指标法和多重属性效用分析法。社会指标法以统计资料来显示社会发展状况，描述公共政策影响社会的状况，主要有描述性指标（对社会变迁情况与条件的一般性测量）、产出描述指标（对社会过程最后产物的测量）、分析性指标（对社会过程的概念模式所做的测量）。多重属性效用分析法是从多重利害关系者延伸出来的，用以评估政策结果的价值，其具体步骤包括识别评估目标、利益相关者认定、抽取能反映评估价值的各种属性、评定各种属性的权重、对各种属性价值按分值排序、按权重和分值进行合计、达成评估结果等。而规范的评估方法主要包括焦点访谈法、深度访谈法、参与观察法和非介入性研究方法等。

5.2 “综合评估模型”的评估指标体系构建

政策评估指标是政策评估主体为达到政策评估目的，依据政策目标设计的具有可比性的标准或指标。政策评估的科学性、客观性、有效性不仅仅是评估范式方法的表现，更是政策评估指标的体现。事实上西方政策评估之所以在今天的社会和政治生活中发挥着举足轻重的作用，不仅源于其扎实的理论根基和评估范式的演进，更得益于科学的指标体系的构建应用，从而使政策评估紧密地与社会现实的变迁结合起来。因此，进行政策评估必须首先确立评估指标，评估指标直接决定评估的方向和结果是否正确、是否科学、是否符合实际。

灾后重建财税与金融政策评估作为政策评估应用的具体领域，评估指标体系构建也是其需要首先解决的问题。评估任务的完成最终体现为评估指标的测度值，筛选评估指标在整个灾后重建财税与金融政策评估系统中扮演者举足轻重的角色，具有功能性作用。灾后重建财税与金融政策的自身复杂性与政策实施环境的多变性决定了政策评估的难度，建立科学评估指标体系成为最核心的内容，也是判断政策是否实现预期目标以及非预期目标的重要基础。科学、客观、有效地评估灾后重建财税与金融政策必须建立具有针对性、完整性、可操作性的指标体系框架，旨在使其中各项指标能够更全面、准确地反映该政策实施效果，进而对政策改进优化提出指导性思路与方向。本小节将介绍构建灾后财税与金融政策指标体系的指导思想与构建原则，指标体系框架各层次指标构建以及具体指标说明。

5.2.1 政策评估指标构建研究综述

灾后重建财税与金融政策评估作为政策评估科学的一个具体实践应用领域，在构建其指标体系时需以政策评估指标构建为理论基础，结合灾后重建政策异质性、灾区的特殊性制定适合的评估指标体系。因此，需要对政策评估指标构建研究进行梳理，以期待为我们构建指标体系提供指导。

政策评估指标构建经历了较长的历史发展，经历了的社会指标向政策指标的转换。政策评估学者对传统的指标法——社会指标的批判性转换，为政策评估指标体系的创立与运用奠定了基础。1966 年社会学家 Bauer（1966）所著的 *Social Indicators*（《社会指标》）一书，就希望以社会指标追踪公共政策对于社会发展的影响。其后，美国联邦政府开始编制社会指标。

1. 社会指标

社会指标的特点是：第一，它是一个分析或描述主客观情况变迁的技术；第二，它是一种时间序列的资料，可以实现长期的比较与分析；第三，它具有评估政策效果的作用，可以描述公共政策影响社会的状况。总体上说，社会指标有以下三种不同的来源：①官方的统计报告，如行政机构所颁布的统计年鉴；②指标的复制，以公共政策理论为基础，从官方的统计中选择适当的指标，构建新指标；③生活质量指标，有些国家推行生活质量指标的调查，该指标的涵盖范围一般都较大。纳克迈尔斯夫妇曾把社会指标归纳为三种类型：①描述性指标（descriptive indicators），即对社会变迁与条件的一般性测量；②产出描述指标（outcome descriptive indicators），即对社会过程最后产物的测量；③分析性指标（analytical indicators），即对社会过程的概念模式所做的测量。

尽管社会指标为诊断社会病症提供了大量确凿的证据，但是它的缺点在于仅作为观察社会整体趋势的一种参考指数，无法断定指标的消长与个别政策间的因果关系。甚至可以说，大多数社会指标均无法清楚检视政府政策的成效。

2. 政策指标

面对社会指标应用的局限性，Macrae（1985）积极倡议构建政策指标。依其定义，政策指标是指把公共统计数值用于公共政策议题的衡量工具，是能够反映政策利害关系人福利的变项。相对于社会指针仅具有经济意义的统计数字，Macrae 认为政策指标主要包含净经济效益、主观性福利与分配价值的公平性三个方面。首先，净经济效益是以货币性价值当作衡量的单位，最具代表性的是某一政策的成本效益分析。相较于其他效益，一般政策评估时常以政策是否具有经济性作为优先考量，成本最低却能达成最大效能的政策，就是具有经济效益，多数民众认为此类价值所反应的数字通常较为客观和科学。其次，主观性福利是衡量政策利害关系人对某一政策感到满足或是快乐的程度。相对于经济福利强调市场价值，主观性福利强调利害关系人的感受或情绪。最后，分配价值的公平性是强调福利分配的情形甚于社会福利的总和，反映在政策指标上的意义，则往往表现在对于需要者或弱势团体的照顾。

政策评估的指标具体应该有哪些？国内外学者都做了较多的研究，虽然没有一个统一的标准，但是这些不同的观点大致总结归纳为以下几点：一是工作量指标，即政策执行过程中资源投入的质量以及分配状况；二是绩效指标，即政策实际产出是否达到预期效果；三是效率指标，即工作量与绩效之间的比例；四是公平指标，即政策成本与利益在不同集团中的公平程度；五是适当性指标，即政策对于政策对象的实用性，是否是对象需要的；六是社会发展总体指标，即政策执行前后社会发展总体状况的变动，政策对社会产生了什么影响。各个学者指标构建基本都是上述指标中的一部分。表 5-1 是国内外具有代表性的有关政策评估指标的研究。

表 5-1　国内外政策评估指标的相关研究

国内相关研究		国外相关研究	
研究者	研究方面	研究者	研究方面
孙光（1998）	生产力指标、效益指标、效率指标、公正性指标和政策回应度指标	E. J. Benet（1979）	投入、影响、效率、质量、效果
管书华（2004）	政策制定：合理性、科学性、有效性等 政策效果：效率	Nakamura & Smallowd（1980）	目标实现程度、效率、民众满意度、回应性
郭峰（2005）	政策制定：必要性、有效性、科学性、完整性等 政策实施：政策对象认同度、主体实施能力 政策效果：预期目标的实现程度	William Dunn（1994）	效果、效率、公平性、回应性与适应性
綦良群（2005）	效果、效率、效应	Vedung（1997）	效果、产出、效率
何颖（2006）	效能、效率、适当、充分、公正指标		

从上述政策评估指标构建研究来看，在该方面的研究已经相当充分。政策评估指标研究作为一般性研究，为各种政策评估指标体系构建提供了理论指导。但是由于不同政策存在异质性，所以政策评估指标体系构建必须将通用评估指标与政策实施现实背景提出的特色性指标相结合。灾后财政税收与金融政策评估指标体系构建就是在通用评估指标基础上，结合地震灾害恢复重建具体特色背景进行指标体系的构建。

5.2.2　灾后重建财税与金融政策评估指标体系构建指导思想

灾后重建财税与金融政策评估体系构建要有正确的指导思想，构建政策评价体系的根本目的在于通过对评价指标体系与标准的规范促进灾后重建政策评价的客观公正，进而达到促使其功能的最大、最优发挥，满足灾区经济、社会和生态全方位可持续发展的目的。因此，在构建灾后重建财税与金融政策评估指标体系框架时必须贯彻科学发展观，坚持理论联系实际，坚持以可持续发展理论作为指导思想，在评估指标体系设计时根据政策对灾区可持续发展和科学发展的效果设计具有针对性的指标。科学发展、可持续发展要求经济、社会、生态统一协调发展，所以灾后重建政策评估指标体系必须以政策对实现灾区的经济发展、社会发展、生态保护统一的效果或影响来设定。本书正是以科学发展观和可持续发展理论为指导思想构建指标体系。在整个指标体系构建中，将灾区重建的经济、社会、生态可持续发展作为整个指标体系的目标层。

5.2.3 灾后重建财税与金融政策评估指标体系构建原则

灾后重建财税与金融政策评估指标体系是度量政府出台的灾后扶持政策绩效强弱的工具，要使这种测度工具有效且可信，构建评估指标体系应遵循以下几项基本原则。

1. 系统性、综合性与整体性相结合的原则

确保政策评估角度的全面性，评价指标不应该局限于灾区经济发展的单一标准，要充分考虑社会效益角度和生态效益角度是否也同样满足地方的发展。灾后重建财税与金融政策绩效是由政府财政扶持、税收减免、金融扶持政策引起结果，由社会公平与发展、经济发展与效率、目标群体回应度等方面的绩效子系统集合而成的大系统。每个绩效子系统都需要相应指标才能反映出来，因此，对整个灾后扶持政策绩效的评估需要构建一个整体全面的指标体系。但是，必须意识到的是指标体系不是简单评估指标堆积，为了评估思路清晰且有利于评估，应该按照某些原则合理地将评估分成一级指标层、二级指标层、三级指标层等若干层次。系统性原则要求构建的指标体系能够充分反映灾后重建政策的信息量。若干个相互对立的指标构成了指标群，反映了政策一个层面绩效实质内容；若干的指标群构成了一个完整的评估指标体系，用来测度和评估灾后重建财税与金融政策绩效的整体水平。

2. 可操作性原则

灾后重建财税金融政策评估指标体系构建的目的主要是在该政策评估中得到应用，这就要求构建的指标体系要具有可行性和可操作性。为了使政策评估具有可操作性，还应根据被评价政策的特点将评估标准通过一定形式或规则转化为可观察、可测量的评估指标。政策评估的指标体系构建中，要确保实际的操作性和可行性，要有真实的原始资料作为理论支撑，接近实际的需要。可操作性原则具体要求主要包含了三个方面内容：一是指标要求的数据资料具有可获得性。数据资料尽可能通过官方统计年鉴、专业统计年鉴获得，或者通过问卷调查、政策对象访谈等方式获得。二是数据资料要具有可量化性。在政策评估时定量指标要保证真实性和有效性，而不可量化的定性指标尽量少用，或者使用可以由专家赋值的定量化的定性指标。三是指标体系层次体系和指标数量应尽量简化，避免因指标体系过于庞大而使得指标体系可操作性降低。

3. 有效性原则

有效性主要是指所构建的指标体系与评估对象要相符合。构建灾后重建财税与金融政策评估指标体系必须要体现灾后重建财税与金融政策的本质或主要特征，在构建评估指标体系时必须要保证其效度和信度。从统计学上来讲，效度是指测量结果与外部标准（即效标）之间的相关程度，相关程度越高，则表明测量结果越有效。信度可靠性，指采取同样的方法对同一对象重复进行测量时所得结果相一致的程度，信度系数愈高，表明测量结果越可靠。如果所涉及的灾后重建财税与金融政策评估指标体系不能反映政策绩效，那么政策评估体系是无效的，进而影响政策评估可靠性，有些人把这种称为“伪评估”。有效性是整个指标体系的核心问题。

4. 可比性原则

可比性原则要求构建的指标要具有纵向可比性和横向可比性，以便了解灾后重建财税与金融政策在不同灾区、不同政策对象上产生效果的实际水平和比较变化。指标要具有可比性则必须明确指标体系中的每个指标的含义、统计口径、时间地点和使用范围。在对灾后重建财税与金融政策评估时，为了满足可比性原则，评估指标的构建应当尽量采用相对指标，减少绝对指标。

5. 导向性原则

政策评估目的是对政策实施效果进行了解，发现政策存在的问题，进而改进政府政策。灾后重建财税与金融政策评估的目的就是通过整个评估获得有效的绩效信息，把握灾后重建财税与金融政策效果现状，发现问题，找出差距，增强政策及时性、有效性和导向性，更好地促进地震灾区全面、可持续的发展。因此，在评估指标体系的选择与构建时必须有利于实现灾后重建财税与金融政策绩效评估的目的。导向性原则要求每个层次指标都是围绕灾后重建扶持政策对于地震灾区全面、可持续发展的效果来构建。

6. 独立性原则

指标体系构建独立性原则与政策评估独立性原则有所区别。政策评估独立性原则要求在评估过程中，必须采取价值中立的倾向，坚持一切从实际出发，力求评估成果客观。指标体系构建独立性原则要求选入指标体系的各项指标都应具有独立的信息，互相不能替代。要选择信息多、能恰当反映目标工作特点和完成程度的指标。

7. 节约评估费用原则

灾后财税与金融政策评估指标体系构建要让后期实际调查评估工作进行相对简单，节约调查评估费用。所以在构建评估指标体系时要求所设计的各个指标的数据来源容易获得，减少调查工作量，不过度浪费人力、物力和财力。指标体系设计时要在充分保证评估全面性和客观性的基础上，尽量满足节约评估费用的原则。在这一原则下，获取数据主要采用受灾群众问卷调查和政府公开资料等方式。在这两种数据获取方式下，成本效益是最高的，符合经济社会基本准则。

5.2.4 灾后重建财税与金融政策评估指标体系设计

灾后重建财税和金融政策效果评估是一个综合性评估问题，评估的第一步就是要进行评估指标的建立，评估指标是进行评估的主体部分，它反映了评估的主要内容和评估目的。灾后重建财税与金融政策指标体系将在多维的构建原则上展开，并从评估目标出发，结合评估准则，构建出灾后重建财税与金融政策评估的指标体系。

本书在建立评估指标体系之前，对我国灾后重建财税与金融政策实施现状进行了简单了解，特别是对汶川地震灾后重建扶持政策的可得数据进行简单解读。以科学发展理论和可持续发展观为主线，围绕国家对于灾区重建的整体布局思路，根据政策评估学、财政学、公共管理学、公共经济学、统计学等学科原理，结合了解到的情况和实际可取的数据情况构建一个全面的灾后重建财税与金融政策评估指标体系。在对相关专家学者、政府机构相关人员访谈交流的基础上，对指标体系进行优化，最终构建一个由评估目标、评估标准、具体评估指标构成的测度我国汶川地震灾后重建财政与金融政策效果的评估指标体系。它以经济社会环境可持续发展为目标层，分为社会公平与发展、经济发展与效率、目标群体回应程度 3 个评估具体标准，细化为 16 个一级指标和相对应的 29 个二级指标。如表 5-2 所示。

表 5-2　灾后重建财税与金融政策评估指标体系

目标层 A	标准层 B	指标层 C	指标层 D
经济社会环境的可持续发展	社会公平与发展	群众安置效果 C1	房屋重建重修率
			公共服务人均占有量
			生活环境群众满意度
		基础设施完善程度 C2	基础设施完备率
			基础设施建设群众满意度
		卫生防疫效果 C3	享受卫生防疫服务群众比例
			卫生防疫群众满意度
		社会就业效果 C4	失业率
			就业质量群众满意
		社会保障与福利 C5	社会保障支出占财政支出比例
		社会秩序 C6	社会治安满意度
		社会分配效果 C7	困难户获救灾资金比例
			社会分配效果群众满意度
	经济发展与效率	社会经济增长率 C8	灾区地区生产总值增长率
		市场秩序 C9	物价指数
			市场秩序群众满意度
		产业结构调整效果 C10	产业产值比
		科技贡献率 C11	科技是否起到作用
		企业增收效果 C12	收入增长率
	目标群体回应程度	居民参与程度 C13	政策制定参与度
			政策了解程度
		居民能力建设 C14	参与技术培训群众比率
			技术培训年平均次数
			技术培训群众满意度
		居民增收效果 C15	家庭收入增加率
			家庭储蓄增长率
			恩格尔系数
		社区扶贫效应 C16	贫困人口降低率

5.2.5 灾后重建财税与金融政策评估指标体系解释与说明

灾后重建财税与金融政策评估指标体系是由多个层次指标构成的，不同层次之间有严密逻辑关系，但是各指标含义、赋值、使用范围等方面存在不同，需要在评估之前进行充分说明。以下将对灾后重建财政税收与金融政策评估指标体系进行解释与说明。

1. 目标层说明

灾后重建财税与金融政策评估体系目标层是经济社会环境可持续发展。最高层次的目标层是经济、社会与环境的可持续发展，反映了国家灾后重建追求经济发展、社会发展与生态环境资源保护相协调的可持续发展目标模式。可持续发展是一种全新的发展战略与发展观。广义可持续发展是指在充分考虑时间与空间基础上的自然—经济—社会的持续协调发展。狭义可持续发展可以理解为资源与环境的持续发展，以最小的资源和环境代价获得最大的经济利益。本书在构建评估指标体系时是以广义的可持续发展为基础的。进入 21 世纪后，国家领导人明确提出我国作为最大的发展中国家，科学发展和可持续发展是我国唯一正确的道路，只有这样不断提高人们生活质量和环境承受力，满足当代人需求又不损害子孙后代，在不断发展过程中保证社会公平，经济增长且有效率。灾后重建作为我国发展历程中一个特殊发展事件也要符合我国长远发展战略，因此，灾后重建财税与金融政策首要目标是使灾区在恢复原来生活的基础上实现未来可持续发展。为体现国家发展战略和政策制定目的，本书将灾后重建财税与金融政策评估的目标层设计为灾区经济社会环境可持续发展。

2. 标准层说明

灾后重建财税与金融政策对目标层因子的影响是通过对第二层标准因子，即社会公平与发展、经济发展与效率、目标群体回应程度三个方面的影响而产生的。

灾后恢复重建中，受灾群众最为关心的是社会公平。灾后财政政策、税收政策、金融政策对于不同受灾群众能否公平、平等、合理的扶持显得至关重要，这直接影响到灾区社会稳定和长治久安。扶持政策效果在兼顾公平时还要使得整体社会发展，这样才能使群众生活水平提高，才能做到更高水平的社会公平。只有做到社会公平与发展，才能真正实现可持续发展。在政策评估理论中也将社会公平与发展作为政策评估具体标准之一，因此，政策评估具体标准结合灾后重建政策特殊性，本书将灾区社会公平与发展作为灾后重建财税与金融政策评估标准层之一。

灾后财政政策、税收政策、金融政策的制定和实施必须有利于灾区整体经济的发展。政策制定必须以发展经济为出发点，以经济效率为评价依据。灾后重建财税金融政策评估作为对灾后扶持政策绩效评价的手段，其政策所带来的灾区经济发展绩效必然是评估重点。政策评估学将政策对社会经济发展和效率的影响作为评估的具体标准之一，因此，本书借用政策评估具体标准将经济发展与效率作为灾后重建财税与金融政策评估标准层之一。

目标群体回应程度作为灾后财税与金融政策实施对象的回应程度，表明政策对象即受灾群众对于政策实施的受益程度和满意程度。受灾群众是政策直接作用对象，其自身情况改善和对政策评价是政策效果好坏最直接的标准。本书在政策评估具体标准基础上结合灾后恢复重建财税与金融政策自身特点，将受灾群众回应程度作为评估标准层之一。

3. 指标层说明

标准层是由指标层组成的，指标就是评估的直接对象。对指标层的理解显得至关重要，它有利于评估数据获取，也有利于对政策评估结果的理解。指标含义、指标数据获取、指标赋值在调查过程中必须统一，这样指标计算结果才能满足真实、有效原则。灾后重建财税与金融政策评估指标体系根据评估标准构建了 16 个一级指标和相对应的 29 个二级指标。以下按照评估标准分类对指标做具体说明。

（1）社会公平与发展指标。

社会公平与发展标准下有 7 个一级指标和相应 12 个二级指标，一级指标包括：群众安置效果、基础设施完善程度、卫生防疫效果、社会就业效果、社会保障与福利、社会秩序、社会分配效果。

群众安置效果指标是指在灾区重建过程中群众住房、公共服务、生活环境等的完善恢复程度。无论是财政投入、税收减免、还是金融贷款优惠等都会对受灾群众的安置效果产生直接影响。只有群众得到良好安置，才能做到灾区社会公平。群众安置效果不仅可以体现出灾后重建政策的民生效果还可以反映出恢复过程中的叠加效应。群众安置效果指标相对应设计了 3 个定量二级指标，包括房屋重建重修率、公共服务人均占有量和生活环境群众满意度。房屋重修率是指灾区群众房屋毁坏后得到修复的比例。在计算房屋重修率时，不是以所有灾区房屋总数而是以毁坏房屋数量为基数。公共服务人均占有量指标是指医院、学校等公共服务设施总数量与灾区人数的比例。公共服务人均占有量指标直接反映了灾区群众人们生活恢复情况和政府财政投入用于公共服务建设的效果。生活环境群众满意度是群众对于灾后重建生活居住所在地环境的满意程度。生活环境满意程度分为5种不同程度，包括非常满意、比较满意、一般满意、不太满意、很不满意，分别赋予5至1的数值。房屋重修率和公共服务人均占有量数据资料主要来源于政府相关统计资料，生活环境群众满意度数据来源于对灾区群众问卷调查资料。

基础设施完善程度指标是指灾区恢复重建中为灾区生产和居民生活提供公共服务的物质工程设施建设完成程度。基础设施是用于保证灾区社会经济活动和生活正常进行的公共服务系统，它是灾区赖以生存发展的一般物质条件。政府的财政政策在基础设施建设方面会产生直接效应。基础设施恢复直接受到了财政投入影响。基础设施完善程度指标对应设计了2个二级指标，包括基础设施完备率和基础设施群众满意度。由于灾后重建特殊性，本节将基础设施定义为道路设施、供水设施、供电设施、通信设施。基础设施完备率是指灾区建成基础设施类型与总基础设施类型之比。基础设施完备率能较好地反映灾区基础设施建设情况，进而反映政府财政与金融政策效果。该指标的数据可以从政府相关统计资料中获取。基础设施建设群众满意度指标是衡量群众对灾区恢复重建基础设施建设成果的满意程度将该指标定量化处理分别将5种满意度，分为非常满意、比较满意、一般满意、不太满意、很不满意5个等级，分别赋值为5到1，5为非常满意，1为很不满意。基础设施建设群众满意度数据来源于对受灾群众问卷调查。

卫生防疫效果指标是主要是指灾区医疗卫生服务效果和疾病防控效果。卫生防疫工作是灾区重建过程重要的工作内容，旨在防止灾区出现重大疫情。无论财政政策、税收政策还是金融政策都在该领域都有相关规定，因此对于卫生防疫效果评估是灾后重建财税与金融政策评估的重要方面。卫生防疫效果主要体现在是否出现重大疫情，但是前期初步了解发现，灾区并无重大疫情出现，所以对于卫生防疫效果评估主要通过卫生防疫惠及人群以及人群满意度来评价。卫生防疫效果构建了享受医疗卫生服务群众比例和卫生防疫群众满意度2个二级指标。享受医疗卫生服务群众比例是指问卷调查样本中享受过免费医疗卫生服务的样本所占比例。该指标突出了灾后重建扶持政策在卫生防疫方面对受灾群众普惠程度。卫生防疫群众满意度指标反映群众对灾后财税与金融政策在卫生防疫方面的认可度。该指标分为非常满意、比较满意、一般满意、不太满意、很不满意5个等级。将该指标定量化处理分别将5种满意度赋值为5到1，5为非常满意，1为很不满意。

社会就业效果指标主要是从灾区就业数量和就业质量两个维度进行测量。灾区就业效果直接影响着灾区社会安定和社会公平。它是灾后财税与金融政策的工作重点，表现为促进产业发展、增加就业人口和提高就业质量。本书对于社会就业效果构建了失业率与就业质量满意度 2 个二级指标。失业率是指失业人口占劳动人口的比率，是反映灾区就业数量状况的主要指标，数据主要来源于政府统计资料。就业质量群众满意度是反映就业质量的间接指标，满意度指标赋值与量化处理方式同上。

社会保障与福利指标是反映在灾区年老、失业、患病、无收入、低收入以及遭受各灾害的群众能够维持生存保障程度的指标。本书考虑到指标可操作性，构建了支出比例指标，即灾区社会保障支出占财政支出比例。该指标作为二级指标可以适当反映灾区社会保障效果，数据可以从政府相关部门获取。

社会秩序指标是衡量灾区社会治安和社会稳定性的重要标尺。由于财税与金融政策投入将从不同路径对社会秩序产生直接和间接影响，社会秩序效果是灾后财税和金融政策效果重要组成部分。社会秩序效果最直接表现为群众满意度，因此将社会秩序群众满意度作为二级指标，其赋值与定量化处理方式同上。

社会分配效果指标是对灾区社会公平发展的直接反映指标。该指标广义含义为对物质生产部门的劳动者所创造的国民收入所进行的分配。社会分配在本书中是指财政投入在不同群体之间的分配。财政投入应根据群众困难程度进行分配，据此构建了两个二级指标，包括困难户获救灾资金比例、社会分配效果群众满意度。困难户是指家庭人均月收入低于低保标准的居民，困难户相关资料可以从政府相关部门获得。困难户获得救灾资金比例是指困难户所获的救灾资金占总救灾资金比例。社会分配群重满意度指标赋值与量化处理方式同上。

（2）经济发展与效率指标。

经济发展与效率标准下有 5 个一级指标和相应 7 个二级指标，一级指标包括：社会经济增长率、市场秩序、产业结构调整效果、科技贡献率、企业增收效果。

社会经济增长率指标是灾区重建经济发展的直接衡量标尺。只有社会经济增长，灾区经济这块蛋糕做大和做到分配公平。社会经济增长最直接反映为灾区地区生产总值的变化，本书以灾区地区生产总值增长率为二级指标。该指标数据来源于官方统计资料。

市场秩序指标是衡量灾区恢复重建过程中市场机制稳定性的标准。市场机制稳定性对于灾后重建中居民生活和生产起着决定性作用，是灾区经济发展前提，也是衡量经济效率的标尺。市场机制稳定主要体现在灾区物价水平稳定，包括房屋建材价格、基本生活资料价格、生产资料价格等。本书将物价指数和市场秩序群众满意度作为二级指标。物价指数数据由相关政府监测统计数据获得，群众满意度赋值与量化处理方式同上。

产业结构调整效果指标是指灾后重建灾区产业调整形成新的产业结构所达到的效果。灾后重建财税与金融政策对灾区经济发展的作用不仅体现在经济数量上的发展还体现在经济质量上。经济质量主要是产业结构调整上，因此以恢复重建后的产业产值比例作为二级指标。产业产值比例是指第一、第二、第三产业产值占总产值的比重，反映了灾区产业结构。该指标数据来源于政府产业统计资料。

科技贡献率指标主要是指衡量灾区在恢复重建过程科技对于经济发展起到的作用。由于科技贡献程度量化困难，本书以科技是否起到作用为二级指标。该指标结果分为作用很大、作用一般、没有作用三种，并赋值为 3 到 1。

企业增收效果指标是衡量企业经过恢复重建其经营效果改善情况的指标。企业作为当今社会经济发展主体部分，灾后重建财税与金融政策其对企业发展起到基础性作用。企业增收效果对于灾后财税金融政策效果评估显得至关重要。企业增收效果主要体现在其企业收入增长，所以本书将企业收入增长率作为二级指标。该指标数据可以从政府相关部门数据获得，同时可以对企业进行问卷访谈获得。

（3）目标群体回应程度。

目标群体回应程度标准下有 4 个一级指标和相应 9 个二级指标，一级指标包括：居民参与程度、居民能力建设、居民增收效果、社区扶贫效应。

居民参与度指标是反映群众对灾后重建财税和金融政策制定与知晓程度的指标。受灾群众是灾后救援与恢复重建财政政策、税收政策、金融政策的直接受益者，也是本地灾后重建主力军。因此，只有发动群众参与，才能改善政策效果，提高政策效果。居民参与度指标构建政策制定参与度和政策了解程度两个二级指标。政策制定参与度是指受访群众是否参与灾后财税与金融政策制定过程，主要表现为是否参加政策听证会和是否参与政策制定前期调查。该指标分为参与和未参与两类，并赋值 1 和 0。政策了解程度反映了群众对灾后重建财税与金融政策的知晓程度，了解程度分为 5 个等级：非常了解、比较了解、一般了解、不太了解、不了解。该指标定量化处理与上述满意度指标相同。

居民能力建设指标是指对灾区群众以生产技术为核心能力建设效果。灾后重建不是对受灾群众和企业进行一次性补贴，而是使他们获得长久可持续的发展，进而实现国家层面可持续发展战略。本书居民能力建设指标主要是从参与技术培训群众比率、技术培训年平均次数、技术培训群众满意度 3 个二级指标进行反映。参与技术培训群众比率主要是指受访群众中参加过政府组织的免费培训的人数比例。技术培训年平均次数主要是指灾区政府每年组织技术培训次数。这两个指标主要是在数量上反映能力建设效果。技术培训群众满意度是从质量上反映培训效果以及培训对于群众的受用程度。该指标赋值和量化处理方式与上述满意度指标相同。

居民增收效果指标是反映灾后重建过程中受灾群众收入增长情况的指标。居民增收效果是群众对于政策效果最直接的感知，因此灾后重建财税与金融政策效果最直接体现为群众收入的变化。居民增收效果具体设计 3 个二级指标，它们是家庭收入增加率、家庭储蓄增长率、恩格尔系数。二级指标数据可以根据文件调查数据处理得到。

社区扶贫效应指标是指灾后重建财税与金融政策在恢复重建过程中扶贫工作效果。灾后重建扶持政策间接或直接提升扶贫效应，财政投入为贫困人群增加转移支付和就业机会，金融政策为贫困户提供创业贷款。贫困人口降低率指标直接反映扶贫效果，本书选择贫困人口降低率为二级指标，数据来源于政府扶贫部门统计资料。

5.3 "综合评估模型"评估指标的权重设计

每个指标在指标体系中的作用不同，需要对不同指标赋予不同权重，因此对于灾后重建财税与金融政策评估指标的权重设计显得十分重要。目前，确定指标权重的方法有主观赋权法和客观赋权法。主观赋权法常用德尔菲法和层次分析法，其核心是由专家根据各项指标的重要性（主观重视程度和经验）而给予赋权，因此，专家成员的选择及专家数的多少对评估结果产生的影响较大。客观赋权法根据指标数值变异程度所提供的信息来计算相应权数，如主成分分析法、因子分析法、熵权法等，客观权重根据各指标数值计算的各主成分或公因子的方差贡献率在指标合成的过程中自动生成。现阶段政策评估一般采用专家评分法。本书指标权重设计将主要采用层次分析法、熵权法、主成分分析方法。在具体评估时根据不同需要选择相应权重设计方法，或者结合主客观因素将不同方法综合考虑。以下将对本书使用的权重设计方法做简单介绍。

5.3.1 层次分析法（AHP）

层次分析法（AHP）是 20 世纪 70 年代由美国运筹学家 T. L. Satty 提出

的，是一种定性与定量分析相结合的多目标决策分析方法论。AHP 吸收利用了行为科学的特点，将决策者的经验判断给予量化，在目标（因素）结构复杂而且缺乏必要的数据情况下，此方法较为实用，是系统科学中常用的一种系统分析方法，因而成为系统分析的数学工具之一。层次分析法步骤如下：

（1）建立递阶层次结构模型。

首先明确要分析决策的问题，并把它条理化、层次化，整理出递阶层次结构。AHP 要求的递阶层次结构一般由以下三个层次组成：①目标层：指问题的预定目标。首先明确决策的目标，将该目标作为目标层（最高层）的元素，这个目标要求是唯一的，即目标层只有一个元素。②准则层：指影响目标实现的准则。找出影响目标实现的准则，作为目标层下的准则层因素。影响目标实现的准则有很多，要详细分析各准则因素间的相互关系，即有些是主要的准则，有些是隶属于主要准则的次准则，然后根据这些关系将准则元素分成不同的层次和组，不同层次元素间一般存在隶属关系，即上一层元素由下一层元素构成并对下一层元素起支配作用，同一层元素形成若干组，同组元素性质相近，一般隶属于同一个上一层元素（受上一层元素支配），不同组元素性质不同，一般隶属于不同的上一层元素。③措施层：指促使目标实现的措施。最后分析为了解决决策问题（实现决策目标），在上述准则下，有哪些最终解决方案（措施），并将它们作为措施层因素，放在递阶层次结构的最下面。

明确各个层次的因素及其位置，并将它们之间的关系用连线线连接起来，就构成了递阶层次结构。

（2）构造判断矩阵并赋值。

层次分析法的一个重要特点就是用两两重要性程度之比的形式表示出两个方案的相应重要性程度等级。表 5-3 列出 Saaty 给出的 9 个重要性等级及其赋值。按两两比较结果构成的矩阵称作判断矩阵。

表 5-3　重要性标度含义表

重要性标度	含义
1	表示两个元素相比，具有同等重要性
3	表示两个元素相比，前者比后者稍重要
5	表示两个元素相比，前者比后者明显重要
7	表示两个元素相比，前者比后者强烈重要
9	表示两个元素相比，前者比后者极端重要

表5-3(续)

重要性标度	含义
2，4，6，8	表示上述判断的中间值
倒数	若元素 i 与元素 j 的重要性之比为 a_{ij}，则元素 j 与元素 i 的重要性之比为 $a_{ji}=1/a_{ij}$

（3）计算各指标权重。

计算指标权重可采用特征值法、迭代法、方根法、和根法和求和法，本书对这些方法不做详细介绍。

（4）一致性检验。

在实际中要求判断矩阵满足大体上的一致性，需进行一致性检验。只有通过检验，才能说明判断矩阵在逻辑上是合理的，才能继续对结果进行分析。一致性检验的步骤如下：

第一步，计算一致性指标 CI（consistency index）。

$$CI=\frac{\lambda_{max}-n}{n-1}$$

第二步，据判断矩阵不同阶数查表确定相应的平均随机一致性指标 RI（random index）。

第三步，计算相对一致率 CR=CI/RI，用一致性比率 CR 判断矩阵的一致性，CR 越小，判断矩阵的一致性越好。一般认为 $CR<0.1$ 时，判断矩阵具有满意的一致性。

5.3.2 主成分分析法

主成分分析也称为主分量分析，是由 Holtelling 于 1933 年首先提出的。主成分分析是利用降维的思想，把多指标转化为少数几个综合指标的多元统计分析方法。对同一个体进行多项观察时，必定涉及多个随机变量 X_1，X_2，…，X_p，它们都是相关的，一时难以综合。这时就需要借助主成分分析来概括诸多信息的主要方面。我们希望有一个或几个较好的综合指标来概括信息，而且希望综合指标互相独立地各代表某一方面的性质。

任何一个好的度量指标除了可靠、真实之外，还必须能充分反映个体间的变异。如果有一项指标，不同个体的取值都大同小异，那么该指标不能用来区分不同的个体。由这一点来看，一项指标在个体间的变异越大越好。因此我们把“变异大”作为“好”的标准来寻求综合指标。

1. 主成分分析法原理

有 n 个样本，每个样本共有 p 个变量，构成一个 $n \times p$ 阶的数据矩阵，

$$
\boldsymbol{D}=\begin{bmatrix} d_{11} & d_{12} & \cdots & d_{1p} \\ d_{21} & d_{22} & \cdots & d_{2p} \\ \vdots & \vdots & \ddots & \vdots \\ d_{p1} & d_{p2} & \cdots & d_{pp} \end{bmatrix}
$$

记原变量指标为 x_1，x_2，…，x_p，设它们降维处理后的综合指标，即新变量为 z_1，z_2，z_3，…，z_m（$m \leqslant p$），则

$$
\begin{cases} z_1 = l_{11}x_1 + l_{12}x_2 + \cdots + l_{1p}x_p \\ z_2 = l_{21}x_1 + l_{22}x_2 + \cdots + l_{2p}x_p \\ \cdots\cdots\cdots\cdots \\ z_m = l_{m1}x_1 + l_{m2}x_2 + \cdots + l_{mp}x_p \end{cases}
$$

系数 l_{ij} 的确定原则：

①z_i 与 z_j（$i \neq j$；i，$j=1$，2，…，m）相互无关；

②z_1 是 x_1，x_2，…，x_P 的一切线性组合中方差最大者，z_2 是与 z_1 不相关的 x_1，x_2，…，x_P 的所有线性组合中方差最大者；z_m 是与 z_1，z_2，…，z_{m-1} 都不相关的 x_1，x_2，…，x_P 的所有线性组合中方差最大者。

新变量指标 z_1，z_2，…，z_m 分别称为原变量指标 x_1，x_2，…，x_P 的第 1，第 2，…，第 m 主成分。

从以上的分析可以看出，主成分分析法的实质就是确定原来变量 x_j（$j=1$，2，…，p）在诸主成分 z_i（$i=1$，2，…，m）上的荷载 l_{ij}（$i=1$，2，…，m；$j=1$，2，…，p）。

从数学上可以证明，它们分别是数据矩阵 $\boldsymbol{D}$ 的 m 个较大的特征值所对应的特征向量。

2. 主成分分析法的计算步骤

（1）计算相关系数矩阵。

$$
\boldsymbol{R}=\begin{bmatrix} r_{11} & r_{12} & \cdots & r_{1p} \\ r_{21} & r_{22} & \cdots & r_{2p} \\ \vdots & \vdots & \ddots & \vdots \\ r_{p1} & r_{p2} & \cdots & r_{pp} \end{bmatrix}
$$

r_{ij}（i，$j=1$，2，…，p）为原变量 x_i 与 x_j 的相关系数，$r_{ij}=r_{ji}$，其计算公式为

$$r_{ij} = \frac{\sum_{k=1}^{n}(x_{ki} - x_i)(x_{kj} - x_j)}{\sqrt{\sum_{k=1}^{n}(x_{ki} - x_i)^2 \sum_{k=1}^{n}(x_{kj} - x_j)^2}}$$

（2）计算特征值与特征向量。

解特征方程 $|\lambda I - R| = 0$，常用雅可比法（Jacobi）求出特征值，并使其按大小顺序排列 $\lambda_1 \geqslant \lambda_2 \geqslant \cdots \geqslant \lambda_p \geqslant 0$；

分别求出对应于特征值 λ_i 的特征向量 $e_i(i = 1, 2, \cdots, p)$，要求 $|e_i| = 1$，即 $\sum_{j=i}^{p} e_{ij}^2 = 1$，其中 e_{ij} 表示向量 e_i 的第 j 个分量。

（3）计算主成分贡献率及累计贡献率

贡献率：$\dfrac{\lambda_i}{\sum_{k=1}^{p} \lambda_k}$ $(i = 1, 2, \cdots, p)$

累计贡献率：$\dfrac{\sum_{k=1}^{i} \lambda_k}{\sum_{k=1}^{p} \lambda_k}$ $(i = 1, 2, \cdots, p)$

一般取累计贡献率达85%-95%的特征值，λ_1，λ_2，…，λ_m 所对应的第1，第2，…，第 $m(m \leqslant p)$ 个主成分。

（4）计算主成分载荷。

$$l_{ij} = p(z_i, x_j) = \sqrt{\lambda_i}\, e_{ij}(i, j = 1, 2, \cdots, p)$$

（5）各主成分得分。

$$\mathbf{Z} = \begin{bmatrix} z_{11} & z_{12} & \cdots & z_{1m} \\ z_{21} & z_{22} & \cdots & z_{2m} \\ \vdots & \vdots & \ddots & \vdots \\ z_{n1} & z_{n2} & \cdots & z_{nm} \end{bmatrix}$$

5.3.3 熵权法

熵原本是一热力学概念，它最先由申农（C. E. Shannon）引入信息论，称为信息熵。现已在工程技术、社会经济等领域得到十分广泛的应用。熵权法是一种客观赋权方法。在具体使用过程中，熵权法是根据各指标的变异程度，利用信息熵计算出各指标的熵权，再通过熵权对各指标的权重进行修正，从而得出较为客观的指标权重。

某个指标的熵值越小，说明其指标值的变异程度越大，提供的信息量越多，在综合评价中该指标起的作用越大，其权重应该越大；某个指标的熵值越大，说明其指标值的变异程度越小，提供的信息量越少，在综合评价中起的作用越小，其权重也应越小。

求各指标值权重的过程为：

（1）计算第 j 个指标下第 i 个项目的指标值的比重 p_{ij} ：$p_{ij} = r_{ij}/\sum_{i=1}^{m} r_{ij}$。

（2）计算第 j 个指标的熵值 e_j ：$e_j = -k\sum_{i=1}^{m} p_{ij} \cdot \ln p_{ij}$ ，其中，$k = 1/\ln m$。

（3）计算第 j 个指标的熵权 w_j ：$w_j = (1 - e_j)/\sum_{j=1}^{n}(1 - e_j)$。

作为主观赋权法的层次分析法考虑了专家的知识和经验以及决策者的意向和偏好，虽然指标权重排序往往具有较高的合理性，但仍然无法克制主观随意性较大的缺点。熵权法和主成分分析法充分挖掘了原始数据蕴藏的信息，结果比较客观，但却不能反映专家的知识和经验以及决策者的意见，有时得到的权重可能与现实重要程度不相符，甚至相悖。所以，本书根据评估时实际情况选择相应方法，使得权重设计符合现实需要。

6　典型区域灾后重建财税与金融政策评估实证研究

6.1　典型区域灾后重建财政政策评估实证研究

汶川地震是新中国成立以来破坏力最强、波及范围最广、灾害损失最大的一次地震，也是21世纪以来全球人员伤亡最大的地震灾害。除死亡人数少于1976年唐山大地震之外，此次地震创下了世界地震灾害的各项历史纪录。震后不到一个月，国务院于2008年6月4日召开的第11次常务会议通过《汶川地震灾后恢复重建条例》（国务院令第526号），标志着震后的主要工作已经由应急抢险转入恢复重建阶段。6月30日，国务院发布实施了《关于支持汶川地震灾后恢复重建政策措施的意见》（国发〔2008〕21号），政策支持范围覆盖了灾后恢复重建基金、财政支出政策、税收政策、政府性基金和行政事业性收费政策、金融政策、产业扶持政策、土地和矿产资源政策、就业援助和社会保险政策、粮食政策等九个方面。

为了更好援助汶川地震灾后恢复重建工作，国务院、财政部以及四川省先后出台了相关的财政政策。在汶川地震灾区恢复重建方面，财政部根据《汶川地震灾后恢复重建条例》《关于支持汶川地震灾后恢复重建政策措施的意见》相关精神对汶川地震灾区恢复重建贷款（以下简称恢复重建贷款）实施贴息政策，印发了《汶川地震灾后恢复重建贷款中央财政贴息管理办法》。同时四川省也出台相应的财政政策，主要包括努力筹措灾后恢复重建资金、给予重灾区过渡期财力补助、统筹预算内投资安排、整合省级现有贴息资金、减免灾区部分行政事业性收费等财政政策。

在灾后重建相关的财政政策方面，政府本着开源节流的原则，发挥政策优势，高效利用资金，并积极争取更多社会资金参与。随着相应财政政策的颁布实施以及财政资金的到位，灾后重建也在有条不紊地进行。然而财政政策对受灾的农村居民、城镇居民和企业究竟有何影响？财政政策的效果究竟有何深入研究和分析的意义？基于这两个问题，本节将从农村居民、城镇居民和企业三个维度，结合调查统计和公开收集的数据，运用综合评估模型，研究典型区域灾后重建财政支持政策的政策效果。

本节我们将对通过问卷调查得到的数据和收集到的公开数据分三部分进行描述性统计分析。第一部分我们将从农村农户的角度出发，首先对样本区域的样本总体特征进行说明，再分别从社会公平与发展、经济发展与效率和目标群体回应程度三个维度对典型区域灾后重建财政政策实施效果进行描述性统计，最后借助模糊综合评价法分别对极重灾区、重灾区和非重灾区三个区域的灾后重建财政政策实施效果进行实证分析；第二部分我们将基于城镇居民的视角，首先描述性分析被调研区域的样本总体特征，在此基础上运用模糊综合评价法实证研究灾后重建财政政策在雅安汉源、大邑、姚桥、都江堰、绵阳的实施效果；第三部分运用 Logistic 模型对影响灾后重建财政政策实施效果的因素进行分析。

6.1.1 典型区域受灾农村居民灾后重建财政政策评估

本节首先分析了样本调查区域农村居民的样本特征，在此基础上，结合实地调研的具体情况对受灾区域社会公平与发展、经济发展与效率和目标群体回应程度三个维度进行描述性统计，并基于农村居民的视角分别从极重灾区、重灾区和一般灾区三个区域进一步实证研究财政支持政策在灾后重建过程中对农户的影响，由此反映灾后重建财政支持政策的政策效果。

本次调研的区域包括极重灾区、重灾区和一般灾区，涉及汶川、北川、安县（今安州区）、都江堰等 14 个区域，因此本节内容将以极重灾区、重灾区和一般灾区三个地区为出发点，基于灾区农村农户的视角构建灾后重建财政政策评估体系，旨在评价灾后重建过程中财政支持政策对极重灾区、重灾区和一般灾区农村农户的实施效果。指标评价体系说明见表 6-1。本次调研一共发放 200 份问卷，有效回收 188 份，问卷有效回收率为 94%。经过对指标数值的处理，各指标的详细赋值情况见表 6-2，并根据各指标的赋值情况计算得到各评价指标的相关数据，见表 6-3。

表 6-1　财政支持政策对农村农户影响效果评价指标体系

要素	评价指标	具体评价内容
社会公平与发展	群众安置效果 C1	群众安置效果群众满意度
	基础设施完善程度 C2	基础设施建设群众满意度
	卫生防疫效果 C3	卫生防疫群众满意度
	社会就业效果 C4	群众对灾后就业帮扶满意度
	社会保障与福利 C5	社会保障与福利在灾后是否变化
	社会秩序 C6	治安群众满意度
	社会分配效果 C7	社会分配效果群众公平感
经济发展与效率	社会经济增长率 C8	灾区震前震后经济增长变化情况
	产业结构调整效果 C9	当地的整个产业是否恢复
	科技贡献率 C10	恢复重建中科学技术的作用程度
	农户收入来源 C11	农户灾后较灾前收入来源是否变化
	农户增收效果 C12	居民家庭收入较震前变化情况
	社区扶贫效应 C13	政府是否对当地实行过扶贫政策

表 6-2　各指标赋值说明

具体评价内容	赋值说明
安置效果群众满意度	非常满意=4；基本满意=3；不满意=2；很不满意=1
基础设施建设群众满意度	非常满意=4；基本满意=3；不满意=2；很不满意=1
卫生防疫群众满意度	非常满意=5；比较满意=4；一般满意=3；不满意=2；很不满意=1
群众对灾后就业帮扶满意度	非常满意=5；比较满意=4；一般满意=3；不满意=2；很不满意=1
社会保障与福利在灾后是否变化	是=1；否=0
治安群众满意度	非常满意=4；基本满意=3；不满意=2；很不满意=1
社会分配效果群众公平感	很公平=3；比较公平=2；不公平=1
灾区震前震后经济增长变化情况	明显提高=4；有所提高=3；基本持平=2；不如以前=1

表6-2(续)

具体评价内容	赋值说明
当地的整个产业是否已经恢复	已经恢复=3；基本恢复=2；还未彻底恢复=1
恢复重建中科学技术的作用程度	作用很大=3；作用一般=2；没有作用=1
农户灾后较灾前收入来源是否变化	是=1；否=0
居民家庭收入较震前变化情况	明显提高=3；基本持平=2；不如以前=1
政府是否对当地实行过扶贫政策	是=1；否=0

表 6-3　财政支持政策对灾区农村农户实施效果的相关数据

要素	评价指标	极重灾区	重灾区	一般灾区
社会公平与发展	C1	3.000 0	2.942 3	2.887 1
	C2	3.211 5	3.019 2	2.935 5
	C3	3.621 6	3.730 8	3.532 3
	C4	3.175 7	3.442 3	3.225 8
	C5	0.797 3	0.384 6	0.483 9
	C6	3.148 6	2.923 1	3.064 5
	C7	1.986 5	1.653 8	1.725 8
经济发展与效率	C8	2.459 5	2.250 0	2.145 2
	C9	2.797 3	2.461 5	2.435 5
	C10	1.973 0	1.711 5	1.661 3
	C11	0.310 8	0.076 9	0.225 8
	C12	1.783 8	1.846 2	1.725 8
	C13	0.878 4	0.673 1	0.774 2

数据来源：根据实地调研数据整理计算所得（依据受灾程度的不同类型计算而得到的算术平均值）。

6.1.1.1 样本农村居民的基本特征

1. 样本农户的家庭人口数和收入来源

在调查的188个样本农户中，家庭人口数在3~5人的比例达到77.12%，家庭人口数小于3人或大于5人的比例分别为7.45%和15.43%。从表6-4关于家庭人口数的数据可以看出，汶川地震灾区的家庭人员数量与中国普遍的家庭人口数量的现实基本吻合，3~5人的家庭人口数量构成仍然是现在的主要情况。

被调查的样本农户的主要收入来源方面，调查显示，有106户家庭的主要收入来源是种植养殖业收入，其次有67户家庭是打工收入，而主要收入来源为个体经营收入和其他收入的家庭仅有29户和9户。表6-4数据反映出农户的收入来源仍比较单一，主要依靠传统的种植养殖业，实际的收入效益不是很高。但是随着城市的加快发展，城镇对于劳动力的需求也逐渐攀升，农村居民选择外出打工已成必然趋势，打工收入也成了很多农村家庭的主要收入来源。

表6-4 家庭总人口及收入来源

变量 Variable	选项 Option	频数/户 Frequency number	比重/% Proportion
家庭总人口/人	<3	14	7.45
	3~5	145	77.12
	>5	29	15.43
主要收入来源	种植养殖业收入	106	50.24
	个体经营收入	29	13.74
	打工收入	67	31.75
	其他	9	4.27

2. 样本农户的家庭失业人数和再就业情况

通过表6-5数据可以看到，有155户家庭并未遭受失业危机，占比为82.45%。而在有失业情形的家庭中，失业人数为1~2人最为普遍，共计有28户，占比为14.90%。尤其值得注意的是，调查中发现有1户家庭竟有6人失业的极端状况。在家庭再就业情况方面，188个样本农户中实现再就业的比例为100%，总共再就业的绝对数为369人。其中，有181户家庭实现了2人再就业。

通过比较地震前后的失业状况和再就业情况，得出因地震而失业的人数为

56 人，但通过政府扶持而重新就业的绝对人数达到了 369 人，全面覆盖了样本农户家庭。由此可以初步判断，政府对灾区实施的再就业扶持政策取得了良好的效果。

表 6-5　家庭失业人数及再就业人数

变量 Variable	选项 Option	频数/户 Frequency number	比重/% Proportion
家庭 失业人数/人	0	155	82. 45
	1	19	10. 11
	2	9	4. 79
	3	3	1. 59
	4	1	0. 53
	5	0	0. 00
	6	1	0. 53
家庭再 就业人数/人	1	7	3. 72
	2	181	96. 28

3. 样本农户的财产损失、震后收入情况以及家庭支出方向

从表 6-6 可以看出，绝大多数的家庭在地震中遭受到财产损失，占比为 85. 64%。在遭受财产损失的家庭中，绝大部分都集中在 1 万~5 万元和 5 万~10 万元的范围内，占比均为 29. 79%；损失较小不足 1 万元的家庭仅占比 13. 29%；财产损失达到 10 万元以上，较为严重的家庭所占比例为 12. 77%。由此可见，地震给样本农户家庭带来了不同程度的经济损失。

关于震后收入的增长方面，有 76 户家庭表示收入有所增长，占比为 40. 43%。在这收入有增长的 76 户家庭中，收入增长额普遍低于 1 万元，只有少数的家庭收入在震后达到了 2 万元以上的增长幅度。同时，部分农户表示，收入在震后不但没有增长反而下降了，有的农户家庭收入减少幅度甚至达到 1 万元左右。

从表 6-6 关于家庭平均支出的数据可以看到，食物支出、教育支出以及建房支出在受灾农户的家庭平均支出中占据主要地位，生产资料支出和医疗支出紧随其后，这也与农村的现实情况和受灾特殊情况相符。该数据反映出受灾农户的家庭支出首先解决的是基本生活需要，且农户主要支出的方向也从侧面反映了农户生活水平还有待提高。

表 6-6 财产损失、震后收入及支出

变量 Variable	选项 Option	频数/户 Frequency number	比重/% Proportion
财产损失	0	27	14.36
	≤1 万元	25	13.29
	1 万~5 万元	56	29.79
	5 万~10 万元	56	29.79
	>10 万元	24	12.77
收入增长	是	76	40.43
	≤5 000 元	35	46.05
	5 000~10 000 元	10	13.16
	10 000~15 000 元	20	26.32
	>15 000 元	11	14.47
	否	112	59.57
家庭主要支出	食物支出	88	
	医疗支出	35	
	教育支出	87	
	生产资料支出	49	
	建房支出	78	
	其他支出	6	

6.1.1.2 受灾农村居民灾后重建财政政策实施效果描述性统计

1. 社会公平与发展

（1）受灾农户的住房情况。

①农户房屋受损情况

从图 6-1 可以看出，在调查的 188 户农户中，房屋受损的农户占到了 98.94%，其中有 50.53%的农户的房屋在地震中损毁以至于完全不能居住。由此可见，地震给调查地区的绝大多数农户的住房造成了不同程度的损坏，并且整体受损情况较为严重。因此，政府在考虑灾区重建政策的时候，应在住房重建方面给予更多的政策支持。

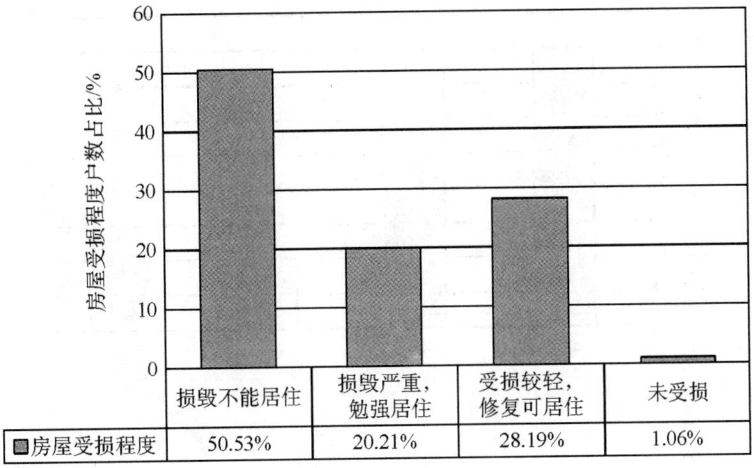

图 6-1　受灾农村居民房屋受损程度

②受灾农户居住板房的情况

经调查发现，仅有 26%的受灾农户居住过板房，如图 6-2 所示。

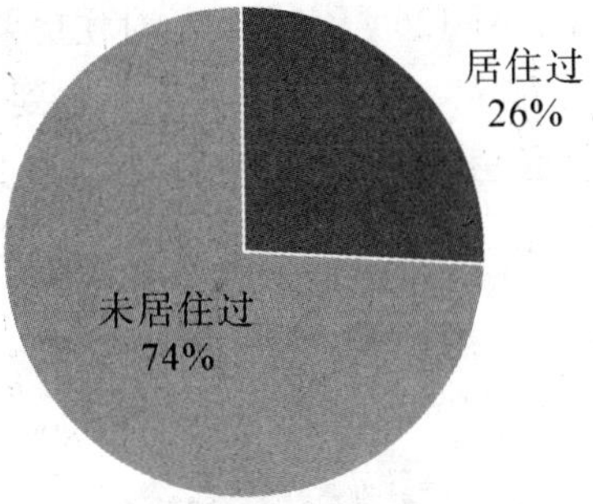

图 6-2　受灾农户居住板房情况

③受灾农户住房安置方式

如图 6-3 所示，在政府对受灾农户的安置方式中，按家庭成员数量提供定额补贴和根据房屋受损程度进行一次性资金补偿这两种方式较为普遍，分别占比为 39.89%和 39.36%。此外，截至 2012 年年底仍有 10.64%的农户家庭没有得到有效的住房安置。因此，对这部分农户的住房安置问题，政府应该给予持续的关注。

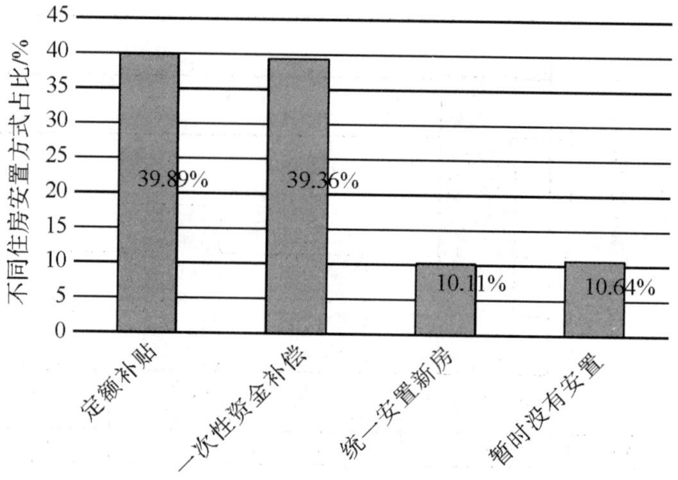

图 6-3　受灾农户住房安置方式

④受灾农户对住房的满意程度

如图 6-4 所示，从受灾农户对新房或恢复的住房的满意程度的情况来看，在所调查的 188 户家庭中，有 126 户家庭表示对住房条件基本满意，有 28 户家庭对现有住房条件非常满意，而不满意的农户占到了 16.49%。由此可见，受灾农户整体对于恢复的住房条件满意程度较高，但同时也应注意到部分不满意和很不满意的农户的需求，以求尽善尽美地解决灾区农户的住房问题。

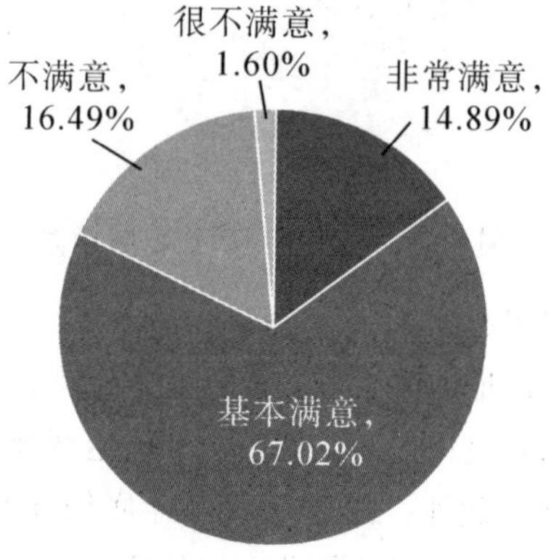

图 6-4　受灾农户对住房的满意程度

（2）基础设施建设情况。

从表 6-7 可以看出，在震后基础设施重建的资金投入方面，仅有 14.89% 的基础设施重建未获得政府帮助，其余 85.11%的基础设施重建主要采取了以下三种方案：一是政府负责主要出资，农户负责部分出资，占比为 34.57%；二是政府负责全部出资，占比 29.79%；三是农户负责绝大部分出资，占比 15.43%。

在基础设施建设的满意度方面，总体较为满意的农户占比为 84.57%。其中，基本满意的有 132 户，占比为 70.21%，非常满意有 27 户，占比为 14.36%。而其余不满意或很不满意的农户中在被问及基础设施哪些方面需要进行改进时表示，以供水方面的改进最为要紧，主要原因为水质问题和供水能力问题；其次农村道路等交通设施方面需要道路修建和加宽以及路灯等配套设施安装的改进；同时，天然气、电力的供给问题同样也是当地农户较为迫切需要改进的方面。

表 6-7 基础设施建设情况

变量 Variable	选项 Option	频数/户 Frequency number	比重/% Proportion
基础设施的修建	全部政府出资	56	29.79
	政府出大部分资金，农户出少部分资金	65	34.57
	政府出资，村民以工代赈	10	5.32
	农户承担大部分资金	29	15.43
	政府未提供资金	28	14.89
农户对基础建设的满意程度	非常满意	27	14.36
	基本满意	132	70.21
	不满意	28	14.89
	很不满意	1	0.54

（3）医疗卫生情况。

在灾后医疗救护和卫生防疫工作方面，通过对 188 户农户的调查，可以观察到有 77.13%的农户认为政府履行了相关职责，但也有小部分农户认为政府工作没有落到实处。

在灾后家庭是否发生过重大疫情方面，有 183 户表示没有发生过重大疫情，占比为 97.34%（见图 6-5）。其余 5 户表示有重大疫情发生，且在疫情发生时，由政府提供医疗补贴，老百姓自行就医的有 3 户；由政府安排专门的医疗救助服务的有 1 户；由老百姓自己付费进行医疗的有 1 户。

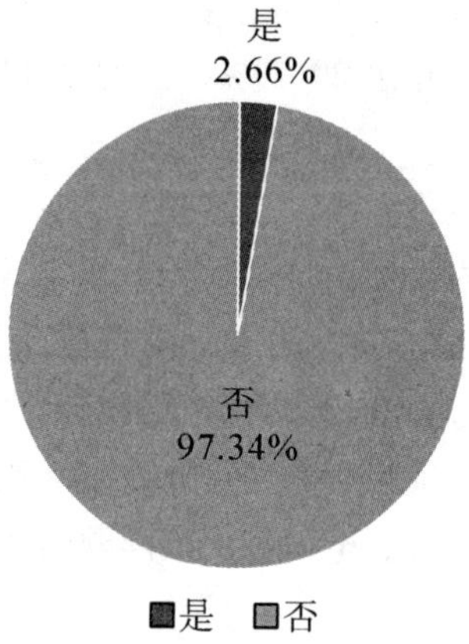

图 6-5 是否有重大疫情发生

（4）社会就业情况。

①恢复家庭收入或创收的途径

通过对受灾农户恢复家庭收入或创收的途径的调查发现，绝大部分农户都能自主恢复生产，共计 167 户，此外还有 39 户尚需领取救助补贴；然而，通过政府提供生产资料或就业创业优惠而实现收入或创收的仅 26 户（见图 6-6）。由此可见，政府为受灾农户制定优惠政策时，应结合实际增加受众，提高政策的有效性。

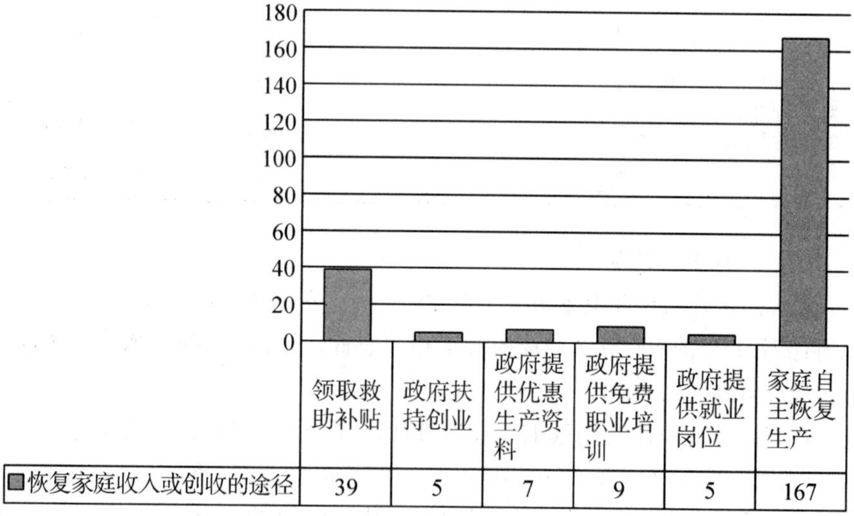

图 6-6 恢复家庭收入或创收的途径

②政府提供的就业支持政策

如图 6-7 所示，在政府提供的就业支持政策方面，分别有 61 户、26 户、8 户农户表示政府提供过就业培训、自主创业、省内外就业岗位援助对接等就业支持政策，此外，有 110 户表示政府提供的是其他方面的就业支持。尤其值得注意的是，还有 9 户表示政府并未提供任何的就业支持政策。总的来说，政府提供的就业支持政策方面的实施力度还有待加强。

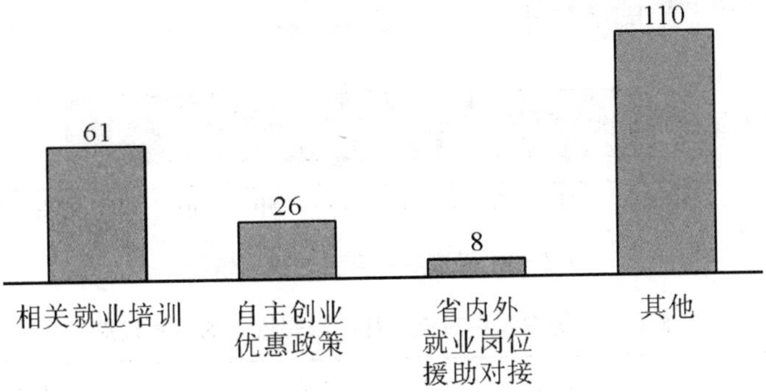

图 6-7　政府提供的就业支持政策

（5）社会保障与福利。

①政府在病残、作物失收等方面的保障力度

针对“政府在病残、作物失收等方面的保障力度是否增强”的问题，调查显示有 109 户表示保障力度有所增强，达到总数的 57.98%，其余农户则表示基本没有变化。

②受灾农户享受的福利情况

如图 6-8 所示，在受灾农户享受福利方面，有 77 户和 76 户分别享有养殖补贴和医疗补贴的福利政策，有 15 户享有个体经营免税的福利政策，有 70 户享有了其他福利政策，主要包括房屋修建补贴、生活补贴、粮食补贴、独生子女补贴、低保以及新农合等相关优惠政策，此外还有 5 户表示未享有任何福利政策。

（6）社会秩序情况。

“受灾农户对灾后社会治安恢复的满意程度”调查显示，有 164 户表示满意，占比 87.23%，其余农户则对灾后社会治安并不满意，其中有 3 户表示很不满意（见表 6-8）。从调查信息来看，政府在灾后社会治安方面的工作得到了大多数人的认可，但也须认真听取少数的质疑声音，不断改进。

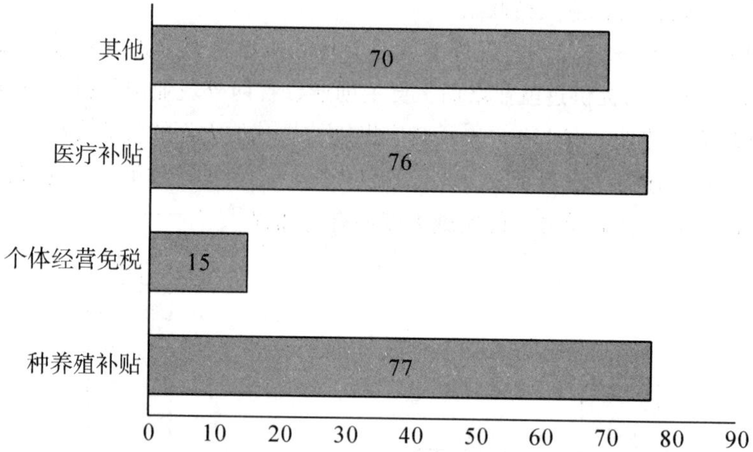

图 6-8　受灾农户享受的福利情况

表 6-8　受灾农户对灾后社会治安恢复的满意程度

变量 Variable	选项 Option	频数/户 Frequency number	比重/% Proportion
满意程度	非常满意	38	20.21
	基本满意	126	67.02
	不满意	21	11.17
	很不满意	3	1.60

（7）社会分配与公平情况。

在"政府在财政拨款、社会捐赠物资发放上的公平性"调查中发现，持认可态度的有 123 户，占比 65.43%，但其中 94 户人家认为是相对公平，而剩余的 34.57%的农户对公平性表示质疑（见图 6-9）。由此可见，政府在财政拨款、社会捐赠物资的发放上还需要加强监管，将过程透明化，确保所有受灾农户的受惠都落到实处，以此提高政府的公信力。

2. 经济发展与效率

（1）受灾农户的农业生产恢复情况。

在受灾农户的农业生产恢复方面，总体上受灾农户的农业生产恢复情况良好，大多数的农户家庭都可正常地进行农业生产活动。其中，农业生产已经恢复的为 67 户，占比 35.64%；农业生产基本恢复的为 114 户，占比 60.64%（见图 6-10）。

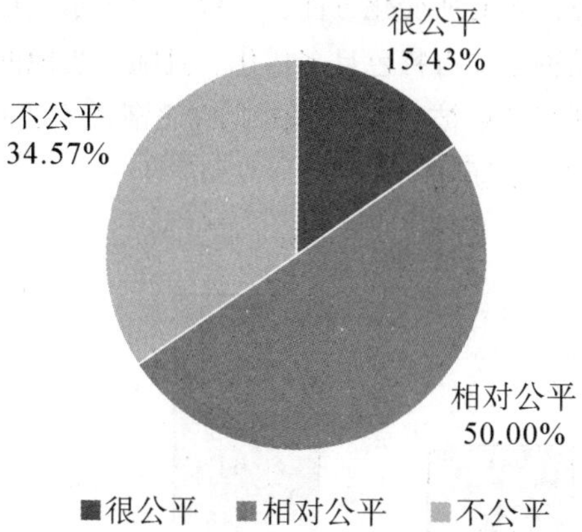

图 6-9　政府在财政拨款、社会捐赠物资发放上的公平情况

同时对于那些未彻底恢复农业生产或无法恢复农业生产的农户，政府应为这些农户提供其他的优惠政策以加快恢复农业生产，或者为其另谋出路，以保证其生活状况稳定，确保社会和谐安定。

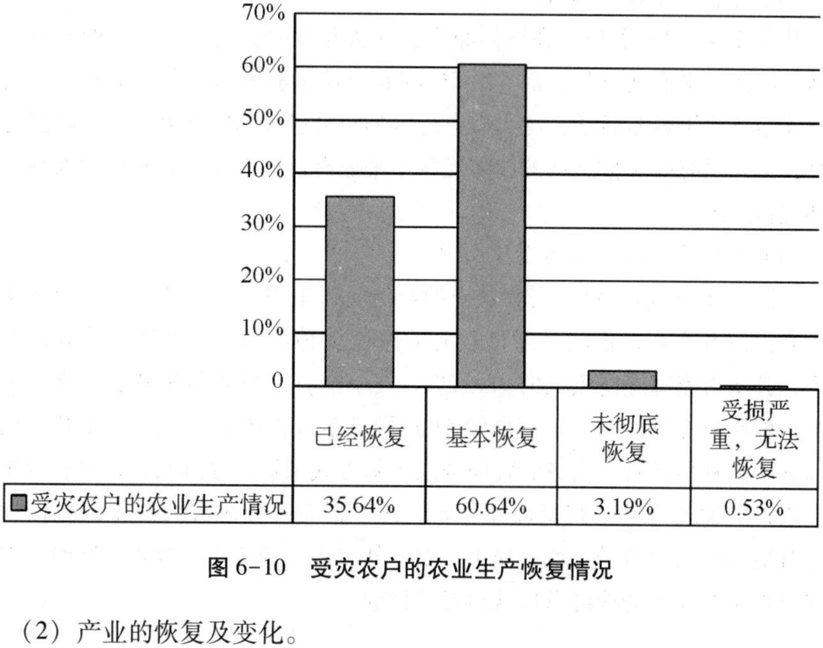

图 6-10　受灾农户的农业生产恢复情况

（2）产业的恢复及变化。

在当地产业的恢复方面，农户认为当地产业已经恢复和基本恢复分别占比 34.57%和 60.64%，另还有 4.79%认为当地产业还未彻底恢复（见图 6-11）。由此可知，当地的产业整体恢复状况向好，农户普遍持乐观和自信态度。

而在当地的产业是否有所变化方面，多数农户表示当地的农业生产规模有所缩减，但种植的品种更加有特色且多样化。且随着当地的基础设施的修建和完善，越来越多的新兴产业被引入，旅游业也逐渐成为当地的一项重要产业，这为当地经济发展注入了新的动力。

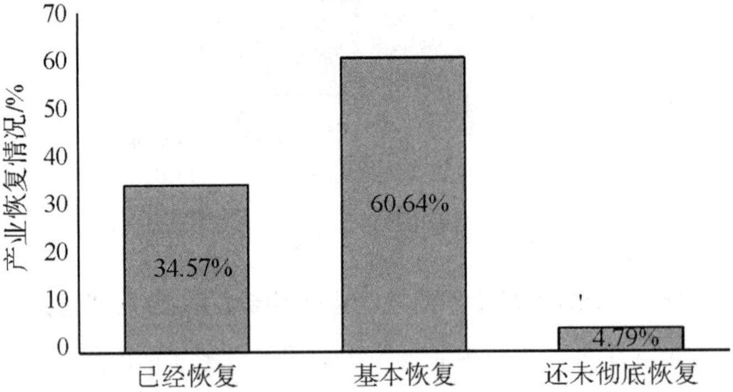

图 6-11　当地产业恢复情况

（3）整体经济水平状况。

从图 6-12 可以看出，在整体经济水平状况方面，只有 7.44%的农户认为当地的经济水平有所下降，而 57.45%的农户认为有所提高。由此可见，震后的整体经济水平恢复较快，绝大多数地区的经济已经与震前基本持平甚至有所提高，但是仍有极少数地区的整体经济水平还有待继续恢复，需要政府加大关注和支持力度。

（4）受灾农户收入来源变化情况。

如图 6-13 所示，对“受灾农户的经济收入来源”的调查显示，有 147 户收入来源没有变化，仍然是通过震前的途径（种养殖业、个体经营等）获得收入，其所占家庭经济收入的 78.19%，其中部分农户表示虽然收入来源没有变化，但收益却有所减少。剩余的 41 户则表示经济收入来源有所变化，通过如增加新的种植品种，由务农转向务工等新方式来提高家庭收入，也有较少的受灾农户通过政策补贴获得额外收入。此外，除去传统务农获得的生产性收入，有更多的农村劳动力涌入城市，获得外出务工的工资性收入。同时，农户也愿意将资金注入商业经营以获得经营性收入。

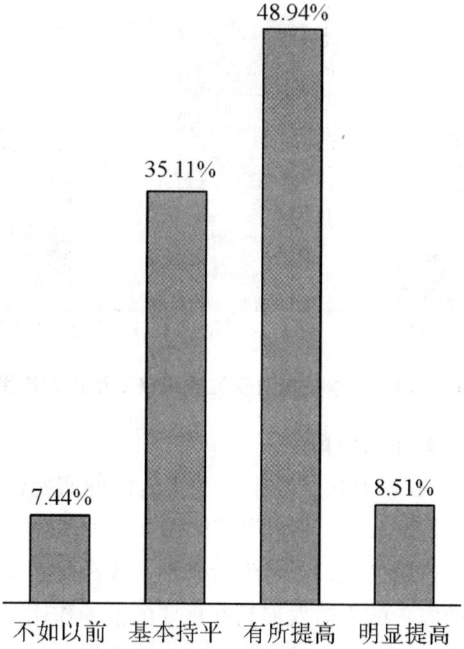

图 6-12　整体经济水平状况

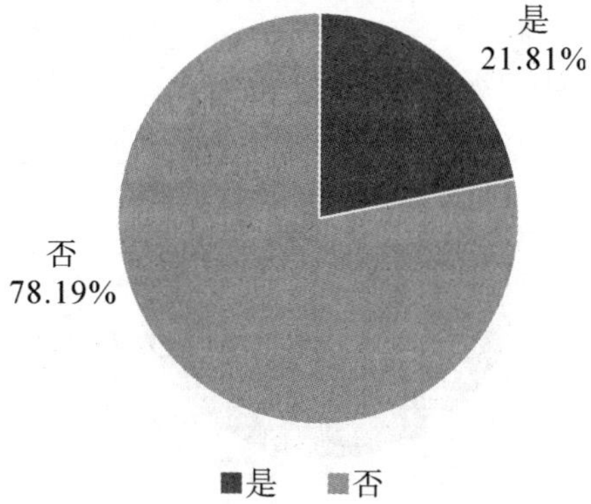

图 6-13　受灾农户收入来源变化情况

（5）科学技术对受灾农户恢复重建的作用。

从图 6-14 可以看出，科技对 11. 17%的恢复重建具有重大影响，在受调查的农户中，有 108 户认为科技对恢复重建有一定帮助，占比 57. 45%，其余的农户则表示帮助不大。由此可知，在恢复重建中的科技应用得到了较多农户的认可，但是也有部分农户没能切身感受到科技带来的便利，还需要政府加强科技推广力度。

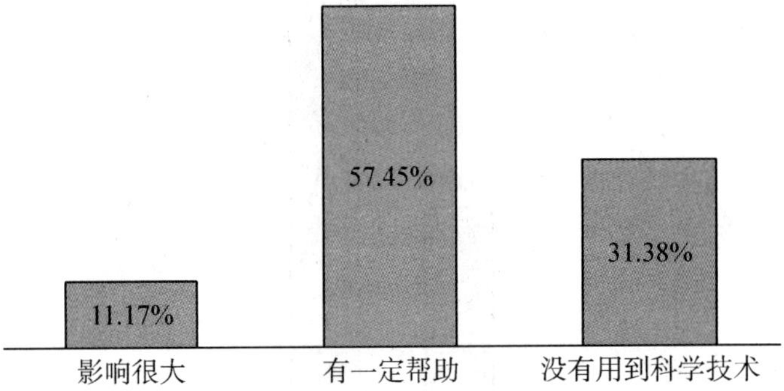

图 6-14　科学技术对受灾农户恢复重建的作用

（6）政府的扶贫政策实施情况。

如图 6-15 所示，在政府扶贫政策在受灾地区的实施情况方面，有 148 户表示当地政府实施过扶贫政策，占比为 78.72%。扶贫政策的实施旨在使贫困农户自力更生，摆脱贫困之境，改善生活条件，提高生活水平。这对于受灾农户特别是受灾严重的农户的生活发展具有重要的推动作用。因此，政府在开展扶贫政策时，应精准识别农户贫困水平，以防出现扶贫力度不够、贫困户被排斥的现象。

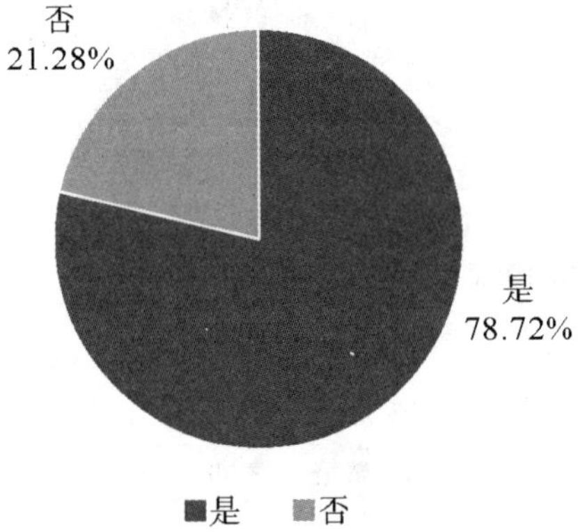

图 6-15　政府的扶贫政策实施情况

6.1.1.3　*基于模糊综合评价法下农村农户灾后重建财政支持政策实施效果分析*

模糊评价法是一种基于模糊数学的综合评价方法。该综合评价方法是根据模糊数学的隶属度理论把定性评价转化为定量评价，即用模糊数学对受到多种因素制约的事物或对象做出一个总体的评价。它具有结果清晰、系统性强的特点，能较好地解决模糊化的、难以量化的问题，适合各种非确定性问题的解决。模糊综合评价法就是应用模糊变换原理和最大隶属度原则综合考虑被评估事物或其属性的相关因素，进而对某事物进行等级或类别评价。该方法的评价结果不是绝对的肯定或者否定，而是用一个模糊集合来表示。

1. 确定评价因素集

设灾后财政支持政策对农村农户实施效果评价的因素集为：U = $(u_1, u_2, \cdots, u_t)$，体现灾后财政支持政策对农村农户实施效果评价的因素，包括群众安置效果、基础设施完善程度、卫生防疫效果、社会就业效果、社会保障与福利、社会秩序、社会分配效果、社会经济增长率、产业结构调整效果、科技贡献率、农户收入来源、农户增收效果、社区扶贫效应等方面。

2. 确定评语集

假设评语集为 V = $(v_1, v_2, \cdots, v_s)$，每一个等级可以对应一个模糊子集。考虑到财政支持政策对灾区农户的实施效果存在多方面的影响，既有有利的影响，又有不利的影响，不能简单地用大小来衡量。因此，本书主要评价财政支持政策对不同严重程度的灾区农户的实施效果，在评价过程中不仅仅局限于好还是差的问题。对于每一个指标设定五个级别的评语，即效果非常显著、效果显著、效果一般、效果不显著和效果非常不显著，并令赋值所在区间分别为 [0.8, 1)，[0.6, 0.8)，[0.4, 0.6)，[0.2, 0.4)，[0, 0.2)。

3. 建立隶属度矩阵

在模糊集合中，通常用隶属度来表达其本质，为了消除在确定隶属度过程中的主观任意性，通常采用相对隶属度，即对指标数据进行无量纲化处理。无量纲化处理的常用方法有标准化法、极值法和功效系数法。熵权法，将数据进行极差变换处理，具体步骤为：

首先将评价集对象表示为 A = $(a_1, a_2, \cdots, a_s)$，设定综合评价指标体系为 U = $(u_1, u_2, \cdots, u_n)$，则 n 个指标对 m 个被评价对象的评价指标体系可用指标矩阵 $\boldsymbol{X}$ 表示：

$$\boldsymbol{X} = \begin{bmatrix} x_{11} & x_{12} & \cdots & x_{1n} \\ x_{21} & x_{22} & \cdots & x_{2n} \\ \vdots & \vdots & \vdots & \vdots \\ x_{m1} & x_{m2} & \cdots & x_{mn} \end{bmatrix}$$

由于本书所涉及的指标类型为效益型指标，故利用极差变换公式，对数据进行无量纲化，可得到标准化评价矩阵 $Y = (y_{ij})_{m \times n}$：

$$y_{ij} = [x_{ij} - \min(x_{ij})] / [\max(x_{ij}) - \min(x_{ij})]$$

在所设定模糊集的基础上，建立财政支持政策对不同灾区农村农户的实施效果评价的相对隶属度矩阵 **R**，即标准化后的特征矩阵：

$$\boldsymbol{R}=\begin{bmatrix} r_{11} & r_{12} & \cdots & r_{1n} \\ r_{21} & r_{22} & \cdots & r_{2n} \\ \vdots & \vdots & \vdots & \vdots \\ r_{m1} & r_{m2} & \cdots & r_{mn} \end{bmatrix}$$

矩阵中的第 i 行第 j 列 r_{ij} 表示的含义是：用被评实际值来刻画基于第 j 个指标的第 i 个事物的表现。

4. 数据处理

在本节分析中拟用熵权法确定权重。

根据公式 $y_{ij}=[x_{ij}-\min(x_{ij})]/[\max(x_{ij})-\min(x_{ij})]$ 对财政支持政策对灾区农村农户实施效果的相关数据进行标准化处理。

最后利用熵权法测算权重为：w_j = (0.084 5, 0.080 4, 0.083 0, 0.074 6, 0.084 5, 0.082 2, 0.101 8, 0.088 7, 0.045 4, 0.114 3, 0.048 1, 0.051 6, 0.060 8)。

5. 模糊评价

为了综合评价财政支持政策对不同严重程度的灾区农村农户的实施效果，对不同受灾严重程度的灾区分为极重灾区、重灾区、一般灾区三个部分，然后运用熵权法所确定的权重进行处理，最终运算结果如下：

$\boldsymbol{B}=\boldsymbol{W}*\boldsymbol{R}^{\mathrm{T}}=$ (0.629 4, 0.552 7, 0.222 1)

根据 B 值可知，财政支持政策对不同严重程度的灾区农村农户的实施效果的大小排序如下：极重灾区的隶属度为 0.629 4、重灾区的隶属度为 0.552 7、一般灾区的隶属度为 0.222 1。

6.1.2 典型区域受灾城镇居民灾后重建财政政策评估

上一部分基于农村农户的视角分别从极重灾区、重灾区和一般灾区三个区域实证研究了财政支持政策在灾后重建过程中对农户的影响，由此反映灾后重建财政支持政策的效果。本节将从城镇居民的角度评估灾后重建财政支持政策的效果，主要包括三部分内容，首先是问卷调查涉及的样本城镇居民的基本特征介绍，其次是基于模糊综合评价法下城镇居民灾后重建财政支持政策实施效果分析，最后是基于 logistic 模型的城镇居民灾后重建财政支持政策实施效果影响因素分析，并通过以上分析得出灾后重建过程中财政支持政策存在的相关问题，以期为提供有利于灾后重建的政策建议提供有力支持。

6.1.2.1 样本城镇居民的基本特征

1. 样本城镇居民的家庭人口数

在调查的 237 个样本城镇农户中，家庭人口数在 3~5 人的比例达到 66.67%，家庭人口数小于 3 人或大于 5 人的比例分别为 4.22%和 29.11%。从表 6-9 关于家庭人口数的数据可以看出，汶川地震灾区的家庭人员数量与中国普遍的家庭人口数量的现实基本吻合，3~5 人的家庭人口数量构成仍然是现在的主要情况。

2. 样本城镇居民的收入来源和总收入

农户的收入来源方面，调查显示，有 123 户家庭的主要收入来源是工资收入，有 73 户收入来源为企业利润收入，而收入来源为投资回报和其他收入仅分别有 2 户和 39 户。该数据反映出城镇居民的收入来源较为单一，主要是靠务工取得的工资性收入。此外，家庭总收入在 5 万元以下的有 166 户，占比为 70.05%，而收入在 5 万元到 10 万元的有 60 户，占比为 25.32%。从中可以看出，被调查城镇居民主要为低收入群体。

3. 样本城镇居民的职业身份

城镇居民的职业身份方面，调查显示，样本人员中有 48 人为企业工作人员、13 人为教师、3 人为医生、80 人为私营业主、5 人为公务员、8 人为其他职业，分别占样本总人数比例的 20.25%、5.49%、1.27%、33.76%、2.11%、37.13%（见表 6-9）。

表 6-9 家庭总人口数、职业身份、收入来源、总收入

变量 Variable	选项 Option	频数/户 Frequency number	比重/% Proportion
家庭总人口数	<3 人	10	4.22
	3~5 人	158	66.67
	>5 人	69	29.11
职业身份	企业工作人员	48	20.25
	教师	13	5.49
	医生	3	1.27
	私营业主	80	33.76
	公务员	5	2.11
	其他	88	37.13

表6-9(续)

变量 Variable	选项 Option	频数/户 Frequency number	比重/% Proportion
收入来源	工资收入	123	51. 90
	投资回报	2	0. 84
	企业利润收入	73	30. 80
	其他	39	16. 46
总收入	1 万元以下	19	8. 02
	1 万~5 万元	147	62. 03
	5 万~10 万元	60	25. 32
	10 万~15 万元	7	2. 95
	15 万~20 万元	2	0. 84
	20 万元以上	2	0. 84

6. 1. 2. 2 基于模糊综合评价法下城镇居民灾后重建财政支持政策实施效果分析

目前专家学者关于灾后重建财政支持政策评估的研究成果较少，且未形成系统深入的研究，大多数文献都是停留在一般描述性统计的基础上。基于此，本部分将通过模糊综合评价法，结合课题调研的数据，以大邑、雅安汉源、雅安姚桥、绵阳和都江堰五个区域的城镇居民为研究对象，研究了灾后重建财政支持政策对城镇居民的实施效果。

考虑到我们已经在前面对整个模糊综合评价法的理论框架和相应的指标体系板块做了详细介绍，在此分析的时候我们就结合问卷调查的实际情况和指标体系构建具体分析框架。

1. 模型构建

对于一些复杂的系统，需要考虑的因素很多。多层次模糊综合评价是对受多因素影响的事物进行全面评价的一种评价和决策方法，本书结合实际情况，采用的是二级模糊综合评价模型。

结合问卷调查的数据和上一专题介绍的总体模糊综合评价法模型和指标评价体系框架，我们构建了如下评价指标体系（见表 6-10）。

表 6-10 财政支持政策对城镇居民影响效果评价指标体系

要素	评价指标内容	指标
社会公平与发展	群众安置效果	C1
	基础设施完善程度	C2
	卫生防疫效果	C3
	社会就业效果	C4
	社会保障与福利	C5
	社会分配效果	C6
经济发展与效率	社会经济增长率	C7
	产业结构调整效果	C8
	科技贡献率	C9
目标群体回应程度	居民参与程度	C10
	居民能力建设	C11
	居民增收效果	C12
	社区扶贫效应	C13

如表 6-10，将要素一栏的 3 项作为第一层次的评价指标，将评价指标内容一栏的各项作为第二层次的评价指标（二级指标），记 $\boldsymbol{C}=[C1,\ C2,\ C3,\ \cdots,\ C13]$ 。二级指标应该经过无量纲化、标准化处理。

$$\boldsymbol{R}=\begin{bmatrix} r_{11} & r_{12} & \cdots & r_{1n} \\ r_{21} & r_{22} & \cdots & r_{2n} \\ \cdots & \cdots & \cdots & \cdots \\ r_{n1} & r_{n2} & \cdots & r_{nn} \end{bmatrix}$$

2. 实证分析

（1）数据来源以及赋值说明。

本部分采用的数据来源于实地调研，调查主要选择四川省雅安姚桥、雅安汉源、大邑、都江堰和绵阳五个灾区的城镇居民作为调查样本，本次调研一共发放 250 份问卷，有效回收 237 份，经过对指标数值的处理，各指标的详细赋值情况参照表 6-2，根据各指标的赋值情况计算得到各评价指标的相关数据如表 6-11。

表 6-11　灾后重建财政支持政策对样本灾区城镇居民的影响相关数据

要素	评价指标	大邑	都江堰	绵阳	汉源	姚桥
社会发展与公平	C1	3. 434 2	3. 661 8	3. 750 0	3. 241 4	3. 781 3
	C2	3. 565 8	3. 308 8	3. 187 5	3. 655 2	3. 125 0
	C3	3. 750 0	3. 338 2	3. 093 8	3. 758 6	3. 218 8
	C4	3. 171 1	3. 294 1	3. 187 5	3. 655 2	3. 093 8
	C5	0. 631 6	0. 455 9	0. 531 3	0. 413 8	0. 593 8
	C6	1. 907 9	1. 632 4	1. 656 3	1. 689 7	1. 562 5
经济发展与效率	C7	1. 776 3	2. 088 2	2. 000 0	2. 000 0	1. 937 5
	C8	0. 394 7	0. 352 9	0. 312 5	0. 517 2	0. 375 0
	C9	1. 684 2	1. 691 2	1. 906 3	1. 689 7	1. 562 5
目标群体回应程度	C10	1. 460 5	1. 838 2	1. 937 5	1. 965 5	1. 718 8
	C11	3. 078 9	3. 250 0	3. 062 5	2. 827 6	3. 281 3
	C12	2. 105 3	2. 132 4	2. 093 8	2. 172 4	2. 406 3
	C13	0. 631 6	0. 705 9	0. 687 5	0. 586 2	0. 750 0

（2）综合评价结果。

运用 EXCEL 2010 对所调查的数据进行标准化处理，得矩阵 ***R***。然后根据熵权法计算出该指标的权重，得到评价指标权重向量为：***W*** =（0. 050 1，0. 077 9，0. 068 2，0. 219 9，0. 058 4，0. 086 0，0. 032 6，0. 081 7，0. 065 2，0. 032 1，0. 035 7，0. 138 0，0. 048 4）。

$$R=\begin{bmatrix} 0.3571 & 0.7786 & 0.9420 & 0.0000 & 1.0000 \\ 0.8314 & 0.3467 & 0.1179 & 1.0000 & 0.0000 \\ 0.9871 & 0.3677 & 0.0000 & 1.0000 & 0.1880 \\ 0.0211 & 0.0548 & 0.0256 & 0.1536 & 0.0000 \\ 1.0000 & 0.1932 & 0.5393 & 0.0000 & 0.8262 \\ 1.0000 & 0.2022 & 0.2714 & 0.3681 & 0.0000 \\ 0.0000 & 1.0000 & 0.7172 & 0.7172 & 0.5168 \\ 0.4017 & 0.1976 & 0.0000 & 1.0000 & 0.3053 \\ 0.3540 & 0.3743 & 1.0000 & 0.3699 & 0.0000 \\ 0.0000 & 0.7480 & 0.9446 & 1.0000 & 0.5114 \\ 0.5540 & 0.9310 & 0.5177 & 0.0000 & 1.0000 \\ 0.0367 & 0.1234 & 0.0000 & 0.2516 & 1.0000 \\ 0.2770 & 0.7307 & 0.6184 & 0.0000 & 1.0000 \end{bmatrix}$$

将矩阵 $\boldsymbol{R}$ 进行转置，并根据已经计算出来的指标权重对五个灾区进行整体评价，计算结果为 $\boldsymbol{B}=\boldsymbol{W}*\boldsymbol{R}^{\mathrm{T}}=(0.3932, 0.3146, 0.2842, 0.4076, 0.3915)$。

根据 $\boldsymbol{B}$ 值，灾后财政支持政策对各地城镇居民产生的效果大小顺序如下：雅安汉源>大邑>姚桥>都江堰>绵阳。

6.1.2.3 城镇居民灾后重建财政支持政策的参与情况与政策实施效果影响因素分析

通过第二部分模糊综合评价法下城镇居民灾后重建财政支持政策实施效果分析，我们知道了财政支持政策对不同灾区城镇居民的效果不同。但是，城镇居民的需求或者满意度是否影响其对灾后重建财政支持政策效果的评估，值得我们的探讨。因此，本部分我们将进一步从城镇居民的视角，分析影响财政支持政策在灾区实施效果的因素。

1. 样本特征

本部分使用的数据和本节第二部分使用的数据相同，数据统计结果如表6-12所示，样本描述性统计的特征有如下方面：

（1）城镇居民整体上对灾后重建财政政策实施效果的评价。

总体来看，被调查的城镇居民对灾区财政政策实施效果较为满意。其中，满意的人数为151人，占比为63.71%；其他持不满意或效果一般的人数为86人，占比为36.29%。

（2）城镇居民对安置效果满意度。

总体上，被调查群众对安置效果的平均满意度介于比较满意与一般满意之间。其中，非常满意的人数为 42 人，占比为 17.72%；比较满意的人数为 89 人，占比为 37.55%；一般满意的人数为 68 人，占比为 28.69%；不满意的人数为 37 人，占比 15.61%；很不满意的人数为 1 人，占比为 0.42%。

（3）城镇居民对基础设施建设满意度。

总体上看，基础设施建设的调查群众满意度介于比较满意与一般满意之间。其中，非常满意的人数为 26 人，占比为 10.97%；比较满意的人数为 90 人，占比为 37.97%；一般满意的人数为 73 人，占比为 30.80%；不满意的人数为 47 人，占比为 19.83%；很不满意的人数为 1 人，占比为 0.42%。

（4）城镇居民对卫生防疫满意度。

总体来看，卫生防疫的调查群众满意度介于比较满意与一般满意之间。其中，非常满意的人数为 39 人，占比为 16.46%；比较满意的人数为 77 人，占比为 32.49%；一般满意的人数为 79 人，占比为 33.33%；不满意的人数为 41 人，占比为 17.30%；很不满意的人数为 1 人，占比为 0.42%。

（5）城镇居民对灾后就业帮扶满意度。

总体上看，被调查群众对灾后就业帮扶满意度介于比较满意与一般满意之间。其中，非常满意的人数为 22 人，占比为 9.28%；比较满意的人数为 71 人，占比为 29.96%；一般满意的人数为 91 人，占比为 38.40%；不满意的人数为 52 人，占比为 21.94%；很不满意的人数为 1 人，占比为 0.42%。

（6）城镇居民对社会保障与福利看法。

总体上，被调查群众偏向于认为社会保障与福利在灾后发生了变化。其中，选择有变化的人数为 127 人，占比为 53.59%；选择没有变化的人数为 110 人，占比为 46.41%。

（7）城镇居民对社会分配效果公平感看法。

总体来说，被调查群众对于社会分配效果公平感的感知介于很公平与比较公平之间。其中，认为很公平的人数为 38 人，占比为 16.03%；认为比较公平的人数为 95 人，占比为 40.08%；认为不公平的人数为 104 人，占比为 43.88%。

（8）城镇居民对灾区震前震后经济增长变化看法。

总体来看，被调查群众认为灾区震前震后经济增长的变化介于明显提高与基本持平之间。其中，认为明显提高的人数为 29 人，占比为 12.24%；认为基本持平的人数为 166 人，占比为 70.04%；认为不如以前的人数为 42 人，占比为 17.72%。

（9）城镇居民对当地整个产业是否已经恢复看法。

总体来说，被调查群众偏向于认为当地整个产业仍未恢复。其中，认为已经恢复的人数为 91 人，占比为 38.40%；认为未恢复人数为 146 人，占比为 61.60%。

（10）城镇居民对恢复重建中科学技术的作用看法。

总体上看，调查群众认为在恢复重建中，科学技术所起到的作用介于作用很大与作用一般之间。其中，选择作用很大的人数为 19 人，占比为 8.02%；选择作用一般的人数为 128 人，占比为 54.01%；选择没有作用的人数为 90 人，占比为 37.97%。

（11）城镇居民对财政政策的了解程度。

总体上，被调查群众对财政政策的了解程度介于非常了解与一般了解之间。其中，非常了解的人数为 64 人，占比为 27.00%；一般了解的人数为 45 人，占比为 18.99%；不了解的人数为 128 人，占比为 54.01%。

（12）城镇居民对技术培训满意度。

总体来看，群众对于技术培训的满意度介于比较满意与一般满意之间。

其中，非常满意的人数为 23 人，占比为 9.70%；比较满意的人数为 60 人，占比为 25.32%；一般满意的人数为 77 人，占比为 32.49%；不满意的人数为 77 人，占比为 32.49%；很不满意的人数为 0 人。

（13）城镇居民对居民家庭收入较震前的变化看法。

总体上，被调查群众认为居民家庭收入较震前介于明显提高与基本持平之间。其中，认为明显提高的人数为 60 人，占比为 25.32%；认为基本持平的人数为 155 人，占比为 65.40%；认为不如以前的人数为 22 人，占比为 9.28%。

（14）城镇居民对政府是否对当地采取过扶贫政策看法。

总体来说，被调查群众偏向于认为政府采取过扶贫政策。其中，认为采取过扶贫政策的共 159 人，占比为 67.09%；认为未采取过扶贫政策的共 78 人，占比为 32.91%。

表 6-12　城镇居民对灾后重建财政政策实施效果评价统计表

变量	选项	数目	比例/%	均值	标准差
整体上对灾区财政政策实施效果的评价	满意	151	63.71	0.637 1	0.481 8
	其他	86	36.29		

表6-12(续)

变量	选项	数目	比例/%	均值	标准差
城镇居民对安置效果的满意度	非常满意	42	17. 72	3. 577 8	0. 947 0
	比较满意	89	37. 55		
	一般满意	68	28. 69		
	不满意	37	15. 61		
	很不满意	1	0. 42		
基础设施建设城镇居民满意度	非常满意	26	10. 97	3. 408 9	0. 917 1
	比较满意	90	37. 97		
	一般满意	73	30. 80		
	不满意	47	19. 83		
	很不满意	1	0. 42		
卫生防疫城镇居民满意度	非常满意	39	16. 46	3. 488 9	0. 959 5
	比较满意	77	32. 49		
	一般满意	79	33. 33		
	不满意	41	17. 30		
	很不满意	1	0. 42		
城镇居民对灾后就业帮扶满意度	非常满意	22	9. 28	3. 262 2	0. 900 2
	比较满意	71	29. 96		
	一般满意	91	38. 40		
	不满意	52	21. 94		
	很不满意	1	0. 42		
社会保障与福利在灾后是否变化	是	127	53. 59	0. 537 8	0. 499 7
	否	110	46. 41		
社会分配效果城镇居民公平感	很公平	38	16. 03	1. 733 3	0. 725 8
	比较公平	95	40. 08		
	不公平	104	43. 88		

表6-12(续)

变量	选项	数目	比例/%	均值	标准差
城镇居民对灾区震前震后经济增长变化情况的认知	明显提高	29	12.24	1.937 8	0.555 5
	基本持平	166	70.04		
	不如以前	42	17.72		
城镇居民对当地的整个产业是否已经恢复的认知	是	91	38.40	0.400 0	0.491 0
	否	146	61.60		
城镇居民对恢复重建中科学技术的作用的认知	作用很大	19	8.02	1.702 2	0.601 5
	作用一般	128	54.01		
	没有作用	90	37.97		
城镇居民对财政政策的了解程度	非常了解	64	27.00	1.751 1	0.871 3
	一般了解	45	18.99		
	不了解	128	54.01		
城镇居民对技术培训的满意度	非常满意	23	9.70	3.128 9	0.975 7
	比较满意	60	25.32		
	一般满意	77	32.49		
	不满意	77	32.49		
	很不满意	0	0.00		
城镇居民家庭收入较震前变化情况	明显提高	60	25.32	2.151 1	0.562 4
	基本持平	155	65.40		
	不如以前	22	9.28		
政府是否对当地采取过扶贫政策	是	159	67.09	0.671 1	0.470 9
	否	78	32.91		

2. 实证分析

(1) 模型建立。

为反映城镇居民灾后重建过程中对财政政策实施效果满意度影响因素，建立灾区城镇居民整体上对灾区财政政策实施效果的二元 Logistic 模型，拟定的影响灾区财政政策实施效果的解释变量为：城镇居民对安置效果的满意度、基础设施建设城镇居民满意度、卫生防疫城镇居民满意度、城镇居民对灾后就业帮扶满意度、社会保障与福利在灾后是否变化、社会分配效果城镇居民公平感、城镇居民灾区震前震后经济增长变化情况的认知、城镇居民对当地的整个产业是否已经恢复的认知、城镇居民对恢复重建中科学技术作用的认知、城镇居民对财政政策的了解程度、技术培训城镇居民满意度、城镇居民家庭收入较震前变化情况、政府是否对当地采取过扶贫政策，具体说明情况如表 6-13 所示。

表 6-13　变量说明

变量	取值范围	赋值内容	预期方向
整体上对灾区财政政策实施效果的评价 Y	0-1	满意=1；其他=0	
城镇居民对安置效果的满意度 X1	1-5	非常满意=5；比较满意=4；一般满意=3；不满意=2；很不满意=1	+
基础设施建设城镇居民满意度 X2	1-5	非常满意=5；比较满意=4；一般满意=3；不满意=2；很不满意=1	+
卫生防疫城镇居民满意度 X3	1-5	非常满意=5；比较满意=4；一般满意=3；不满意=2；很不满意=1	+
城镇居民对灾后就业帮扶满意度 X4	1-5	非常满意=5；比较满意=4；一般满意=3；不满意=2；很不满意=1	+
社会保障与福利在灾后是否变化 X5	0-1	是=1；否=0	+
社会分配效果城镇居民公平感 X6	1-3	很公平=3；比较公平=2；不公平=1	+
城镇居民对灾区震前震后经济增长变化情况的认知 X7	1-3	明显提高=3；基本持平=2；不如以前=1	+
城镇居民对当地的整个产业是否已经恢复的认知 X8	0-1	是=1；否=0	+
城镇居民对恢复重建中科学技术的作用的认知 X9	1-3	作用很大=3；作用一般=2；没有作用=1	+
城镇居民对政策的了解程度 X10	1-3	非常了解=3；一般了解=2；不了解=1	+
城镇居民对技术培训的满意度 X11	1-5	非常满意=5；比较满意=4；一般满意=3；不满意=2；很不满意=5	+
城镇居民家庭收入较震前变化情况 X12	1-3	明显提高=3；基本持平=2；不如以前=1	+
政府是否对当地采取过扶贫政策 X13	0-1	是=1；否=0	+

(2) 财政政策实施效果影响因素分析。

在 Stata 软件中对数据处理后得表 6-14，Logistic 模型回归结果表明：除了变量居民家庭收入较震前变化情况的概率值（$P>z$）等于 0，其他变量的概率值都大于 0.05，说明在 5%的水平上解释变量城镇居民对安置效果的满意度、基础设施建设城镇居民满意度、卫生防疫城镇居民满意度、城镇居民对灾后就业帮扶满意度、社会保障与福利在灾后是否变化、社会分配效果城镇居民公平感、城镇居民灾区震前震后经济增长变化情况的认知、城镇居民对当地的整个产业是否已经恢复的认知、城镇居民对恢复重建中科学技术作用的认知、城镇居民对财政政策的了解程度、技术培训城镇居民满意度、政府是否对当地采取过扶贫政策等对财政政策实施效果的评价有显著影响，也即是影响财政政策实施效果的因素。

表 6-14　模型回归结果

变量	Odds Ratio	Std. Err.	z	$P>z$
群众对安置效果的满意度 X1	1. 219 818	0. 264 200 1	0. 92	0. 359
基础设施建设群众满意度 X2	1. 586 335	0. 425 390 3	1. 72	0. 085
卫生防疫群众满意度 X3	0. 873 482 3	0. 197 769 1	−0. 6	0. 55
群众对灾后就业帮扶满意度 X4	0. 718 644 1	0. 189 606 7	−1. 25	0. 21
社会保障与福利在灾后是否变化 X5	1. 106 634	0. 343 092 8	0. 33	0. 744
社会分配效果群众公平感 X6	1. 387 368	0. 295 306 5	1. 54	0. 124
灾区震前震后经济增长变化情况 X7	0. 927 505 6	0. 271 263 1	−0. 26	0. 797
当地的整个产业是否已经恢复 X8	1. 372 527	0. 450 125 8	0. 97	0. 334
恢复重建中，科学技术的作用 X9	0. 960 167 4	0. 241 035 3	−0. 16	0. 871
政策了解程度 X10	1. 229 285	0. 230 055 8	1. 1	0. 27
技术培训群众满意度 X11	0. 988 343 7	0. 150 617 3	−0. 08	0. 939
居民家庭收入较震前变化情况 X12	4. 648 821	1. 469 58	4. 86	0
政府是否对当地采取过扶贫政策 X13	1. 170 196	0. 371 269 7	0. 5	0. 62

注：模型检验的结果为综合检验。

6.1.3 典型区域受灾企业灾后重建财政政策评估

汶川地震给四川带来了沉重的打击，地震造成四川省约 1.6 万户民营企业受损，占全省工业受灾企业的 99.56%。其中雅安市受灾企业 537 户，死亡 5 人，受伤 35 人，经济损失 20 多亿；阿坝州受灾企业 58 户，死亡 19 人，受伤 100 余人，经济损失 35 亿以上；成都市受灾企业 346 户，死亡 67 人，伤 200 余人，经济损失 50 多亿；广元市受灾企业 609 户，死亡 32 人，受伤 107 人，失踪 42 人，经济损失 25 亿以上；绵阳市受灾企业 3 323 户，死亡 254 人，受伤 3 383 人，经济损失 469 亿；德阳市受损企业 4 193 户，死亡 1 482 人，受伤 8 197 人，经济损失近 1 000 亿元。灾后重建工作必将导致新的巨大的投资和消费需求，为企业重建提供巨大的推动力。

地震过后，灾后重建工作刻不容缓，尤其是作为组织的团体，受到了地震的影响如果不能及时恢复，那么将会给企业、国家带来重大的经济损失，受灾企业的重建工作变得举足轻重。灾后重建应当如《汶川地震灾后恢复重建条例》中指出的一样，坚持“科学规划、统筹兼顾、自力更生、国家支持、社会帮扶”的方针，坚持《关于支持汶川地震灾后恢复重建政策措施的意见》提出的“运用市场机制，以企业生产自救为主”，既依靠国家财政、税收与金融政策的支持，又要坚持以企业自身的发展为主。但是，制度环境是企业的外部治理环境，也是受灾企业灾后重建的关键，受灾企业灾后重建的主要问题之一就是资金问题，因此，受灾地区灾后重建财政支持政策实施效果决定着灾后受灾企业重建的成效。

关于在灾后企业重建的问题，国内外学者从不同领域进行了研究，取得了一些成果。汶川地震灾区的灾后重建是一个复杂而艰巨的系统工程，重建是企业发展的新机会，要借助政府和公众参与的力量加快灾后重建。Ana（2005）在对土耳其地震的工业损失的调查基础上，提出企业灾后重建应考虑风险管理和应急响应等问题，而 Sheffi（2005）则强调企业灾后重建中供应链恢复的重要性。考虑到我国具体情况，国有企业毕竟是少部分，民营企业在数量上占据了绝大多数，民营企业具有自筹资金、自主经营、自负盈亏、自担风险的性质，其建立之初就存在“自然融资屏障”（吕政 等，2002），加之融资一直都是制约民营企业发展的瓶颈问题，有必要为促进地震灾后企业重建提供制度保障。一方面，可以通过卓有成效的财税激励政策，使受灾企业尽快恢复生机与活力；另一方面，切实可行的地权制度设计，为受灾企业的恢复与重建开辟用地绿色通道（杨继瑞 等，2008）。李晓峰（2011）从宏观、微观两个角度提出了民营企业灾后全面恢复重建对策，包括完善相应组织体系、将受灾民营企业的重建纳入政府总体规划、加大企业恢复重建的财税扶持政策、加大灾区企业恢复重建的金融支持力度、加大招商引资力度、灾区企业之间应积极联手等措施。从整个产业角度来看，李晓峰等（2011）提出先用统筹优选的方法对灾区民营企业恢复重建；接着借助综合集成方法对灾区的民营企业恢复重建工作进行深入研究和规划，并结合对口援建技术承接模式，从产业布局和产业结构出发提出灾后民营企业恢复重建；最后从自然资源、社会资源、经济资源三个维度对灾区资源承载力变迁进行分析与评估，评价和分析就灾区产业集群现状，给出产业集群的内外聚集，再讨论灾区产业集群调整的有效途径，在阐述灾区产业集群调整的统筹兼顾基础上，构建灾区新型的产业集群。

可以看出，专家学者对灾后企业重建工作的研究成果较少，很多成果都是从不同的视角或者运用不同的方法对灾后企业重建工作进行研究，并没有形成较为系统的研究模式。基于此，本节将在问卷调查的基础上，结合模糊综合评价法，首先介绍样本企业的基本特征，对样本受灾企业的基本情况有一个大体认识；再对受灾企业灾后重建财政支持政策的参与情况与政策实施效果进行实证研究。

6.1.3.1　样本企业基本特征的描述性统计

考虑到对企业调查的特殊性以及团队能力和规模，此次调研主要针对都江堰、大邑、雅安、绵阳的受灾企业进行了调查。本次一共发放问卷 50 份，因为每份问卷都由专人现场负责采访、调查、座谈，因此，问卷回收率为 100%。

1. 企业所处的行业及其性质

（1）企业所处的行业。

在被调查样本企业所处的行业方面，调查结果如表 6-15 所示，大部分企业是制造企业，剩下小部分为农林牧渔业、采矿业、建筑业和服务业等。其中，只有 2 家企业是进行跨行业经营的企业，其余 96%的企业从事的是单一行业经营。具体来说，单一从事农、林、牧、渔业的企业共有 7 家，占比为 14%；单一从事采矿业的企业一共有 2 家，占比为 14%；单一从事制造业的企业共有 32 家，占比为 64%；单一从事商业的企业有两家，占比为 4%；单一从事建筑业的企业有 4 家，占比为 8%；单一从事服务业的企业只有 1 家；此外，既从事制造业又从事商业的企业有 2 家。

（2）企业的性质特征。

根据企业的所有制性质可将企业划分为国有企业和民营企业，或者股份有限公司、有限责任公司和其他。调查结果显示，受损的国有企业共 8 家，占比为84%，受损的民营企业共42家，占比为64%；受损的有限责任公司共28家，股份有限公司共16家，分别占比为56%和32%。整体来看，灾区企业以民营企业和有限责任公司为主，反映出私人资本是灾区经济的重要构成和主要组成部分。

表6-15　企业的性质特征

变量 Variable	选项 Option	频数 Frequency number	比例 Proportion
企业的性质Ⅰ	国有企业	8	16.00%
	民营企业	42	84.00%
企业的性质Ⅱ	股份有限公司	16	32.00%
	有限责任公司	28	56.00%
	其他	6	12.00%
企业所处的行业	农、林、牧、渔业	7	14.00%
	采矿业	2	4.00%
	制造业	32	64.00%
	商业	2	4.00%
	建筑业	4	8.00%
	服务业	1	2.00%
	其他	2	4.00%

2. 企业的规模

总体上看，受损企业主要是小中型企业。受损企业的资产规模主要集中于5 000万~1亿元的区间范围，而企业员工数量主要集中于101~500人。

（1）受损企业的资产规模。

调查结果如表6-16所示，资产规模在100万元以下的共3家，占比为6%；资产规模在100万~1 000万元的共3家，占比为6%；资产规模在1 000万~5 000万元的共13家，占比为26%；资产规模在5 000万~1亿元的共25家，占比为50%；而1亿元以上资产规模的企业有6家，占比为12%。

（2）受损企业的员工人数。

调查结果显示，受损企业的员工人数为5~10人的企业共2家，占比为4%；受损企业的员工人数为11~50人的企业共有3家，占比为6%；受损企业的员工人数为51~100人的企业共9家，占比为18%；受损企业的员工人数为

101~500 人的企业共 28 家，占比为 56%；受损企业的员工人数为 501 人以上的企业共 8 家，占比为 16%。

表 6-16 企业规模

变量 Variable	选项 Option	频数 Frequency number	比重 Proportion
企业资产规模	100 万元以下	3	6.00%
	100 万~1 000 万元	3	6.00%
	1 000 万~5 000 万元	13	26.00%
	5 000 万~1 亿元	25	50.00%
	1 亿元以上	6	12.00%
企业员工数	5 人以下	0	0.00%
	5~10 人	2	4.00%
	11~50 人	3	6.00%
	51~100 人	9	18.00%
	101~500 人	28	56.00%
	501 以上	8	16.00%

3. 企业的受损方式及其经济损失

（1）企业的受损方式。

调研结果如表 6-17 所示，受灾企业的受损形式有多种，而这其中又以房屋倒塌和业务受影响这两种受损为主要的受损形式。其中，遭受房屋倒塌损失的企业共 30 家，占比为 60%；遭受机器设备受损损失的共 22 家，占比为 44%；遭受人员伤亡损失的企业共 5 家，占比为 10%；遭受财产物资损失的企业共 21 家，占比为 42%；业务受影响的企业共 30 家，占比为 60%。

（2）企业经济损失情况。

总的来说，受灾企业在遭受了直接经济损失的同时也遭受了很高金额的间接损失。

在地震给被调查企业造成的直接经济损失方面，调查数据显示，遭受 5 万~10 万元直接经济损失的企业共 2 家，占比为 4%；遭受 10 万~50 万元直接经济损失的企业共 3 家，占比为 6%；遭受 50 万~100 万元直接经济损失的企业共 4 家，占比为 8%；遭受 100 万~300 万元直接经济损失的企业共 5 家，占比为 10%；遭受 300 万~600 万元直接经济损失的企业共 10 家，占比为 20%；遭受600万~1 000万元直接经济损失的企业共15家，占比为30%；遭受1 000万~3 000万元直接经济损失的企业共6家，占比为12%；遭受3 000万~5 000万元直接经济损失的企业共1家，占比为2%；遭受5 000万~1亿元直接经济损失的企业共2家，占比为4%。

由上面数据可得，大多数企业遭受3 000万元以下直接经济损失，共计47家。但也应当注意，遭受3 000万元以上损失的企业虽占少数，但遭受的直接经济损失总额是巨大的。

在地震给被调查样本企业造成的间接损失方面，调查数据显示，共有27家企业遭受到了间接损失。遭受10万~50万元间接损失的企业共3家；遭受50万~100万元间接损失的企业共4家；遭受100万~300万元间接损失的企业共6家；遭受1 000万~3 000万元间接损失的企业共2家；遭受3 000万~5 000万元间接损失的企业共7家；遭受5 000万~1亿元间接损失的企业共5家。

由上面数据可得，遭受间接损失的企业总共有27家，占企业总数的54%。尽管遭受间接损失的企业总数相对较少，但最低遭损金额都超过了10万元，且遭受3 000万元以上间接损失的企业高达5家，反映出间接损失带给企业的危害较大。

表6-17　企业受损方式以及损失大小

变量 Variable	选项 Option	频数 Frequency number
企业损失形式	房屋倒塌	30
	机器设备受损	22
	人员伤亡	5
	财产物资损失	21
	业务受影响	30

表6-17(续)

变量 Variable	选项 Option	频数 Frequency number
直接经济损失	5 万元以下	0
	5 万~10 万元	2
	10 万~50 万元	3
	50 万~100 万元	4
	100 万~300 万元	5
	300 万~600 万元	10
	600 万~1 000 万元	15
	1 000 万~3 000 万元	6
	3 000 万~5 000 万元	1
	5 000 万~1 亿元	2
间接经济损失	5 万元以下	0
	5 万~10 万元	00
	10 万~50 万元	3
	50 万~100 万元	4
	100 万~300 万元	6
	300 万~600 万元	0
	600 万~1 000 万元	0
	1 000 万~3 000 万元	2
	3 000 万~5 000 万元	7
	5 000 万~1 亿元	5

4. 企业地震前后相应变化

调查结果如表 6-18 所示，地震对企业各方面都造成了不同程度的影响，相较于震前，不少企业的生产经营模式、盈利状况以及社会责任履行情况等方面都发生了变化，主要有以下 6 个方面。

一是年平均净利润变化情况。调查数据显示，年平均净利润较震前有所增长的企业共 30 家，占比为 60%；未增长的企业共 20 家，占比为 40%。由此可见，地震之后，企业盈利在政府、社会各方面帮扶下发生了增长。

二是基础设施恢复重建情况。调查数据显示，所在区域基础设施完善的企业共 42 家，占比为 84%；未完善的企业共 8 家，占比为 16%。由此可见，企业所处区域的基础设施在震后重建过程中进行了较大程度的恢复。

三是社会保险变化情况。调查显示，震后社会保险发生变化的企业共 27 家，占比为 54%；未发生变化的企业共 23 家，占比为 46%。由此可见，在政府的优惠政策下，企业的社会保险负担在震后是有所变化的。

四是经营业务的灾后调整变化情况。调查数据显示，震后经营业务发生变化的企业共 21 家，占比为 42%；未发生变化共 29 家，占比为 58%。由此可见，地质灾害对企业经营业务的影响是较大的，超过 40%的企业都改变了其主要的经营业务。

五是因灾收入情况。调查数据显示，震后发生因灾收入的企业共 24 家，占比为 48%；未发生因灾收入的企业共 26 家，占比为 52%。由此可见，企业获得因灾收入的情况不在少数。

六是接受政府就业援助的情况。调查数据显示，接受过政府就业援助的企业共 19 家，占比为 38%；未接受过政府就业援助的企业共 31 家，占比为 62%。由此可见，只有少数企业接受政府就业援助。

表 6-18　企业地震前后相应变化

变量 Variable	选项 Option	频数/户 Frequency number	比重/% Proportion
您所属企业的年平均净利润较地震前是否有增长?	是	30	60
	否	20	40
灾后重建后，企业所在区域的基础设施是否完善?	是	42	84
	否	8	16
请问地震后，公司的社会保险有无变化?	是	27	54
	否	23	46
地震后，公司的经营业务有无调整?	是	21	42
	否	29	58
地震后，企业有无因灾收入的发生?	是	24	48
	否	26	52
地震后，企业及员工是否接受过政府的就业援助?	是	19	38
	否	31	62

6.1.3.2 受灾企业灾后重建财政支持政策的参与情况与政策实施效果实证研究

本节第一部分已经对样本受灾企业进行了描述性统计，认知了受灾企业的基本情况，本部分将分为两个部分分析受灾企业灾后重建财政支持政策的参与情况与政策实施效果，包括描述性分析灾后重建财政支持政策的参与情况与政策实施效果和基于满意度的五级评价分析，调研结果反映在表6-19及表6-20中。

表6-19 灾后重建财政支持政策的实施效果

变量 Variable	选项 Option	频数/户 Frequency number	比例/% Proportion
你对政府的财政支持政策了解吗？	了解	20	40
	不了解	30	60
恢复重建中，政府对企业的用地成本是否有所降低？	是	17	34
	否	33	66
恢复重建中，财政是否对企业的恢复重建提供过资金帮助？	是	23	46
	否	27	54
恢复重建中，财政是否对企业的恢复重建提供过职工培训援助？	是	18	36
	否	32	64
请问企业现在还需要政府提供免费的职工培训吗？	需要	33	66
	不需要	17	34
政府对企业厂房的恢复重建提供过资金或其他方面的支持吗？	是	30	60
	否	20	40
灾后重建中，企业是否享受过免收个体工商户管理费和市场管理费的政策？	是	8	16
	否	42	84
灾后恢复重建中，企业是否需要优惠的工商注册登记？	是	15	30
	否	35	70
灾后恢复重建中，企业是否接受过优惠的工商注册登记？	是	13	26
	否	37	74
企业在恢复重建中是否享受过政府供水、供电、供气等方面的优惠政策？	是	21	42
	否	29	58

表 6-20　满意度评价

具体满意度评价内容	企业对各项回答百分比/%					满意度平均值
	非常满意=5	比较满意=4	一般满意=3	不满意=2	很不满意=1	
您对财政支持政策在企业灾后重建中的实施效果的满意度	12	14	44	26	4	3.04
恢复重建中，财政对企业的恢复重建提供过资金帮助的满意度	18	22	34	20	6	3.26
政府对企业厂房的恢复重建提供过资金或其他方面的满意度	24	22	34	18	2	3.48
恢复重建中，您对政府对企业的用地成本政策的满意度	14	18	36	24	8	3.06
灾后恢复重建中，您对企业所享受的财政方面的绿色通道政策的满意度	16	26	42	14	2	3.4

1. 灾后重建财政支持政策的参与情况与政策实施效果的描述性分析

（1）灾后重建财政支持政策的参与情况。

灾后重建财政支持政策要想得到广泛的参与，前提是广大的企业对灾后重建财政支持政策的了解。从调查情况来看，40%的被调查企业中表示了解，其余60%的被调查对象表示不了解，可以看出，多数企业对灾后重建财政支持政策不了解，财政支持政策推广力度还有待加强。

（2）灾后重建财政支持政策的实施效果。

在灾后重建过程中财政支持政策表现在多方面，然而其实施效果可以从受灾企业的视角进行分析。通过问卷调查发现，在恢复重建中，有17家企业表示政府对企业的用地成本有所降低，占比为34%，而剩下的33家企业表示政府对企业的用地成本并没有所降低；在财政资金帮扶上，23家企业表示财政对企业的恢复重建提供过资金帮助，剩下的27家企业则表示财政对企业的恢复重建没有提供过资金帮助；在政府对企业厂房的恢复重建提供过资金或其他方面的支持上，30家企业表示受到过资金或者其他方面的支持，占比为60%。可见，财政支持政策在企业帮扶上主要集中于解决企业现时的困难。在受灾企业的后续灾后重建方面，政府应贯彻落实《关于支持汶川地震灾后恢复重建政策措施的意见》提出的“运用市场机制，以企业生产自救为主”的政策方针，尽量帮助重点或者受灾严重的企业。同时，财政资金的有限供给和灾后重建的巨大需求之间的缺口也是巨灾重建财政支持政策中的一个要紧问题。

针对“财政是否对企业的恢复重建提供过职工培训援助”这个问题，18家企业表示财政对企业恢复重建提供过职工培训援助，32家企业表示未被提供过职工培训援助，且有的企业表示财政提供的职工培训援助收效甚微，没有最大限度发挥财政资金效用。同时，当问及企业是否还需要政府提供免费的职工培训时，有33家企业表示需要，占比为66%。从上述分析可得，企业需要财政提供有效而不是流于形式的职工培训援助。

在受灾企业灾后重建过程中，财政支持政策表现在为相应的企业开通绿色通道方面。从对企业的问卷调查情况中可知，灾后重建过程中企业享受过免收个体工商户管理费和市场管理费的有8家，占比为16%；企业享受过优惠的工商注册登记的有13家，占比为26%；企业享受过政府供水、供电、供气等方面的优惠政策的有21家，占比为2%。通过以上数据可得，财政支持政策在对企业开通绿色通道方面总体情况良好。

2. 灾后重建财政支持政策的参与情况与政策实施效果的满意度评价分析

（1）研究现状以及满意度评价赋值说明。

政策执行效果评价国内外研究成果颇丰。国外研究政策执行效果评价起步较早，Vedung（1997）归纳了包括目标达成模式、附带效果模式、无目标评估、综合评估、顾客导向评估、利益相关者模式、经济模式和职业化模式等12种评估模型；Stufflebeam（2001）归纳了现有的评估模型，划分为四大类22种模型，并且展望了21世纪更有应用前景的9种评估模型，其中包括消费者取向模型、以顾客为中心的模型等。国内学者宁骚（2003）认为政策评估应主要从政策结果或效果进行评价，而王瑞祥（2003）认为顾客导向模式不仅在国外广泛应用，而且在国内也应得到广泛应用，特别在公共物品与服务提供领域。顾客导向评价模式将政策作用对象的目标、期望、关心甚至需要作为评估的组织原则和价值准则。值得说明的是，基于顾客的政策评价与政策执行评价两个概念不同：政策评价是评估政策能否使顾客的关心、需要和期望得到满足，既对政策内容本身评价，又包含对政策执行的评价（因为再好的政策，如果执行不好，也不能使顾客的关心、需要和期望得到满足）；后者更多的是评估政策执行情况，而较少涉及政策内容。

基于此，本部分将用顾客导向评估模式对灾后重建财政支持政策的实施效果进行评价，顾客在此处代表受灾企业。同时，利用 Liker 五级量表法对企业在灾后重建过程中相应财政支持政策实施效果满意度进行评价，其中，非常满意=5，比较满意=4，一般满意=3，不满意=2，很不满意=1。

（2）灾后重建财政支持政策的参与情况与政策实施效果的满意度评价分析。

关于灾后重建财政支持政策的参与情况与政策实施效果的满意度评价，本次问卷调查主要涉及以下 5 个方面。

一是企业对财政出资帮扶恢复重建的满意度，受访企业表示非常满意的占 18%，比较满意的占 22%，一般满意的占 34%，不满意的占 20%，很不满意的仅占 6%。经过对第一部分的赋值进行计算，得出满意度平均值为 3. 26，表明财政支持政策出资帮扶企业恢复重建的基本实现。

二是企业对政府出资帮扶厂房恢复重建的满意度，受访企业表示非常满意的占 24%，比较满意的占 22%，一般满意的占 34%，不满意的占 18%，很不满意的仅占 2%。进一步分析发现，满意占比 80%，不满意占比 20%，另外，满意度均值为 3. 48，高于其他四项的满意度均值也可以说明财政支持政策对企业厂房的恢复重建提供的资金的扶持力度很大。

三是企业对用地成本政策的满意度，受访企业表示非常满意的占 14%，比较满意的占 18%，一般满意的占 36%，不满意的占 24%，很不满意的占 8%，是五个指标中很不满意比例最大的一项，也反映出政府财政支持政策在企业用地政策方面有待进一步改进。

四是企业对财政绿色通道的满意度，受访企业表示非常满意的占 16%，比较满意的占 26%，一般满意的占 42%，不满意的占 14%，很不满意的仅占 2%，满意度均值为 3. 4。说明企业对财政绿色通道的满意度较高。

五是企业对财政支持政策在企业灾后重建中的实施效果的满意度，受访企业表示非常满意的占 12%，比较满意的占 14%，一般满意的占 44%，不满意的占 26%，很不满意的仅占 4%，满意度均值为 3. 04，为五项指标中最低，说明总体上企业对财政支持政策在企业灾后重建中的实施效果的满意度较低。

通过以上的分析发现，企业对灾后重建财政支持政策的实施效果介于一般满意和比较满意之间，两极均较少。这反映出财政支持政策对于企业灾后重建帮扶基本上满足了大多数企业，不同企业的个体差异导致财政支持政策的实施效果的相对浮动。

6.2 典型区域灾后重建税收政策评估实证研究

在汶川地震发生后，国家采取了“一方有难，八方支援”的救灾政策，企业这一大经济主体受到了相当严重的毁损，如何发展灾区经济，如何恢复企业拉动经济增长的动力，一系列的问题都摆在了党中央和政府的面前。

为贯彻落实中央关于灾后重建的战略部署，加快恢复灾区的生产和生活，动员全社会力量支持灾区重建，有必要在现有政策基础上加大税收政策扶持力度。这样不仅可以弥补政府直接投资的局限，也有利于引导社会资源的流向，特别是引导民间资源向灾区流入，加快灾后恢复重建步伐。汶川地震发生后，常中央和政府发布的灾区税收扶持政策见表6-21。

表6-21 灾区税收扶持政策

文件号	时间	文件名称
国税函〔2008〕418号	2008年5月15日	《关于做好地震灾害期间税收征管工作的通知》
财税〔2008〕062号	2008年5月19日	《关于认真落实抗震救灾及灾后重建税收政策问题的通知》
国税函〔2008〕513号	2008年5月26日	《关于增值税一般纳税人抗震救灾期间增值税扣税凭证认证稽核有关问题的通知》
国税函〔2008〕555号	2008年6月4日	《关于四川省遭受地震灾害地区出口货物退（免）税有关问题的通知》
国税发〔2008〕67号	2008年6月6日	《关于地震灾区补发税务登记证问题的通知》
财税〔2008〕87号	2008年6月12日	《关于支持抗震救灾和灾后恢复重建有关税收政策问题的请示》
国发〔2008〕21号	2008年6月29日	《关于支持汶川地震灾后恢复重建政策措施的意见》
国税函〔2008〕661号	2008年7月9日	《关于四川地震受灾期间有关税收征管问题的批复》
川府发〔2008〕20号	2008年7月10日	《四川省人民政府关于支持汶川地震灾后重建政策措施的意见》

表6-21(续)

文件号	时间	文件名称
财税〔2008〕104号	2008年7月30日	《关于支持汶川地震灾后恢复重建有关税收政策问题的通知》
财税〔2008〕108号	2008年8月1日	《汶川地震受灾严重地区扩大增值税抵扣范围暂行办法》
财关税〔2008〕70号	2008年8月4日	《关于进口抗震救灾物资免税通关问题的通知》
国税函〔2008〕763号	2008年9月4日	《关于加强汶川地震受灾严重地区扩大增值税抵扣范围管理的通知》
国发〔2008〕31号	2008年9月19日	《国务院关于印发汶川地震灾后恢复重建总体规划的通知》
川国税函〔2008〕267号	2008年10月8日	《四川省国家税务局转发国家税务总局关于加强汶川地震受灾严重地区扩大增值税抵扣范围管理的通知》
川国税函〔2009〕18号	2009年2月18日	《关于汶川地震灾后恢复重建有关企业所得税政策具体问题的通知》
财办关税〔2009〕39号	2009年7月23日	《关于落实汶川地震灾后重建进口税收政策有关问题的通知》
财税〔2010〕3号	2010年1月5日	《关于汶川地震灾区农村信用社企业所得税有关问题的通知》

6.2.1 典型区域受灾居民灾后重建税收政策评估

6.2.1.1 数据分析

1. 受灾民众对税种优惠的感知程度

如图6-16所示，71%的受灾群众清楚自己所渴望的税种优惠，另外29%则是在整体上对税收优惠有要求。总体上来说，受灾群众希望得到较多的税收优惠，以求能降低自身税负的同时加快当地经济恢复进度。

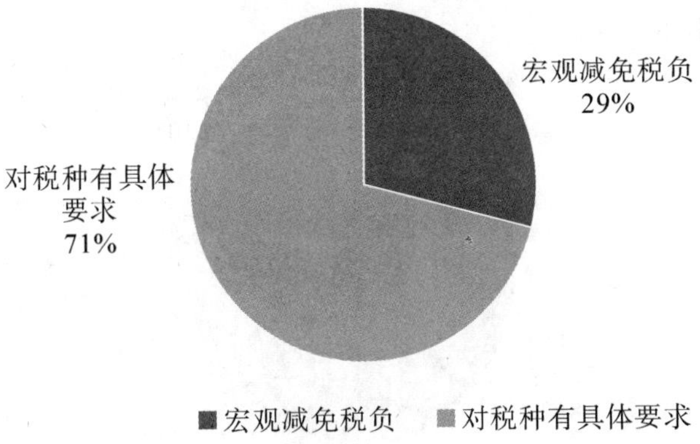

图 6-16　受灾民众对税种优惠的感知程度

2. 受灾居民渴望得到的税收优惠

如图 6-17 所示，从针对受灾居民的调研报告中发现，受灾居民最想得到的税收优惠的是个人所得税和营业税，青睐指数分别达到了 41.03% 和 33.33%。其次对个体工商户税和房产税的需求也比较高，约占到了受灾居民调查比例的 10%。

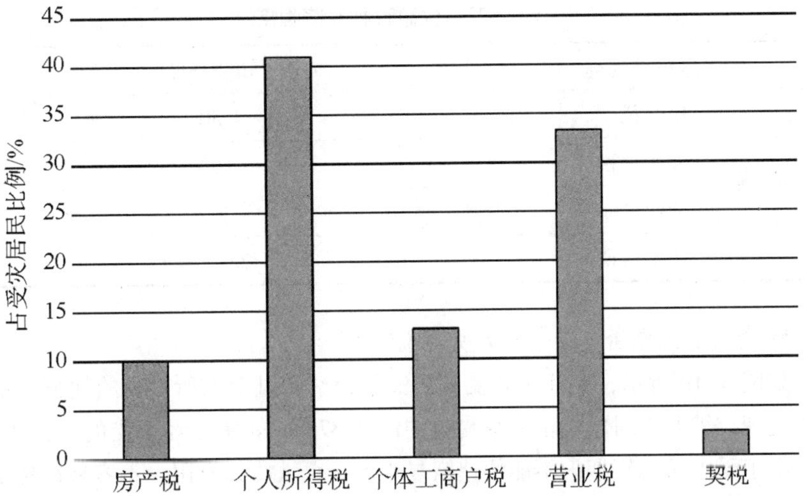

图 6-17　受灾居民渴望得到的税收优惠

3. 受灾居民对税收的认知程度

如图 6-18 所示，80%的受灾居民不知道灾区税收优惠政策，仅仅 20%的受灾居民有所了解。实际上，汶川地震之后，国家和地方相继出台了一系列税收优惠政策，但是由于相关宣传力度不够，精神传达不到位，税收优惠政策的推行效果仍不如人意。

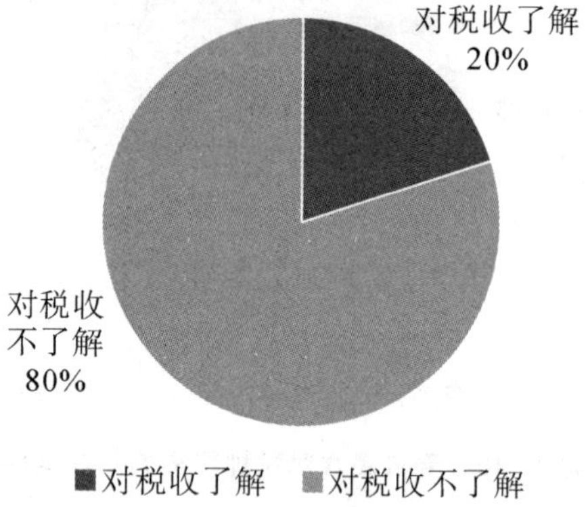

图 6-18　受灾居民对税收的认知程度

4. 受灾居民对优惠税种知晓程度

如表 6-22 所示，将近 50%的受灾居民对国家和地方征收的营业税的优惠措施有所了解。此外，20%、22. 5%的受灾居民知晓企业所得税、个人所得税的优惠措施。

表 6-22　优惠税种知晓程度

优惠税种名称	知晓程度
房产税	7. 50%
个人所得税	20%
营业税	50%
企业所得税	22. 50%

5. 受灾居民是否享受过个人所得税优惠

如图 6-19 所示，在针对“受灾居民是否享受过个人所得税的优惠”的调查中发现，被调查对象表示未享受过的高达 87%，表示已经享受的仅占 13%。这是由于受灾居民短期内不能快速恢复生产，个人收入有限，不容易达到个人所得税的征收标准。

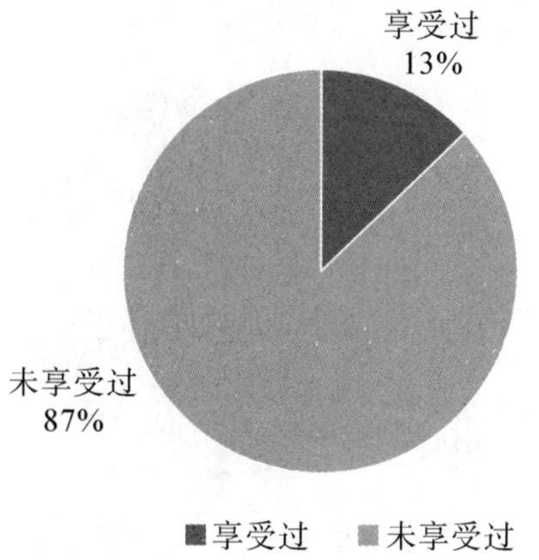

图 6-19 受灾居民是否享受过个人所得税优惠

6. 受灾居民是否享受过房产税或契税优惠

如图 6-20 所示，仅有 10%的受灾居民享受过有关房产税和契税的优惠政策。而这低比例的普及率反映出税收政策的针对性还不够强，税收优惠带给受灾居民的福利不够显著。

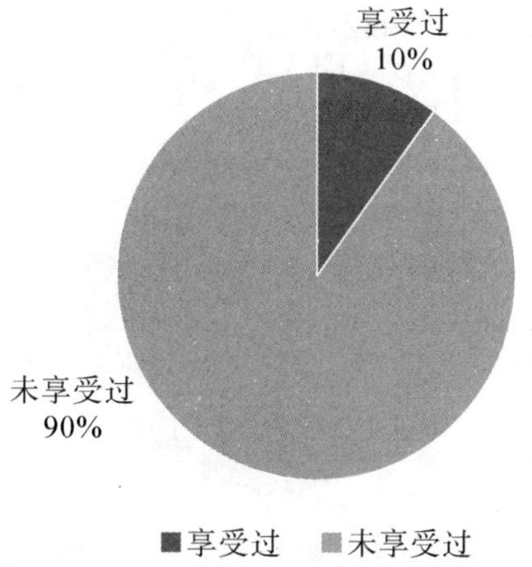

图 6-20 受灾居民是否享受过房产税或契税优惠

7. 受灾居民是否享受过房屋购建税收优惠

如图 6-21 所示，仅有 9%的受灾居民享受过房屋购建有关的税收优惠政策，反映出房屋购建的税收优惠实际效果并不是很理想。

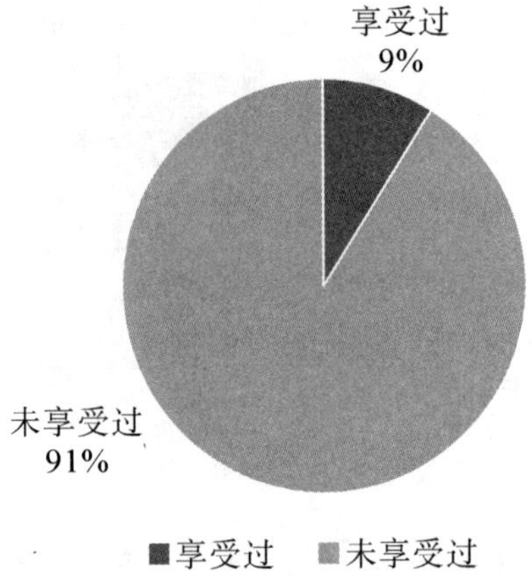

图 6-21　受灾居民是否享受过房屋购建税收优惠

8. 受灾居民政策满意度

如图 6-22 所示，整体上受灾居民对税收政策的满意度较高，其中 4%的受灾居民表示非常满意，50%的受灾居民表示基本满意，33%的受灾居民表示一般满意。

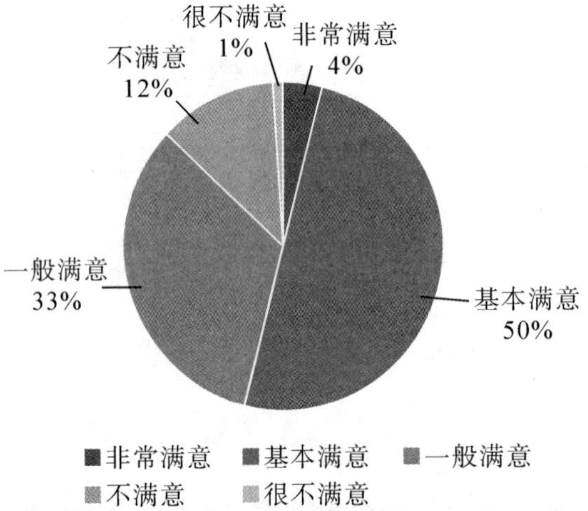

图 6-22　受灾居民税收政策满意度

上述的调研数据从微观层面反映了受灾城镇居民对于税收优惠政策的感知和适用情况，但是对于灾后整个税收政策的宏观综合评价还得需要从整体上构建指标来进行科学评判。

6.2.1.2 评判原则

建立一套科学、公平、全面、系统的受灾居民灾后税收评价指标，应当遵循以下原则：

（1）科学性原则。建立的税收考核指标体必须科学、合理。

（2）公平性原则。建立的税收考核指标要注意税收优惠政策的作用，以及税收执行的公平性和效率问题。

（3）实质性原则。建立的税收政策评价指标根据政策接受者的客观反映，注重税收的实质性内容，以及施行过程中隐藏的整个效率问题。

（4）可测性原则。每一项指标都可以用数据量化，建立的税收政策的评价指标要有数据指标，在评价上确定具体指标的权重，再模糊评价其综合得分，使之在实践过程中具有可操作性。

6.2.1.3 模糊综合评判

1. 建立指标体系

震后的受灾居民仍然饱受失去家园和亲人的痛苦，为此，国家积极响应灾区居民需求，制定了相关的税收政策，以求能减轻受灾居民的税收负担，让他们能战胜困难，开展生产自救，重建家园。自灾害发生以来，从国家到地方，对灾区的税收优惠政策的制定越来越细化、清晰，受到过地震创伤的受灾居民和企业逐渐感受到了国家税收优惠带来的重建家园的力量。其税收优惠的内容，在企业层面上，涵盖了企业所得税、增值税、进口关税等税种；在个人层面上，涉及了个人所得税、房屋购建的税收优惠等税种。因而，按照受灾居民享受到的税种，结合“综合评价体系”及数据的可获得性，以受灾居民对税收优惠的满意度作为评价指标。汶川地震灾后重建税收政策实施效果评价指标体系如表6-23所示：

表6-23 灾后重建税收政策实施效果评价指标体系

项目	指标代码	指标解释
税收政策居民的实施效果	A1	居民对房屋购建税收优惠政策的满意度
	A2	居民对房产税或者契税优惠政策的满意度
	A3	居民对个人所得税的减免优惠的满意度
	A4	居民对税收优惠政策实施效率满意度

2. 确定评语级

在确定指标评语级方面，本书将汶川地震灾后重建税收优惠政策实施效果的评价分为“非常满意”“基本满意”“一般满意”“不满意”和“很不满意”五个评级。即为 $\boldsymbol{B}=\{B_1, B_2, B_3, B_4, B_5\}$ = {非常满意，基本满意，一般满意，不满意，很不满意}。

此次调研，共发放问卷240份，最终回收有效问卷237份，问卷回收率达98.75%。随后，将回收后的问卷初步形成税收政策的意见反馈表（表6-24），并采用五级分制对其赋值，其中非常满意=5，基本满意=4，一般满意=3，不满意=2，很不满意=1。

表6-24　税收政策意见反馈表

非常满意=5	基本满意=4	一般满意=3	不满意=2	很不满意=1
0.185 7	0.214 0	0.370 0	0.184 2	0.046 1
0.212 2	0.186 7	0.403 1	0.172 6	0.025 5
0.139 1	0.163 7	0.383 0	0.245 5	0.068 7
0.166 1	0.151 9	0.379 7	0.250 0	0.052 2

将意见反馈表构成一个指标的评语级的矩阵，该矩阵的形式为：

$$\boldsymbol{B}=\begin{pmatrix} 0.1857 & 0.2140 & 0.3700 & 0.1842 & 0.0461 \\ 0.2122 & 0.1867 & 0.4031 & 0.1726 & 0.0255 \\ 0.1391 & 0.1637 & 0.3830 & 0.2455 & 0.0687 \\ 0.1661 & 0.1519 & 0.3797 & 0.2500 & 0.0522 \end{pmatrix}$$

3. 用AHP法确定指标权重

由于各个评价指标所占的权重直接影响到最后的评定结果，为了使评价的结果更加科学和准确，利用广泛使用的层次分析法来确定指标的权重。

（1）建立判断矩阵。

通过两两之间的比较方法，确定各层次中因子的相对重要性，以此建立判断矩阵，标度的含义见表5-3。

结合各指标的实际内涵，建立了以下判断矩阵，并设其元素为 r_{ij}：

$$\boldsymbol{R}=\begin{pmatrix} 1 & 2 & 3 & 2 \\ 1/2 & 1 & 2 & 2 \\ 1/3 & 1/2 & 1 & 1/3 \\ 1/2 & 1/2 & 3 & 1 \end{pmatrix}$$

（2）进行一致性检验。

构造了判断矩阵后，需要对构造的判断矩阵进行一致性检验。

①计算判断矩阵中每行元素的乘积 M_i ：$M_i = \prod_{j=1}^{n} r_{ij}(i = 1, 2, \cdots, n)$ ；

②计算 M_i 的 n 次方根χ_i ：$\chi_i = \sqrt[n]{M_i}$ ；

③对向量$\boldsymbol{\chi} = (\chi_1, \chi_2,\ldots \chi_n)^{T}$ 进行规范化：$\boldsymbol{W} = \frac{\chi_i}{\sum_{i=1}^{n}\chi_i}(i = 1, 2,.. n)$ ；

则向量 $\boldsymbol{W} = (W_1, W_2,\ldots W_n)^{T}$ 就是所求的特征向量。

④计算判断矩阵的最大特征根 λ_{max} ：$\lambda \frac{1}{n}\sum_{i=1}^{n}\frac{(BW)_i}{W_i}{}_{max}$ ；

其中，上式中任意的 i=1，2，…，n 式中（BW）$_i$ 为向量 BW 的第 i 个元素。

⑤进行一致性检验：$CI = \frac{\lambda_{max}}{n-1}$ ；$CR = \frac{CI}{RI}$。

⑥由许树柏（1998）的“层次分析原理”的 1 阶至 15 阶重复计算1 000次的平均随机一致性指标如下：

阶数	1	2	3	4	5	6	7	8	9	10	11	12	13	14	15
RI	0	0	0.52	0.89	1.12	1.26	1.36	1.41	1.46	1.49	1.52	1.54	1.56	1.58	1.59

表 6-25　判断矩阵计算结果

积(M_i)	开 4 次方根	向量的正规化(w_i)	Aw_i	$\lambda = Aw_i/w_i$	CI=($\lambda-n$)/($n-1$)	CR=CI/RI
12	1.861 2	0.416 7	1.692 0	4.060 4	0.020 1	0.022 6
2	1.189 2	0.266 2	1.108 7	4.164 1	0.054 7	0.061 5
0.555 6	0.485 5	0.108 7	0.450 2	4.141 6	0.047 2	0.053 0
0.75	0.930 6	0.208 4	0.875 9	4.204 0	0.051 0	0.057 3

一致性检验的计算结果如表 6-25 所示，最大特征根 $\lambda_{max} = 4.204\ 0$ ，CI=0.051 0，CR=0.057 3 <0.01。符合一致性检验，说明了其权重符合客观的实际。通过权重的大小能反映税收政策的各个评价指标所起的大小，通过了一致性检验的指标权向量 W_i=（0.416 7，0.266 2，0.108 7，0.208 4)^{T}。

4. 综合模糊评判

在确立了指标、评语级及指标权重以后，便能根据原始数据矩阵构建综合模糊评估模型。其隶属度的分别为非常满意的隶属度=0.183 6，基本满意的隶属度=0.188 3，一般满意的隶属度=0.382 3，不满意的隶属度=0.201 5，很不满意的隶属度=0.044 3。

6.2.1.4 模糊评价模型分析

1. 指标权重解读

指标权向量 W_i = （0.416 7，0.266 2，0.108 7，0.208 4）^{T}，结合指标的内涵，其指标权向量中受灾居民对房屋购建税收优惠政策的满意度权重为最大的，其次是受灾居民对房产税或者契税优惠政策的满意度，再次之是税收优惠的效率满意程度，而受灾居民对个人所得税的减免优惠的满意度的权重最小。此结果这也符合客观实际，说明灾区民众对于毁损的房屋的重建的期盼最高，这也符合了马斯洛的需求理论，满足了重建房屋的需求后，才能在此基础上开展其他生产活动。实际上，在税收优惠的指向性上居民对于房屋需求的权重都是强烈的，再者，灾区居民对税收优惠的效率的权重也比较高，说明灾后重建完全靠灾区人民的努力是不够的，需要国家和政府加大扶持的力度的同时，还需要注重税收优惠的实施的效率。

2. 对政策的综合评价

对于税收政策的综合评价，一般满意的隶属度最大为 0.382 3，不满意的隶属度次之为 0.201 5，而基本满意的隶属度为 0.188 3 排第三位，说明受灾民众对于国家税收政策的出台和施行并不十分满意。原因有三点，第一，在调查过程中我们发现，受灾民众对于国家税收政策的认知度不高，80%的受灾民众表示对税收政策不了解；其中只有 71%的受灾人群能清晰知道自己所渴望的税种优惠并对其进行关注。可以看出，政府的宣传不到位，税收优惠的相关政策在受灾民众间没有广泛普及。由于认知不清，国家税收优惠政策的运用会大打折扣，没有真正造福受灾民众。第二，受灾民众享受税收政策的程度很低。受灾民众最想得到的税收优惠税种是个人所得税，但实际中只有 13%的受灾民众真正享受到了个人所得税优惠。这是因为大地震后国家财政的支持力度不够，不能帮助灾区经济实现快速恢复，导致受灾民众的个人收入达不到震前应税水平；或者即使在大地震前，部分居民的收入水平也在起征点以下。从这一点看来，地震后个人所得税的优惠政策对大部分受灾民众并没有起到实质性的作用，这与民众所期盼的相左，因此，居民对个人所得税的减免优惠的满意度最小。同时，调查发现，在国家出台的有关房产税、契税和房屋购建税收优惠政策中，受灾居民也不曾得到普遍的享受。只有满足民众的房屋在地震中毁损而不得不重新购买房屋（包括安居房）时才能得到减征或免征契税，或者应缴而未缴契税的居民住房在地震中损毁的，才不再征收契税。但是前提条件是房产必须经过有关部门鉴定确因地震灾害而损毁的，才能免征 2008 年度房产税。

然而，在灾后重建的环节中，受损房屋的恢复重建是一个非常重要的环节，民众对其需求度最高。由于房屋受损，农村居民需要在财政补贴下重新自建住房，城镇居民需要重新购买住房（包括安居房），这对于民众是笔不小的开支，对已经受灾的他们无疑是雪上加霜。这时，享受到房屋购建税收优惠绝对是令人欣慰的。因此，受灾居民对房屋购建税收优惠政策的满意度权重为最大的。但是，根据调研结果还有大约90%的受灾民众根本享受不到税收优惠。从这点来看，税收优惠政策的效果并不明显。总的说来，国家针对汶川大地震所制定的一系列税收优惠政策还是基本令广大受灾民众满意的，只是部分政策细节上还需要进一步优化。

6.2.2 典型区域受灾企业灾后重建税收政策评估

对受灾企业来说，享受灾区税收优惠政策首先是缓解灾情和减轻成本压力，从而维持基本生产经营，然后才是逐渐恢复甚至超过灾前水平。

企业在地区经济中发挥着重要作用，受灾企业在灾后恢复发展的情况是对政策效果的实际检验。由于受灾企业情况、地震影响程度、政策推广力度等因素的影响，灾区的税收优惠政策在各地运行的实际效果也有所差异。目前为止，灾区税收优惠政策已执行了数年，需要对灾区的企业税收优惠的实际效果进行客观评价，以检验灾区税收优惠政策的有效性。

政策评估标准的确立是政策评估中的重要环节。它是进行政策分析时应遵循的客观标准，强调政策评估中事实分析的客观性，即要求评估过程要更少地受到分析人员的主观影响。在对汶川地震灾后企业重建税收优惠政策实施效果的评估中，本部分主要从受灾企业这一政策接受者的反馈来客观分析。

研究中根据瑞典学者 Vedung（1997）在其专著 *Public Policy and Program Evaluation* 中归纳的评估标准，从效果模型中选择用户导向模型，着眼于政策接受者的目标、需求、观点等，抽样调查了汶川地震灾区企业对税收优惠政策的意见。然而调查中得到的政策接受者的政策效果评价都是定性的，同时被调查者既可能是税收优惠政策的目标用户，也可能是税收优惠政策的实际用户，不同的政策用户对政策的评价差别较大。因此在对该政策进行评估时还需要将调研结果与数学分析相结合，引入模糊综合评价法来对税收政策实施进行综合评估。

6.2.2.1 数据说明

根据民政部对灾区灾情的评估，本书在研究时将灾区划分为极重灾区、重灾区及一般灾区，以此选择抽样调研的区域。根据税收优惠政策针对目标群体，选择企业群体进行抽样调研。同时又以税收优惠政策所调整的内容为依据，将受灾企业对于税收优惠政策的实际效果和效率作为重点分析对象。受灾企业样本共发出问卷共50份，涉及的调查区域为都江堰、大邑、汉源、荥经、双流5个区域，回收问卷48份，问卷有效率为96%。

6.2.2.2 灾后企业税收政策评估

1. 评估假设

假设1：灾后税收政策评估主要体现在税收的实际效果和效率效果两方面，实际效果主要体现在对企业所得税率优惠满意度、对企业增值税税收优惠的满意度、企业受毁损房屋的税收优惠满意度以及对企业其他税收优惠的满意度；效率效果则主要表现在对企业的延期申报纳税的满意度、对企业税收优惠的及时性满意度、对企业税收针对性的满意度、企业税收优惠政策的清晰性满意度以及企业税收优惠政策的公平性满意度。

假设2：衡量受灾企业的税收优惠政策的满意度通过5级指标来反映，并且从对企业的实地调查中客观反映。被调查的受灾企业根据其受灾程度的不同分为极重灾区、重灾区及一般灾区，并以此选定调研区域。

假设3：被调查的受灾企业对于税收优惠政策的反映都是客观可信的，他们作为灾区企业的税收优惠接受者能切实感受到税收优惠带来的不同，因而对于整个灾区的税收优惠政策的评估具有代表性。

2. 指标构建

在对有关公共政策评价指标体系进行总结研究的基础上，结合汶川地震灾后重建中企业税收问题的实际情况，利用相关理论进行分析和频度设计，并充分考虑资料可获得性，力求指标承载尽可能多的信息。同时，紧跟国务院《关于支持汶川地震灾后恢复重建政策措施的意见》为代表的对于灾区企业的税收政策的优惠为大背景，紧紧围绕该指导意见提出的税收政策的重点和目标，以享受税收政策的受灾企业的为评价对象，本着科学性、可操作性和层次性原则，从效果和效率两个层次构建评价指标体系。

为了维持生产和经营，企业在灾难中的经济损失比一般居民要大，对资金的需求也更为急切，因此在进行灾后税收政策评估时，文章认为不仅要反映具体的税收实际效果也要注重税收政策施行过程的效率问题。税收优惠政策在企业的实施效果时，我们运用层次分析法来确定权重，在具体指标上以灾后企业税收效果评价、灾后企业税收效率评价作为两大衡量指标。在灾后企业税收效果上以企业所得税率的优惠满意度、企业增值税税收优惠的满意度、企业受毁损房屋的税收优惠满意度、企业其他税收优惠的满意度。在受灾企业的实际效率方面，选择对企业的延期申报纳税的满意度、对企业税收优惠的及时性满意度、对企业税收针对性的满意度、企业税收优惠政策的清晰性满意度、企业税收优惠政策的公平性满意度作为具体的衡量指标（如图 6-23 所示）。

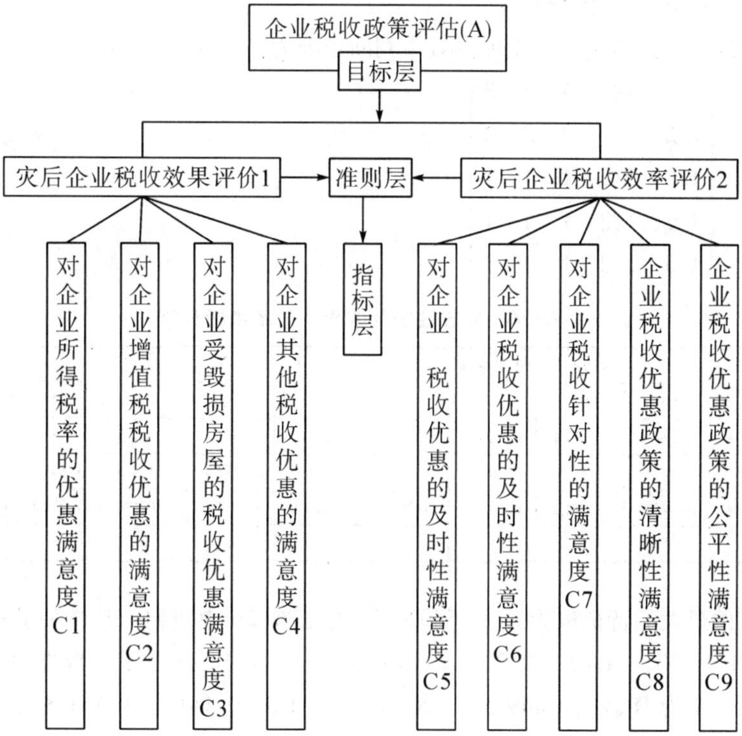

图 6-23　企业税收政策的层次结构模型

3. 确定权重

求判别矩阵是层次分析法的核心，这里也是灾后企业税收优惠政策评价的关键，根据 Satty 的研究成果，一般采用 9 级分制将判断定量化，从而形成数值形式的判断矩阵。在第一层指标中，认为税收优惠政策受到两个主要因素的影响，一个是反映灾后企业税收优惠实际内容，另外一个反映企业在享受税收优惠方面的执行效率。这里假定税收政策评估的好坏的两个影响因素是同等重要，故判断矩阵为 $\boldsymbol{R}=\begin{pmatrix}1 & 1\\1 & 1\end{pmatrix}$，特征向量=（0.5，0.5）^{T}，最大特征根 $\lambda_{max}=2$。对于一阶与二阶矩阵不需要进行一致性检验。

在此基础上，构造第二层次的判断矩阵：

$$\boldsymbol{W}_1=(0.390\,5,\ 0.276\,1,\ 0.195\,3,\ 0.138\,1)$$

用方根的方法求出其最大特征根为 $\lambda = Aw_i/w_i = 4.1213$，在其一致性检验中，运用许树柏（1998）的一致性检验表，CI = 0.040 4，RI = 0.89，CR = 0.045 4 小于 0.1，因此通过了一致性检验。故特征向量为 $\boldsymbol{W}_1$ =（0.390 5，0.276 1，0.195 3，0.138 1）。

同理，可以得出受灾企业的效率判断矩阵为：

$$\boldsymbol{Q}_2 = \begin{pmatrix} 1 & 2 & 3 & 3 & 3 \\ 1/2 & 1 & 2 & 2 & 2 \\ 1/3 & 1/2 & 1 & 1 & 1 \\ 1/3 & 1/2 & 1 & 1 & 1 \\ 1/3 & 1/2 & 1 & 1 & 1 \end{pmatrix}$$

表 6-26　税收政策的效果、效率指标分析

项目	税收政策的效果指标				税收政策的效率指标				
	C1	C2	C3	C4	C5	C6	C7	C8	C9
B1（0.5）	0.390 5	0.276 1	0.195 3	0.138 1	0	0	0	0	0
B2（0.5）	0	0	0	0	0.449 7	0.267 2	0.141 5	0.141 5	0.141 5
综合比例	0.195 3	0.138 1	0.097 7	0.069 1	0.224 9	0.133 6	0.070 8	0.070 8	0.070 8
排序	2	3	5	7	1	4	6	6	6

它的最大的特征根为 $\lambda_{max} = 5.0207$，在表 6-26 中找到一致性检验的对应数值 RI = 1.12，CI = 0.005 2，CR = 0.004 6 小于 0.1，通过了一致性检验。它的特征向量为 $\boldsymbol{W}_2$ =（0.449 7，0.267 2，0.141 5，0.141 5，0.141 5）。

在层次的总排序中，CI = 0.5×0.040 4+0.5×0.005 2 = 0.022 8，

RI = 0.5×0.89+0.5×1.12 = 1.005，CR = CI/RI = 0.022 7<0.1，这样可以判断出矩阵具有满意的一致性。由此可见受灾企业的税收施行效果受到这样的综合影响，按照权重由大到小的顺序分别是税收的延期缴税的支持 C5 为 0.224 9，企业所得税的优惠政策 C1 为 0.195 3，对增值税的优惠政策 C2 为 0.138 1，对国家出台的税收的及时性 C6 为 0.133 6，对毁损房屋的优惠政策 C3 为 0.097 7，其次为对企业的优惠的税收政策的针对性 C7、税收政策的明晰度 C8、对企业享受税收优惠公平性的满意度 C9 都为 0.070 8，最后为其他的税收政策优惠 C4 为 0.069 1。

4. 模糊综合评价

采用模糊综合评价的方法进行评价，评价模型为：$\boldsymbol{M}$ =（0.336 8，0.496 8，0.160 1，0.054 1，0.022 8），式中：W_i 表示各评价指标的权重，X_i 表示各指标的满意比例；再根据 AHP 计算出各个指标的权重，逐层合成计算，最后

计算出综合评价值。

评语级的设计沿用5级满意程度设计，对受灾企业的税收优惠进行模糊的评估。在实地调研的数据上，以频数的多少反映各个指标的满意程度。由此形成一个多维的矩阵：

$$X_i=\begin{pmatrix}0.3476 & 0.4492 & 0.1444 & 0.0428 & 0.0160\\ 0.2809 & 0.4494 & 0.1854 & 0.0562 & 0.0281\\ 0.3261 & 0.4565 & 0.1304 & 0.0761 & 0.0109\\ 0.3883 & 0.5437 & 0.0437 & 0.0194 & 0.0049\\ 0.3179 & 0.4162 & 0.1734 & 0.0578 & 0.0347\\ 0.3235 & 0.3529 & 0.2118 & 0.0824 & 0.0294\\ 0.2320 & 0.6186 & 0.1237 & 0.0206 & 0.0052\\ 0.2186 & 0.6120 & 0.1148 & 0.0328 & 0.0219\\ 0.3535 & 0.5253 & 0.0909 & 0.0202 & 0.0101\end{pmatrix}$$

将上述矩阵与 W_i^{T} 相乘可得到关于税收优惠政策的综合评价，其隶属度分别为 $M=(0.3368,\ 0.4968,\ 0.1601,\ 0.0541,\ 0.0228)$，根据隶属度的含义，得出灾区企业的税收评估综合结果为基本满意。

5. 模型结果分析

（1）灾区企业的税收评估的影响因素中，前三位的影响因素分别是反映税收优惠效率的延期纳税申报政策、反映企业税收效果的所得税优惠政策以及企业的增值税优惠政策。在灾后，国家一般都会在各方面对于受灾地区给予各种形式的扶持政策，不难理解在灾区的税收优惠政策的影响权重的大小。在震区受灾企业作为纳税人，一部分的纳税人将不复存在，一部分纳税主体在地震后财产等物资受到严重损害，而另一部分纳税主体则是得益于灾后重建的税收优惠政策，新设的经济实体成了新的纳税人。因而作为纳税人的企业数量发生较大变化，并且对特殊时期的纳税政策将和平时表现的大不一样，整体的纳税遵从度大大降低（殷吉昌，2010）。

（2）特别审视延期纳税申报这项政策。第一，受汶川大地震的影响，道路、通信等基础设施受到不同程度的影响，并且各纳税主体都集中精力于自救并从灾后较快地恢复过来，不能按时申报纳税的企业将增多。第二，在灾后，纳税主体都将大部分资金用于因灾毁损的财产物资，补救灾后的生产销售渠道，出现较大的资金缺口，不能按期缴纳税款的现象增加，延期纳税的申报金额大幅增长，并且申请延期的时间也会变得更长。第三，纳税延期申报实质是给予企业休养生息的机会，减轻企业的税收压力，让他们集中精力于恢复生产，充分发挥他们对于发展震后地区经济的促进作用。第四，震后灾区经济急待恢复，在纳税申报上，有着更多的诉求。征收方法需要税务机关提供更加便捷的服务，如简易申报，申报的程序将变得更加简单，受理的资料也变得更加少。同时，在灾后企业出行不便的情况下，提供流动办税服务车，税收咨询、税务申报等具体服务内容都将是灾后企业强烈期盼的。

（3）在税收优惠政策的效果指标中受灾企业所得税和增值税优惠政策权重较大。国家在对受灾企业相继出台的税收优惠政策中，减免企业一年的所得税，并在增值税征收政策上都给予了大量的帮扶政策，在减轻企业的实际税负上，起到了重要作用，因而在调查中得到的权重比值也是比较客观的。

（4）灾后企业的税收优惠政策综合评价为基本满意。受灾企业受地震创伤比较严重，对于资金的需求旺盛，在恢复的过程中，对国家税收优惠政策的期盼相当大。灾区企业恢复重建困难重重，第一，税收优惠政策形成效应需要时间的累积，在短期内效果更加明显；第二，税收优惠政策还需要和财政、金融政策配合使用才能形成合力；第三，税收优惠政策还要考虑受灾企业对于政策的具体需求，即执行具体的税收优惠政策时有一定的阶段性，当受灾企业条件具备时，税收的优惠政策又会有所调整。从整体上来讲，受灾企业的税收优惠政策受到了上述因素的影响，其综合评价为基本满意。

（5）在实际的税收优惠政策运行中，可以发现，税收政策的短期效应是大于长期效应的，税收政策调控的联合效应大于单一效应。此外还要与财政政策和金融政策配合使用，并避免财政政策、税收优惠政策、金融政策出现调节的盲区。另外，税收政策调控效应具有区域性。对于这些情况可采取的对应的措施有：提高税收政策“准星”和“寿命”，延长调控效应期限；打好税收、财政、金融政策“组合拳”，增强政策作用；改革财产税制，提高保有环节的税收成本；适当下放税收管理权限，增强税收政策调控灵活性；完善政策堵塞漏洞，增强税收政策导向作用。不过对国家出台的一些税收政策，因各税种间的差异和实际操作中其他配套政策没相应调整，仍会导致政策执行受阻甚至偏离政策初衷。

6.3 典型区域灾后重建金融政策评估实证研究

“5·12”汶川大地震是自1949年中华人民共和国成立以来发生的最大的一次地震，造成的人员伤亡和经济损失十分惨重。原银监会、证监会、原保监会根据中央发布的《关于支持汶川地震灾后恢复重建政策措施的意见》（国发〔2008〕21号）制定了《汶川地震灾后重建金融支持和服务措施的意见》（银发〔2008〕225号），该《意见》落实了金融政策的内容，其中有关信贷支持的部分即为本书所研究的信贷政策的实施内容。汶川地震的灾后重建信贷政策属于应急性的信贷政策，其目的在于恢复灾区的金融秩序、帮助受灾企业恢复生产、受灾群众尽快恢复生活。

信贷政策是一项公共政策，而公共政策对国家的发展十分重要，其成败直接影响着一个国家的兴衰，而一个完整的政策过程，除了政策制定和政策执行以外还需要对政策内容和政策活动进行科学评估。这对于决定政策去向、合理配置资源、实现公共决策科学化、民主化具有重大意义。汶川地震后国民经济的发展及人民生活水平都受到了巨大的影响，此时一切有关推进灾后重建的公共政策的实施效果都对国家发展具有重大的意义，因此对这类政策效果的评估也非常重要，在当今自然灾害频发的社会环境下对于我国乃至世界今后灾后恢复重建政策的借鉴、完善和创新也颇具意义。

6.3.1 模糊综合模型体系下灾后重建金融政策实施效果评估与分析

6.3.1.1 样本说明

根据社会可持续发展理论，对于汶川地震灾后重建金融信贷政策实施效果的评估，本书以民政部对灾区灾情的评估为依据，将灾区划分为极重灾区、重灾区及一般灾区，针对农村居民、城镇居民、企业三个政策目标群体进行抽样调研。

问卷设计主要包括灾后重建的信贷政策实施后社会公平与效率状况、经济发展情况及政策目标群体满意度三个方面。调研中总共发放问卷500份，遍布15个区域，问卷有效率达到94.6%。其中城镇居民样本共250份，问卷有效率达94.80%；农户家庭样本共200份，问卷有效率94%；企业样本50份，问卷有效率96%。问卷区域分布情况如表6-27所示。

表 6-27 样本区域分布情况

区域	调研范围	样本数量/份	有效问卷/份	有效率/%
城镇居民	极重灾区：都江堰	250	237	94.80
	较重灾区：大邑、绵阳			
	一般灾区：雅安			
农户家庭	极重灾区：汶川县、北川县、安县、都江堰市、彭州市	200	188	94
	较重灾区：广元市、绵阳市游仙区、崇州市、大邑县、汉源县			
	一般灾区：龙泉驿区、双流区			
企业	极重灾区：都江堰市	50	48	96
	较重灾区：大邑县、汉源县			
	一般灾区：荥经县、双流区			
合计	共 15 个区域	500	473	94.6

6.3.1.2 评估指标体系的建立

本书对“汶川地震”灾后金融信贷政策实施效果进行多层次的评估。以研究对象“汶川地震灾后重建金融信贷政策实施效果”作为第一级论域（U）；综合考虑其在农村居民、城镇居民、受灾企业这三个方面的影响，并将其作为第二级论域（V）；以政策中所体现的扶持重点为评价因素，建立多层次的综合评估模型。同时根据调查结果，将调查数据作为模糊综合评价模型的度量值，并运用熵权法确定指标权重，得到综合评判表（见表 6-28）。

1. 运用熵权法确定指标权重

为了使指标权重更为客观合理，本书使用熵权法以确定指标权重。首先采用极大目标标准化法将原始数据矩阵标准化；然后根据 $H_i = -k\sum_{j=1}^{n} P_{ij}\ln P_{ij}$ 确定第 j 个指标的熵，式中 $P_{ij} = X_{ij}/\sum_{j=1}^{n} X_{ij}$，第 j 个指标的熵权定义为：

$$W_i = (1 - h_i)/\sum_{j=1}^{n}(1 - h_j)。(0 \leqslant W_i \leqslant 1,\ \sum_{i=1}^{n} W_i = 1)$$

通过权重的大小可以反映不同指标在决策中所起作用的大小，这样就可得到评价指标的权向量：$\boldsymbol{U} = (U_1, U_2, \cdots, U_n)$。通过对原始矩阵进行标准处理及熵权计算以后，得到第一层指标权重与第二层指标的权重分别为：

第一层指标权重：**W**=（0.150 0，0.129 9，0.720 1）

第二层指标之农村的指标权重：$\boldsymbol{W}_1$=（0.250 7，0.293 5，0.312 5，0.143 3）

第二层指标之城市的指标权重：$\boldsymbol{W}_2$=（0.363 5，0.244 1，0.211 8，0.180 6）

第二层指标之企业的指标权重：$\boldsymbol{W}_3$=（0.135 3，0.425 2，0.092 3，0.347 2）

2. 评语级

根据评价指标体系，建立评价集，本书对汶川地震灾后重建信贷政策实施结果影响因素的评价分为 A 级：表示评价非常满意；B 级：表示评价比较满意；C 级：表示评价满意；D 级：表示评价不满意。四个等级：

$\boldsymbol{V}=(v_1, v_2, v_3, v_4)$ =（非常满意 比较满意 满意 不满意）

调研结果如表 6-28 所示：

表 6-28　汶川地震灾后重建信贷政策评估的模糊综合评判表

第一级指标	第二级指标（及权重）	第三级指标（及权重）	A 级	B 级	C 级	D 级
汶川地震灾后重建信贷政策实施效果评估 U	信贷政策在农村的实施效果 R_1（0.150 0）	关于住房的评价 c_1（0.250 7）	0.15	0.67	0.16	0.02
		关于基础设施的评价 c_2（0.293 5）	0.14	0.70	0.15	0.01
		农业生产恢复的评价 c_3（0.312 5）	0.37	0.60	0.03	0.01
		灾后经济水平的评价 c_4（0.143 3）	0.09	0.49	0.35	0.07
	信贷政策在城镇的实施效果 R_2（0.129 9）	贷款利率的评价 d_1（0.363 5）	0.00	0.70	0.30	0.00
		最高贷款额度的评价 d_2（0.244 1）	0.00	0.63	0.37	0.00
		贷款期限的评价 d_3（0.211 8）	0.00	0.67	0.33	0.00
		贷款效率的评价 d_4（0.180 6）	0.15	0.78	0.07	0.00
	信贷政策在受灾企业的实施效果 V_3 R_3(0.720 1)	放款速度的评价 e_1（0.135 3）	0.15	0.27	0.58	0.00
		生产经营恢复程度的评价 e_2（0.425 2）	0.35	0.40	0.15	0.10
		对信贷优惠的依赖程度 e_3（0.092 3）	0.00	0.21	0.29	0.50
		对信贷政策的满意程度 e_4（0.347 2）	0.44	0.15	0.18	0.23

6.3.1.3 汶川地震灾后重建金融信贷政策模糊综合体系分析

在确立了指标、评语级以及指标权重以后便能根据原始数据矩阵构建综合评估模型。其基本公式为：

$$\boldsymbol{B}=\boldsymbol{W}*\boldsymbol{R}^{\mathrm{T}}=(U_1, U_2,\cdots, U_n)*\begin{bmatrix} r_{11} & r_{21} & \cdots & r_{n1} \\ r_{12} & r_{22} & \cdots & r_{n2} \\ \cdots & \cdots & \cdots & \cdots \\ r_{n1} & r_{n2} & \cdots & r_{nn} \end{bmatrix}=(b_1, b_2,\cdots, b_n)$$

式中 * 为模糊合成算子，$\boldsymbol{W}$ 为指标权重向量，$\boldsymbol{R}$ 为评价特征矩阵。其中 b_j 由 $\boldsymbol{W}$ 与 $\boldsymbol{R}^{\mathrm{T}}$ 的第 j 列运算得到，它表示被评价指标对评语集的隶属度。根据计算结果 b_j 的值来综合判断信贷政策实施效果，b_j 的值越大则单因素对评语集的隶属度越高，即对政策实施效果的影响越大，反之则越小。

1. 二级模糊综合评估分析

（1）对信贷政策在农村实施效果的模糊评估（$\boldsymbol{R}_1$）。

由评判表可得模糊矩阵$\boldsymbol{R}_1=\begin{pmatrix} 0.15 & 0.67 & 0.16 & 0.02 \\ 0.14 & 0.70 & 0.15 & 0.01 \\ 0.37 & 0.60 & 0.03 & 0.01 \\ 0.09 & 0.49 & 0.35 & 0.07 \end{pmatrix}$

权重分配的模糊向量$\boldsymbol{W}_1=$（0.250 7，0.293 5，0.312 5，0.143 3）

模糊变换$\boldsymbol{B}_1=\boldsymbol{W}_1\times\boldsymbol{R}_1=$（0.207 2，0.288 9，0.279 2，0.285 8）

归一化处理后得：$\boldsymbol{B}_1'=$（0.195 2，0.272 1，0.263 5，0.269 2）

根据最大隶属度原则，该政策在农村的实施效果为 B 级，即农村居民对信贷政策在农村的实施状况比较满意。从归一化后各级的权数来看，第二隶属度为 D 级评价，即不满意的评价。由此可见，信贷政策在农村地区取得成效的同时也存在一些不足。

首先，从采集的样本来看，有 7%的农民对灾后农村经济水平的恢复状况并不满意，1%对农业生产恢复状况不满意。其原因在于：农业生产自然风险与市场风险并存，而农民个体抵御风险的能力较弱，以血缘或近邻为连续的熟人圈层关系来分散个体风险，增强群体抗风险能力的方法在遭遇巨灾时难以发挥效果，会加重金融抑制。其次，信贷政策对个人住房重建的优惠规定，对农村居民个人住房重建的促进作用并不明显，农民在住房自建过程中优先考虑的融资方式是自有资金及政府补贴，其分别占到样本总数的 36.38%和 26.53%，而向银行贷款的只有 18.08%。最后，信贷政策对农村基础设施的支持也存在监管问题。基础设施属于公共服务的范畴，其信贷资金的使用者可能是镇政府、村委会，也可能是集体经济组织，因此资金的使用需要接受公众的监管。在调研地区，许多农村都有民主监督制度及村务公开机制，然而重建资金来源众多，构成复杂，资金的具体使用方向并未利用公开机制进行公布，使资金的使用缺乏监管。在基础设施短期内便出现毁损现象的情况下，会引发公众的不满。

（2）信贷政策在城镇实施效果的模糊评估（$\boldsymbol{R}_2$）。

类似得，可得模糊矩阵$\boldsymbol{R}_2=\begin{pmatrix}0 & 0.70 & 0.30 & 0\\ 0 & 0.63 & 0.37 & 0\\ 0 & 0.67 & 0.37 & 0\\ 0.15 & 0.78 & 0.07 & 0\end{pmatrix}$

权重分配的模糊向量$\boldsymbol{W}_2=$（0.363 5，0.244 1，0.211 8，0.180 6）

模糊变换$\boldsymbol{B}_2=\boldsymbol{W}_2*\boldsymbol{R}_2=$（0.027 1，0.691 0，0.290 4，0）

归一化处理后得：$\boldsymbol{B}_2'=$（0.026 9，0.685 1，0.288 0，0）

根据最大隶属度原则，该政策在城镇的实施效果为B级，即城镇居民对信贷政策在城市的实施状况比较满意。从评价因素来看，城镇居民对灾后重建信贷政策对贷款利率d_1、贷款额度d_2、贷款期限d_3方面的规定和实施持比较满意态度的都在60%以上，没有不满意的。对贷款效率d_4只有7%是满意，也没有不满意的。因此，从总体来看，灾后重建的信贷政策在城镇取得了比较好的社会反响。

由此，信贷政策在城镇取得成效有许多经验值得借鉴。首先，从政策内容来看，政府灾后信贷政策对城镇居民的支持重点是扩大就业、扶贫帮困等，同时对企业和个人施行“四不”政策，即对已经发放的灾后不能按期偿还的贷款，原银监会要求实行一定时期内不催收催缴、不罚息、不做不良记录、不影响其获得受灾地区其他信贷政策。由此城镇居民尤其是下岗失业人员、因灾失业人员、贫困人员能享受到相应的信贷优惠。已经贷款的受灾居民的还款压力也减轻。其次，城镇居民能在巨灾后尽快恢复生活水平的原因与城镇较为发达的经济基础、享有较为完善的社会保障制度、具有较前瞻的个人理财能力、较丰富的信息渠道和信息资源有不可分割的关系。

（3）对信贷政策在企业实施效果的模糊评估（$\boldsymbol{R}_3$）。

如上可得模糊矩阵$\boldsymbol{R}_3=\begin{pmatrix}0.15 & 0.27 & 0.58 & 0\\ 0.35 & 0.40 & 0.15 & 0.10\\ 0 & 0.21 & 0.29 & 0.50\\ 0.44 & 0.15 & 0.18 & 0.23\end{pmatrix}$

权重分配的模糊向量W_3=（0.135 3，0.425 2，0.092 3，0.347 2）

模糊变换$B_3=W_3*R_3$=（0.321 9，0.278 1，0.231 5，0.163 8）

归一化处理后得：B_3'=（0.323 4，0.279 4，0.232 6，0.164 6）

根据最大隶属度原则，信贷政策在受灾企业中的实施效果评价为A级，即企业对信贷政策的实施效果非常满意。从该结果可以看出，灾后重建信贷政策在较大程度上支持了企业的发展，获得了受益企业的认可，社会反响良好，经济效益有显著体现，这也与政策的目标相一致。

从实地调查的结果来看，50%的企业并不依赖信贷优惠政策，在所调查的48家企业中，有9家企业受损严重，不能继续经营、21家有较大程度受损，能部分经营、15家企业有一定程度，能基本维持经、3家企业受损很小，但不影响正常经营。虽然这些企业中有40.83%的企业出现了资金短缺，但是向银行贷款的有52.5%。这一方面与政策侧重将资金引向重点企业、支柱产业和中小企业，特别是灾区吸纳就业强、产品有前景、守信用的中小企业有关，另一方面与企业重建过程中自身信贷评级、资产负债机构和管理水平有关。这也表明，信贷政策针对性强，这可能不利于对政策外的企业的生存和发展，容易加速市场优胜劣汰的竞争。

2. 一级模糊综合评价分析

对最高层次评估后，可得其模糊矩阵为：

$$R=\begin{pmatrix} 0.195\,2 & 0.272\,1 & 0.263\,6 & 0.269\,2 \\ 0.026\,9 & 0.685\,1 & 0.288\,0 & 0.000\,0 \\ 0.321\,9 & 0.278\,1 & 0.231\,5 & 0.168\,5 \end{pmatrix}$$

权重分配的模糊向量 W=（0.15，0.129 9，0.720 1）

模糊变换 $B=W*R$=（0.264 6，0.330 1，0.243 6，0.161 7）

归一化处理后得：B'=（0.264 6，0.330 1，0.243 6，0.161 7）

综合农村、城镇及企业三方面对灾后重建信贷政策实施效果的评价可以得出，灾后重建的信贷政策的效果评级为B级，即政策目标群体对政策的实施效果比较满意。

6.3.2 结论及建议

从政策实施后的产出状况来看，受灾地区的经济和民生发展等各方面都基本恢复或是超过了灾前的水平。从模型评价的结果来看，政策目标群体对政策的评价也主要是B级的评价，即比较满意的层次。可见，汶川地震灾后信贷政策的实施取得了比较良好的社会效应和经济效益，符合可持续发展理论，注重了社会的公平和效率。

在灾后重建的信贷政策取得较为良好的效果的同时，也存在需要完善的地方，因此本书提出以下几点建议：

1. 政府层面——完善灾区重建政策机制，促进灾区经济快速发展

信贷政策是一种政府行为，政府作为政策的制定者在提升政策效果方面有着当仁不让的责任。因此，政府应当坚持主导地位。就信贷政策对灾后农业的恢复与农村的发展而言，农业生产自然风险与市场风险并存，而农民个体抵御风险的能力较弱，以血缘或近邻为连续的熟人圈层关系来分散个体风险，增强群体抗风险能力的方法在遭遇巨灾时难以发挥效果，会加重金融抑制。政府需要制定相应的灾后重建的信贷优惠政策，在金融部门与生产部门之间创造一定的租金机会，而不是采用直接补贴的方式来促进灾区经济的发展。对于灾后恢复需要较长时间的产业，政府应引导金融机构向这些产业进行长期融资，并且保持政策的稳定性、公开性、透明性，加强监督以防止“寻租”的发生。在机制设计上，政府应主动承担风险，推进多种风险防范和社会保障制度的改革以取代原有的民间低效的风险防范办法。

2. 金融机构层面——提升服务水平，优化服务方式

金融机构是政策的执行者，政策是否能达到预期的目标，与执行机构的操作有着不可分割的联系。一方面，金融机构需要不断提高服务水平与效率，进一步消除与客户之间的信息不对称，为受灾居民提供更加优质便捷的服务。另一方面，金融机构应该坚持对业务及服务方面的优化及创新，在业务流程方面，应该简化审批环节，进一步提高办事效率；在服务产品方面，应该不断创新贷款品种，在贷款期限和额度等方面做适当的调整，主动融入灾后重建中，加速灾后重建更快更好发展；从政策受益者的满意程度方面，金融机构还需要转变经营理念，增强服务意识，即要坚持政府引导也要关注市场信息，在特殊时期更应该加强风险防范，完善抗风险机制，加强信誉制度的建设，加大对政策宣传、产品宣传及金融知识普及的投入，用营销的理念扩大市场，增加收益。

最后，金融机构还需要正确认识到利率在信贷政策中的作用。利率虽然在调节信贷需求中起着重要杠杆作用，但是其对信贷需求的约束程度却并不显著，甚至有可能引发逆向选择和道德风险，因此要防止利率调节的弊端。银行可以通过施行差别利率，对信贷市场上的企业进行甄别，并且对灾后重建加大其信贷优惠政策。

3. 受灾群众及企业层面——配合政策实施，发挥自身创造性

风险防范不仅是企业应该具有的意识，也应该是居民个人应该具有的意识。作为政策的受益群体应该积极了解政策信息，以降低灾后重建成本，尽快恢复生产和生活。在受灾地区重建模式上，可以进行一些创新，例如引进“公司+农户”的模式，让更多的社会力量参与到灾区农村居民基础设施的重建中来，改变原有的单一靠农民自建的模式。特别需要提到的是，企业在恢复重建中，尤其是农村的中小企业，在发展过程中应注重提升自己的信用评级，优化资产负债结构，提高管理水平，在规范制度下建立良好的银企关系，完善灾后的资金筹集机制，合理安排重建资金的投资，建立完备的内部控制和外部监督机制，以应对灾害发生，保证政策目标的顺利实现。

7 汶川地震灾后重建财税与金融政策优化研究

7.1 现行政策存在的问题

由以上调查可知，我国针对汶川大地震所发布的财政、税收、金融应对政策，自灾后重建以来取得了不俗的效果。但仍存在一些问题，不能满足民众、企业的要求，需要优化。

7.1.1 现行财政政策存在的问题

7.1.1.1 针对居民出台政策存在的问题

1. 政府补贴贡献率小，贴息期限短

调查发现，在农村居民恢复重建过程中，政府的补贴对其贡献率只占了很小一部分，大部分资金还是受灾群众通过其他方式自己承担。地方政府更偏好于投资见效快、易出政绩的项目，而忽视期限长、具有战略意义的项目。另外贴息期限也较短，不能有效帮助居民缓解困难，尽快恢复正常生活。

2. 资金管理存在漏洞

由于资金的来源众多、构成情况比较复杂，对于是共同管理还是由各方自行管理存在争议，一旦管理不当很容易造成管理上的漏洞，而资金的具体使用若未向社会公布，更存在挪用的风险。经过实地走访调查发现，每个村基本上存在公示制度和民主监督制度，但对资金监管仍然存在问题，存在使民众遭受损失的风险。

7.1.1.2 针对企业出台政策存在的问题

1. 中央财政资金支持少，地方财政支持有限

在国务院出台的措施中指出：对地方工商、旅游等企业恢复生产和重建，

除中央财政对受灾严重地区的重点行业给予贷款贴息支持外，原则上由地方负责统筹考虑资金支持办法。鼓励地方政府通过财政注资等方式，支持受灾严重地区地方法人金融机构恢复重建。灾区的大部分企业并不属于重点行业，缺少中央的财政支持。地方政府的资金有限，不能持续的提供贷款或贴息，对这部分企业的注资有限，企业恢复缓慢。

2. 财政支持支出向非生产性倾斜

在目前的灾后重建财政支出中，公共服务设施和基础建设设施等非生产性支出偏大，对恢复企业生产等生产性支出不足，企业在恢复生产过程中受惠程度相对较低。

7.1.2 现行税收政策存在的问题

7.1.2.1 针对居民出台政策存在的问题

在震后，受灾民众已经饱受失去家园和亲人的痛楚，尽管国家实施了大量的税收优惠政策来救济灾民，但是，受灾面积广，恢复重建难度大，税收优惠的政策实行有一定的前提条件，比如个人所得税的优惠。再者，税收政策的施行效果有一定的时滞效应，不能马上起到立竿见影的效果。最后，税收优惠政策难以做到绝对的公平。在整个受灾民众对税收政策的满意度调查中，50%的人群对税收的政策满意度较好；不满意的占到了调查对象的11.52%，认为税收政策还存在一些问题。

1. 受灾居民对税收政策的认知程度过低

通过对抽样的调查对象的基本情况分析可知，受灾民众对灾区的税收优惠政策不了解。80%左右的受灾居民表示不清楚，只有20%的人知道一些对灾民的税收优惠政策，清楚地知道自己所渴望的税种优惠并对其进行关注。可见，政府在税收优惠政策的宣传上不够到位，政策的精神还没有传达到绝大多数的民众中形成知识普及，这使得税收优惠政策的运用大打折扣。

2. 居民享受政策优惠的程度低

调查结果显示，受灾民众最想得到的税收优惠税种是个人所得税，实际中，87%的受灾居民反映他们未享受过个人所得税优惠。这是因为大地震后国家财政的支持力度不够，不能帮助灾区经济实现快速恢复，导致受灾民众的个人收入达不到震前应税水平；或者即使在大地震前，部分居民的收入水平也在起征点以下。从这一点看来，地震后个人所得税的优惠政策对大部分受灾民众并没有起到实质性的作用，这与民众所期盼的相左。同时，受灾民众发现，在国家出台的有关房产税、契税和房屋购建税收优惠政策中，人们也不曾得到普遍的享受，90%的受灾居民没有享受到房产税和契税的优惠政策；91%的受灾居民未享受房屋的购建税收优惠。只有民众的房屋在地震中毁损而不得不重新购买房屋（包括安居房）时才能得到减征或免征契税；应缴而未缴契税的居民住房在地震中损毁的，才不再征收契税；而房产必须经过有关部门鉴定确因地震灾害而损毁的，才免征2008年度房产税。然而，在灾后重建的环节中，受损房屋的恢复重建是一个非常重要的环节，民众对其需求度最高。由于房屋受损，农村居民需要在财政补贴下重新自建住房，城镇居民需要重新购买住房（包括安居房），这对于民众是笔不小的开支，对已经受灾的他们无疑是雪上加霜。这时，若享受到房屋购建税收优惠绝对是令人欣慰的。

由此可见，国家出台的税收政策偏离了大部分受灾民众的实际情况，受灾居民能享受到税收优惠的比例很小。

7.1.2.2 针对企业出台政策存在的问题

受灾企业受地震创伤比较严重，对于资金的需求旺盛，在恢复的过程中，对国家税收优惠政策的期盼相当大。灾区企业恢复重建困难重重，第一，税收优惠政策形成效应需要时间的累积，在短期内效果更加明显。第二，税收优惠政策还需要和财政、金融政策配合使用才能形成合力。第三，税收优惠政策还要考虑受灾企业对于政策的具体需求，即执行具体的税收优惠政策时有一定的阶段性，当受灾企业条件具备时，税收的优惠政策又会有所调整。从整体上来讲，在灾后，国家在各方面对于受灾地区给予各种形式的扶持政策。分析结果显示，灾区企业对国家出台的税收政策基本满意。

1. 税收优惠政策期限过短

根据规定，“除增值税扩大抵扣范围政策外，凡未注明优惠期限的，一律执行至2008年年底止”。这一期限过短，很多灾区的企业生产还未恢复就又要面对全额税负，在恢复生产的过程中负担并未减少。同时，一些企业的捐赠也要面对因优惠期过期导致捐赠的物品又要多交税费的问题，严重挫伤了社会外界捐赠的积极性。

2. 税收免征政策对受灾严重企业无明显效果

虽然国家规定对受灾严重地区损失严重的企业，免征2008年度企业所得税，对受灾地区企业取得的救灾款项以及抗震救灾有关的收入减免税负，免征企业所得税。但在实际的政策执行中，一小部分的纳税企业已不复存在，不能享受到税收免征优惠待遇；其余大部分企业蒙受财产损失，而且越是受灾严重的企业，需按正常程序列入报损支出的金额越是巨大，并且可能延续到下一年度继续递减。加之在2008年下半年大部分企业都未恢复正常生产，销售较上年都有大幅度减少等因素，企业大面积出现亏损，这样应缴所得税就自然消失，并无法也不需要享受企业所得税减免优惠。所以国家出台的对受灾严重地区损失严重的企业，免征2008年度企业所得税的政策并没有达到预期的目的。

3. 增值税扩大抵扣范围政策失去针对性

扩大抵扣范围是给地震灾区的特殊政策。随着第二年扩大抵扣范围在全国的实行，地震灾区便没有这项特殊政策可言。更何况刚经历了大地震，灾区各项基础性设施建设才全面铺开，企业主要以恢复生产为目标，对毁坏的机器通过修复生产经营，即使要购买损毁机器设备也是来年的事。

4. 增值税进项税额的抵扣和转出存在问题

货运汽车属于固定资产可以抵扣，但目前企业购入货运汽车因公安部门上牌要求，只能使用机动车销售统一发票，而机动车销售统一发票属于普通发票无法抵扣，因此企业在灾后恢复期间购入汽车时遭受了损失。自然灾害损失属于非正常损失，按照相关规定，企业需要转出进项税额。在大地震这一特殊背景下，这一规定合法不合理，自然灾害损失并非企业责任，转出进项税额额外加重了增值税纳税人的负担，给举步维艰的灾区企业恢复重建无疑雪上加霜。

5. 对向灾区捐赠的企业税额减免设定不合理

在抗震救灾中向灾区提供营业税应税劳务不能免营业税。营业税应税企业在抗震救灾期间到灾区一线提供筑路、修桥等营业税劳务（捐赠性质），有些劳务是有偿的，会有一部分收入，但收入金额仅是为了弥补成本费用支出，有些甚至入不敷出。但按现行政策规定，这部分收入却不能免营业税。另外，向灾区捐赠消费税应税产品不能免征消费税。企业在抗震救灾和灾后重建期间，捐赠消费税应税产品，是回报社会、主动承担社会责任的体现，却还要缴纳消费税，这大大打击了企业捐赠的积极性，增加灾区重建资金，增加政府支出，影响灾区重建。

7.1.3 现行金融政策存在的问题

7.1.3.1 针对居民出台政策存在的问题

1. 政府宣传力度不够，农民缺乏贷款意识

农户在重建过程中主要筹资的途径包括：自有资金、政府补贴、向亲友借款和向银行等金融机构贷款四种方式。传统的“收支相抵，略有节余”的理财原则观念削弱了信贷需求。在调查过程中，我们发现农户对灾后重建的信贷优惠政策的了解程度不高，只有24%的农户采用了农村信贷的方式筹集资金，其中90%的农户是受损相当严重的，自有资金和亲友借款无法承担重建工作，

于是选择了向银行贷款。由此可知，由于政府宣传力度不够，信贷知识普及不足，导致农民缺乏贷款意识，农户对于金融政策的参与程度并不高。

2. 金融机构的服务水平低

虽然地震灾害发生后，国务院就做出尽快全面恢复金融机构服务功能，实施向受灾地区倾斜的信贷政策，对重点基础设施、中小企业和“三农”发展加大信贷支持力度的研究决定。信贷政策在支持促进四川经济又好又快发展中的作用也日益明显，并取得了积极成效。但金融机构的服务水平并不高，根据调查结果显示，有34.72%的农户对金融机构的服务态度持否定观点；在贷款的放款速度方面，有52.08%的农户表示灾后重建过程中，放款速度并未加快；由此可见，银行方面的努力并未得到绝大多数农户的认可。

3. 贷款政策不均，缺乏针对性

由于企业自身具有抵押担保能力，政府侧重将资金引向灾区的吸纳就业能力强、产品有前景、守信用的企业，有力地推进了企业灾后生产经营的恢复。在获得银行的贷款时，居民相对处于弱势。

即使提供了贷款，对为灾后重建而出台的信贷政策采取“一刀切”的方式也是一大问题。一刀切即对所有农户施行同样的信贷政策，不考虑其受灾程度、家庭收入等影响其贷款需求和还款能力的因素，缺乏针对性，资金没有得到最合理的分配和运用，政策效果不明显。

4. 贷款发放时机不合理

在汶川地震发生后，政府及时制定和实施贷款政策，居民也很快获得贷款。但贷款的发放并不是越快越好，在重建过程中放贷成本是较高的，银行在放贷时机的选择上不合理，不能有效降低这种没必要的成本。

5. 贷款期限短，利率依然偏高

在贷款期限方面，政府仅明确了对以前的贷款还款期限的放宽，并没有明确对新的贷款的还款期限是否也放宽。在居民恢复原本生活的漫长时间里，贷款期限的延长可以有效减少居民压力，将资金运用在改善生活中。虽然灾后重建已经采取最低利率政策，但对于遭受损失的居民来说，依然会增加居民的还款压力。

6. 农村地区金融机制尚待完善

我国农村地区的金融机制、金融产品和服务尚处于刚刚萌芽的阶段，在应对自然灾害方面的金融配套方面几乎是空白。首先，巨灾保险缺位，一般商业保险覆盖面受到很大制约。以汶川地震为例，从总量上来看，相比庞大的受灾人群，能够获得保险赔偿的人十分有限。从险种上来看，意外伤害保险占比最高，而作为农村灾害避险手段之一的农业保险并没有发挥其应有的作用。其次，灾难备份系统缺乏，从中国金融机构的整体现状来看，目前大多数已经建有灾难备份系统的金融机构都未达到监管机构对灾难策略和管理的要求，而且这些金融机构大都是全国一级的，其他金融机构特别是大多数区域性金融机构则不少还未建立灾难备份系统，这对于自然灾害频发的中国边远地区金融体系的持续运作是非常不利的。

7.1.3.2　针对企业出台政策存在的问题

1. 信贷政策未能因地制宜

根据我们的调查结果显示，双流区、龙泉驿区、都江堰市这三个经济发展较好的区市县政策实施效果较好，而作为地震震中的汶川，自身的经济相对落后，虽然得到了国家政策的政策倾斜以及金融机构的扶持，但是农村金融的活动规模和发育程度在很大方面由其所处的农业发展水平决定的，所以政策在实施的效果上并不那么理想。可见政策的制定应该考虑该地区原本的经济发展水平，因地制宜，制定出符合该地区实际情况的信贷政策，更好促进当地的恢复重建。

2. 金融服务手段落后

金融机构有充分的信息、资金及管理等优势，能发挥信贷杠杆对项目和企业经营的指导作用。然而，其缺乏对企业经营活动的深入了解，没有指导企业提高经营的综合管理水平，造成了资源的浪费。

7.2　政策优化的必要性

我国是一个自然灾害多发的国家，灾害频发是对我国自然灾害的客观描述。面对这样的现实，我们别无选择，唯有积极应对。灾害发生后，灾害重建是非常重要的环节。政府的扶持政策（特别是财税支持与金融扶持政策）一直是各国灾后重建中面临的重要甚至核心问题。灾后重建财税与金融政策是政府发挥其公共管理职能、运用公共财政资源及国家宏观金融调控机制鼓励灾区人民及受灾企业重建家园、恢复生产、促进灾区各项事业协调发展的重要政策资源。在灾害重建中，我们需要财政政策的倾斜，税收政策的调整，需要金融政策的支持，更需要金融与财政、税收政策的协调。金融与财政、税收政策的协调不仅对中国整个经济的发展非常重要，而且在灾后重建中也是必须予以重点考虑的。这次汶川地震影响范围广、危害程度深，给国民经济和对人民群众生命财产造成了不可估量的损失。受这次地震影响的主要地区位于四川北部相对贫困的老、少、边、穷地区。受灾地区的工业基础本来就薄弱，汶川大地震更是摧毁了其脆弱的工业经济。多年来国家陆续出台了扶持中国西部和老、少、边、穷地区经济发展的财政政策、税收优惠政策和金融扶持政策，力图使把灾害造成的损失最小化，完善该地区的基础性建设、投资环境，使地区财政逐步从“输血向造血”转变，尽快地使灾区人民从灾难中站起来。

中国作为一个地域辽阔的发展中大国，地区间经济发展出现一定程度的不均衡从短期看或许没有多大影响，但是，如果任其长期发展下去，就会产生一系列的经济和政治问题。汶川大地震对受灾地区造成了不可估量的损失，引发地区间经济不平衡，长久得不到改善，会对整个国家的发展造成严重的影响：

（1）影响国民经济的整体发展进程。地震灾区经济长期落后，人均收入水平降低，社会基础设施条件差，文化、教育、公共福利落后，必然导致人才、技术、资金向未受灾的经济发达地区“倒流”，形成“经济不发达→投资少且效率低→经济愈不发达”的恶性循环。地震灾区地区的丰富资源却苦于缺乏必要的资金和技术难以进行开发，导致自然资源不能得到充分的利用，而且这些地区巨大的潜在市场，由于人均收入水平较低，购买力受到限制，必然要强化地区利益，因而妨碍着经济发达地区的商品和物资的进入，难以形成全国统一市场，对市场经济的健康发展不利，反过来也影响发达地区乃至全国经济的发展。因此，从全国经济整体化的要求分析，部分地区经济发展的长期落后，最终会对整个国民经济发展产生制约作用，影响全国的经济发展。

（2）引发灾民迁移。大地震后，受灾程度不同，会在各地经济中反映出来，强烈反差，就会诱导受灾民众流入其他城市、流向沿海发达地区，加重这些地区本已不堪重负的交通、治安、住房，以及基础设施的困难。

（3）影响国家安定。我国是一个人口大国，其滞后发展会引起一些复杂的矛盾。若受灾地区的经济发展长期得不到恢复，人民生活长期得不到改善，难免引发民众不满，对政府失去信心，危害祖国的统一和安定。

总之，如果受灾地区经济长期处于停滞或缓慢增长状态，会引发一系列不安定因素的产生。通过出台一系列的财政、税收和金融政策来进行灾区的恢复重建是非常必要的。

1. 灾后重建财政政策发挥的作用

财政政策是一国政府为实现预期的经济社会发展目标，对财政收支关系进行调整的指导原则和措施。财政政策属于宏观调控手段。目标是促进充分就业、物价基本稳定、国际收支平衡和经济稳定增长。我国灾后重建的财政政策主要包括两方面内容：一是中央财政建立地震灾后恢复重建基金。二是财政支出，具体为采取对居民个人补助、项目投资补助、企业资本金注入、贷款贴息等方式，对城乡居民倒塌毁损住房、公共服务设施、基础设施恢复重建以及工农业恢复生产和重建等给予支持。

财政政策作为宏观调控手段，在灾后重建中发挥着巨大的作用。国家通过财政支出加大对灾区公共服务设施、基础设施和重点行业恢复建设的支持力度，引导资金流向，帮助灾区实现灾后经济发展，具有优化资源配置的作用。同时，加大财政支出，对居民住房灾后重建等关乎民众生活的建设进行补贴，保证受灾人民的正常生活，建立和完善社会公共服务体系。

2. 灾后重建税收政策发挥的作用

税收政策是政府根据经济和社会发展的要求而确定的指导制定税收法令制度和开展税收工作的基本方针和基本准则。税收政策是税收行为的指导准则，它是经济政策的重要组成部分。地区总体税负水平的轻重会影响本地企业的积累和发展能力；税收优惠政策的广度和深度将影响其投资环境和投资吸引力；税制结构会影响地区财政增长幅度及经济发展后劲。我国灾后重建税收政策主要包括五个方面的内容：一是减轻企业负担，促进企业尽快恢复生产的税收政策措施；二是减轻个人负担的税收政策措施；三是支持受灾地区基础设施、房屋建筑物等恢复重建的税收政策措施；四是鼓励社会各界支持抗震救灾和灾后恢复重建的税收政策措施；五是促进就业的税收政策措施。涉及增值税、营业税、企业所得税、个人所得税、车辆购置税、土地增值税、耕地占用税、印花税、契税、房产税、城市房地产税和城镇土地使用税等十几个税种。

税收优惠作为税收宏观调控手段是国家有意识地发挥税收职能作用，促进灾区经济发展政策方式。作为一项公共政策，无论是受灾居民还是受灾企业，税收优惠政策都是大家的期盼。税收优惠还会产生扩张效应，如：刺激民间投资和需求、吸引外资、推进就业和“再就业”工程，促进经济结构调整，促进经济复苏和持续增长，提高企业竞争力，增加经济发展后劲。面对支离破碎的家园，灾区税收优惠政策首要目的是解决受灾居民、企业的后顾之忧，然后才是让受灾地区在灾后逐渐恢复到灾前甚至是超过灾前的水平。国家把通过税收得到的资源进行配置，满足社会公共需要、保护生态环境和保障低收入阶层的基本生活，发挥市场配置资源的基础作用。

3. 灾后重建金融政策发挥的作用

金融政策是指中央银行为实现宏观经济调控目标而采用各种方式调节货币、利率和汇率水平，进而影响宏观经济的各种方针和措施的总称。一般而言，一个国家的宏观金融政策主要包括三大政策：即货币政策、利率政策和汇率政策。我国灾后重建金融政策主要包括六方面内容：支持金融机构尽快全面恢复金融服务功能；鼓励银行业金融机构加大对受灾地区信贷投放；支持受灾地区金融机构增强贷款能力；发挥资本、保险市场功能支持灾后恢复重建；加强受灾地区信用环境建设。

金融政策在灾区经济发展中的作用，不仅表现在资本形成中。通过金融支持，可拓宽灾区重建的资金供给渠道，缓解融资困境，形成对基础产业及农业的扶持和强力推进作用，加快产业发展，促进经济结构的调整，实现可持续发展；通过金融支持，实现物力、财力、人力、技术、信息等经济资源的充分、合理配置，加快基础设施建设和生态建设，增进社会福利水平。通过汇率改变，影响国家进出口业务，促进经济发展。

财政、税收及金融政策可对受灾地区的经济进行宏观调控，国家应将财政政策与税收政策和金融政策配合使用，并避免财政政策、税收优惠政策、金融政策出现调节的盲区，打好税收、财政、金融政策“组合拳”，增强政策作用。这是促进受灾地区企业恢复生产的必要措施，是保障受灾民众恢复正常生活的必要措施，是促进受灾地区经济复苏的必要措施，是维持受灾地区社会安定的必要措施，也是实现国家可持续发展的必要措施。

7.3 政策优化路径

灾后重建是一个复杂的过程，涉及工程技术、社会经济、生态环境等多种因素。需要财政、税收、金融政策的宏观调控手段，促进各种因素之间相互作用，推动灾后重建的发展进程。

7.3.1 政策总体优化路径

灾后重建的顺利进行，首先需要政府对整个进程的宏观把握，对政策总体进行优化。

1. 优化灾后重建政策执行过程中地方政府的权利

在灾后重建这一非常态环境下，需要建立参与式、民主化和协商式的公共政策决策机制。省级政府在制订政策后，应向县级政府适当放权，鼓励县级政府在执行政策的过程中结合实际情况出台具体的政策，并报省级政府备案；加强省级政府与县级政府之间沟通协商，跟踪有关政策的执行情况，适当调整和优化相关政策。

2. 健全灾后重建政策执行监控机制、效果评估机制和信息反馈机制

首先，健全灾后重建政策执行监控机制。为了提高灾后重建政策执行的质量，对政策执行过程进行跟踪监督至关重要。政策制定者应不定期地检查政策落实情况，发现和解决政策执行中存在的问题。其次，要构建受灾群众导向型评估机制。根据政策执行效果评估与反馈的信息，政策制定者才能正确调节或“修正”灾后重建政策。对于受灾群众而言，重建政策影响着他们的生活、利益，他们关心相关政策最终实施状况以及对自己的影响，这一切也只有通过政策评估来进行。政策制定者应将受灾群众对各类政策执行评价作为重要内容来考核地方政府重建工作绩效。最后，根据政策执行结果评估，政策执行者应及时向政策制者反馈政策实施效果信息，政策制定者要根据执行过程中存在的问题进行分析，以便及时调整或终结某些政策，避免政策重复或僵化。

3. 加强对弱势群体的政策倾斜，畅通其政策诉求渠道

政策制定者围绕灾后重建的总体目标，制定向弱势群体倾斜的政策，特别住房修复重建政策及就业援助政策，应改变政策对象特别是弱势政策对象被动接受政策的局面。受灾比较严重、城镇“三无”家庭和最低收入家庭等弱势群体，由于各种原因其利益常被忽视，其利益诉求也缺乏正常的渠道，即使出台了相关的政策也可能无法落实。要畅通这类群体的利益诉求渠道，建立该群体政策执行反馈机制，建立政府有关部门（政策执行者和制定者）定期联系该类群体的制度，加强它们与受灾群体之间的沟通协商，研究政策执行过程中的实际问题，使已出台的政策真正能造福这类群体。

4. 综合运用多种财税政策手段，并使之逐步规范化、法制化

为促进灾区经济协调发展，应借鉴其他国家的经验，综合运用多种财税政策手段，并使之规范化、法制化。不同的财税政策手段有不同的作用，中央和地方政府统筹安排财政支出保证灾区民众最低的公共需要，对城乡居民倒塌毁损住房、公共服务设施、基础设施恢复重建以及工农业恢复生产和重建等给予支持；地方政府根据实际情况减免灾区行政事业性收费；税收和信贷优惠则用来引导社会资金流入重灾地区。多管齐下，有利于实现政府集中配置资金和引导社会资金流向相结合、保维持和促发展相结合的目标。财税政策措施规范化、法制化，是保证政策稳定可靠、连续性强、约束力大、透明度高所必需的，这也是美、加、日等国的成功经验与做法。

5. 注重财政政策和信贷政策的协调配合

在我国资金市场化的现实情况下，合理地调动信贷资金投入到灾区，支援

灾后基础设施建设具有非常重要的意义。以利润最大化为准则的银行是按照市场化的原则对贷款项目进行审查和借贷的，对于无利甚至亏损的项目，银行等金融机构不愿介入，但同时该项目又对灾区发展具有不可或缺的作用时，就应该由财政进行直接投资，充分发挥财政资金的导向作用，引导信贷资金的投入，或由财政对银行贷款进行贴息的方式进行支持，以帮助实现信贷资金投入的效益。为了更好地吸引各种资金支援灾区建设，政府对到这些地区的投资还可提供低息贷款，并且出面对贷款进行担保。如优惠性金融计划、投资补贴计划和税收信贷等。这样既可以扩大灾区金融的运作范围，又可以提高财政资金的使用效益。

6. 综合利用应灾银行和政策性银行对灾区的支持

随着市场化改革的不断深入，银行的运行机制发生了重大的变化，大部分银行已转变为商业银行或即将完全转变为商业银行，如果以追求自身利益最大化的商业银行代替政府来支持灾区重建，让其对市场环境差、风险大的灾后重建工作提供融资便利是不现实的。因此，只能通过应灾银行和政策性银行为灾后重建提供资金支持。应灾银行和政策性银行不以自身效益最大化为主要目标，而是以社会效益最大化为己任。在灾后重建的各方面，应灾银行和政策性银行可以通过逐步提高国家在灾后重建中的政策性贷款比重并在贷款利率和期限等方面实行优惠政策，支持灾区基础设施建设项目，以改善灾区的投资环境，促进灾后重建工作的顺利开展。这样，通过应灾银行和政策性银行合理筹集资金和科学地使用资金，可以促使国家的财政和金融支持落到实处，实现灾后重建工作的顺利开展。这样就形成了以财政政策为依托、银行信贷和保险等金融支持为主要手段、社会资金参与的多角度、全方位的灾后重建资金网络，为灾后重建工作的顺利有序开展奠定了坚实的经济基础。这样，通过政策性银行合理筹资和科学地运用资金，可以促使国家的区域政策落到实处，实现地区经济发展的目标。

7. 加大对灾区金融机构灾后重建的支持

地震灾区金融机构的办公、营业网点房屋和职工住宿楼受损严重或损毁，政府和金融机构上级应对灾区金融机构恢复重建给予资金等方面的支持。灾区金融机构一方面要支持灾后重建，另一方面也要抗震自救。由于自身经营受到很大影响，政府应充分对灾区金融机构特别是农村信用社给予营业税、所得税减免，实施财政贴息、呆账贷款核销、降低抵贷资产处置契税和过户税等其他补偿扶持政策措施，以提高金融机构支持灾后重建的积极性。只有金融机构充分发挥作用，灾后重建才能更好更快地进行。

8. 完善巨灾风险应对机制

首先，进一步充实巨灾风险管理。适时推出巨灾共保和巨灾证券化计划。所谓巨灾共保计划，是指由政府牵头，个人和市场共同参与，运用精算模型测算当地在发生不同自然灾害时可能造成的损失，并据此拟定不同巨灾保险组合。而巨灾证券化是将巨灾风险所触发的大额资金使用计划进行信托化管理，并通过该信托计划对外发行证券，投资者在未触发巨灾条款的情况下享有收益、转换、赎回等权利。一旦巨灾发生，巨灾债券发行者将自行免除对投资者的还本付息义务，而其筹集的资金也被迅速投入到灾区救援和重建进程。进一步建立中国巨灾险准备金制度，为灾后国民经济的恢复和发展提供风险管控手段，可以总结农业巨灾保险的试点经验，全面推进政策性农业保险工作。其次，不断完善灾难备份系统建设。灾后各金融机构要在央行的引导下加强支付清算系统动态监测，加强重要金融基础设施的备份系统建设和因灾受损的重要文件、数据、档案等信息资料的清理及备份工作，构筑灾后重建资金汇划“绿色通道”，保障支付清算、国库、现金发行、邮政汇兑系统等的安全运营，确保灾后重建资金汇划通道畅通运行，立足长远，灾难备份系统应扩大应急预案网点覆盖范围，扩大应急预案本身的覆盖范围，同时在有限的条件下积极尝试金融灾备系统建设服务外包。

7.3.2 政策分区域优化路径

汶川地震灾区按受灾程度可分为极重灾区［10个县（市）］、重灾区［41个县（市、区）］、一般灾区［186个县（市、区）］。根据不同的受灾程度，政府需要不同的倾斜政策来指导灾区的重建。

7.3.2.1 针对极重灾区、重灾区和一般灾区分别制定财政政策

1. 中央政府增加对极重灾地区的财政支出

财政投资作为中央投资或政府投资的主要方面，其投资方向、领域和重点的选择，对提高投资质量，快速高效地增强灾区经济的基础地位，转变经济增长方式影响甚大。四川省是受汶川地震影响最大的省份，成都、德阳、绵阳、广元、阿坝、雅安6大重灾区是四川经济发展的重要地区。从投资环境角度看，不仅包括基础设施之类的硬环境，也包括一系列经济政策之类的软环境。良好的财政政策和良好的公共服务、公共设施是吸引人才和资金流入，促进经济发展的基础性条件。中央政府应增加对极重灾地区的财政支出力度，在税收分配上予以照顾，支持地方政府加大对灾区公共投资的力度，向民众提供良好的公共服务（如较高的教育水平、较好的医疗条件等）和较发达的公共设施

（如通信、道路等），对企业和个人到灾区投资给予开发奖励，吸引人才和资金，促进极重灾区经济迅速恢复。

2. 建立重灾区发展基金

重灾区发展基金由中央和地方财政共同承担。其资金来源可包括：中央财政拨款，划转目前的支援灾区发展基金、相关“三农”建设的专项资金、某些财政周转金和扶贫资金；以中央财政的经常性税收作担保，发行灾区特别建设债券；社会各种企业、团体组织和外援等赠款。基金对重灾区建设项目进行专门的管理，主要用于重灾地区的农田水利、公共设施、基础设施建设，重点项目的投资补助以及教育和就业培训等，以吸引更多的社会资金投入。

3. 优化一般灾区财政支出结构

财政支出结构的差异对灾区经济的协调发展有着重要影响，中央应促进财政支出结构的尽快优化。中央财政必须改进对一般灾区的资金注入的分配方式，不仅安排与灾区群众生活、生产密切相关的公共服务设施和基础设施建设，支持重大项目建设，解决一般灾区面临的能源、交通、通信、农业等方面重大基础建设项目投资不足的问题。同时，支持中小企业等恢复生产经营。需要注意以下两个问题：一是防止重复建设。重复建设问题同地方政府行为有极为密切关系，在市场机制发挥作用的情况下，出现一定程度的重复建设在所难免，但如果出现大量盲目的和低水平的建设，则需要中央从宏观调控上加以引导和阻止。二是优化投资结构，注重产业倾斜。受灾地区第三产业同全国比严重落后，应促进该地区能源、原材料工业发展，创造交通、通信等配套条件。调整存量和提高增量同等重要，这些均需要通过一定的财政政策加以调节，促进公平与效率。

7.3.2.2 针对极重灾区、重灾区和一般灾区分别制定税收政策

1. 调整受灾地区税收分配比例

国家应根据各地区受灾程度提高地区所得税地方分配比例。按照极重灾区、重灾区和一般灾区划分，有梯度的提高现行所得税地方分配比例，例如将原本中央分成60%，地方分成40%，调整为所得税极重灾区中央分成40%，地方分成60%，重灾区中央分成45%，地方分成55%，一般灾区中央分成50%，地方分成50%，以调动西部地区发展经济。对落实灾区恢复重建税收优惠造成的财政减收部分，给予专项转移支付补助，相应调整下划基数和返还基数。

2. 实行明显的灾区税收优惠

在企业所得税方面，对于在重灾区、一般灾区和非灾区的企业实行不同的

所得税税率。在流转税（工商统一税、产品税、增值税）方面实行多层次的优惠政策，加强税收政策向受灾地区的倾斜程度，吸引投资，促进资金在地区间的合理流动和资源的最佳配置。

（1）退回受灾地区的企业和个人的所得税。除退回受灾企业当年已预缴的企业所得税外；同时，视企业损失情况以及重建资金需求情况，给予企业退回恢复重建以前 1~3 年已缴企业所得税的优惠，此外在企业恢复到震前生产水平以前，给予企业所得税减征或免征优惠。灾区企业引进的高层次人才，给予免征恢复重建期间的个人所得税。对遭受损失的个人，减征或免征 3 年个人所得税。

（2）对参与灾后重建的非灾区企业和个人的实行税收优惠政策。提高企业向灾区进行公益性捐赠应纳所得税额的扣除比例；企业向灾区直接捐赠，支援灾区所急需的物资，在增值税政策上应给予优惠；利用本企业产品直接为地震灾区援建医院、学校、居民住房等设施的，予以免征增值税和营业税；对企业自行购进货物为灾区援建相应设施的行为，免征营业税。个人向灾区进行的公益性捐赠，允许全额扣除应纳所得税额。企业招收灾区群众就业达到一定比例（或人数）的，可视同招收下岗人员或残疾人给予税收优惠；非灾区企业和个体工商户从受灾企业采购产品达到一定金额（比如 1 100 万元）的，可以在增值税上给予一定比例的返还。到灾区投资，特别是投资农业、交通运输、环保产业、高新技术产业和技术服务业等产业的，要给予重点优惠。

（3）对固定资产抵扣范围进行扩大。鉴于灾后重建企业厂房等不动产投资所占比重极大（一般都占投资额 60%~80%），国家可以考虑将新建厂房等固定资产的进项税额抵扣纳入改革日程，对受灾地区进行特殊照顾。此外，目前灾区很多企业面临地震和金融危机双重影响，产品价格下降，甚至亏损经营，国家可以考虑对灾区企业给予增值税减免，对纳税人因遭受非正常损失，造成原材料、半成品、产成品损失的，将其原已抵扣的增值税进项税转出。在纳税人因地震灾害自身损失本来比较大的情况下，再由其承担该部分负担无意是在“雪上加霜”。从增值税链条式原理上讲，纳税人购入该部分产品时，产品价格与税金已支付给上一环节，而实际该部分材料所支付的产品价格与税金根本无法从他的下一环节收回，更不要说还产生新的增值。因此政府可以考虑将此部分损失认定为正常损失，也就是将上一环节的已收税金用于支持企业抗震救灾，这样相当于在企业恢复重建时“扶上马再送一程”，只要企业实现振兴，灾区的就业和经济就能转好，灾区的未来会更有希望。

3. 以产业倾斜为主，税收政策和产业政策的积极配合

我国产业政策的重心在于支持交通运输、邮电通信、能源和原材料工业等基础设施和基础产业以及机械、电子等支柱产业的发展，考虑到位于中西部地区的受灾地区经济基础薄弱而需加大基础设施建设的现实，我国的税收优惠一是要促进交通、通信、能源、重要原材料和水利等基础设施和基础工业的开发与发展，二是要促进农业和为农业直接服务的产业的发展，三是要促进科技进步。一方面要以教育为本，从促进科学技术开发和科技成果运用两方面给予支持，把科学技术放在经济、社会发展的重要位置；另一方面要加速恢复受灾企业的生产能力，促进设备更新和采用新技术，使科学技术成果转化为现实的生产力。对于采用新技术、购进新设备、生产新产品的受灾企业，允许企业对设备加速提取折旧，并对其采用新技术、新设备生产的新产品利润给予减免税照顾。对于高新技术产业以及技术含量高、污染少、附加值大的产业和出口产业给予税收照顾，以利于调整和优化受灾地区的产业结构，从而推动灾区经济迅速复苏，保证国民经济的持续、快速、健康发展。

税收优惠政策除重点贯彻以产业倾斜为主的原则外，还要适应个别受灾地区的特殊情况，适当采取一些照顾、鼓励的税收优惠措施，具体为：①在统一商品劳务税优惠政策的前提下，对极重灾区和其他经济极其落后一般灾区经营有困难的企业，尤其是中央所属企业放宽企业税收优惠政策。这样，既可以增强国有大中型企业的财力和活力，又可以不增加地方财政的压力。②继续保留、恢复部分有利于老、少、边、穷地区经济发展，并且又与国家产业政策、环保政策不相冲突的税收优惠政策。同时，还有必要根据产业政策和地区经济协调发展政策，制定某些能够增强落后地区“造血”功能，符合经济长期、稳定发展目标的税收优惠政策。

7.3.2.3 针对极重灾区、重灾区和一般灾区分别制定金融政策

1. 完善有效的倾斜性金融政策

倾斜的金融政策是弥补市场机制和金融机制不足从而强化金融支持力度的前提条件。大地震发生前，中央银行给中西部地区的金融优惠仅限于部分专项优惠资金的供给，而全方位的优惠政策支持则不足。大地震后，在灾后重建过程中，国家应完善有效的倾斜性金融政策。实行有区别的且具有针对性的区域性货币政策。从货币供给量、准备金比例、贷款和再贷款等货币政策手段的运用上体现对重灾地区金融支持的倾斜性；在信贷管理体制中，摒弃全国整齐划一的对有关商业银行存贷比例、授信额度、贷款结构等方面的管理方式，采用适合受灾地区的灵活的、有差别的信贷政策；引导完善受灾地区金融组织体系

的鼓励性政策，且对金融机构的市场准入和退出、业务经营范围限制放宽；灵活对有关直接融资的市场准入条件等方面政策管制。

西部地区资本市场欠发达，直接融资比重很小，经济发展主要依靠信贷资金。信贷资金的及时注入，对于扶持基础设施等项目的建设、改善投资环境、提高资本的边际收益率有着重要意义。在大地震发生后，灾区经济几近瘫痪，更需要对受灾地区的信贷倾斜：

(1) 中央银行应给予灾区金融机构特殊的信贷政策。

各商业银行等金融机构在支持灾后重建过程中资金不足的，央行应积极给予再贷款或再贴现支持，并合理确定金融机构的贷款比率、资产负债比例等考核指标。支持和鼓励各商业银行加强资金调度，放宽受灾地区分支机构的贷款审批权限，以充分调动受灾地区基层银行发放贷款的积极性。要扶持各级金融部门设立专项资金，以满足灾后重建经济发展的需要。

对极重灾、重灾、一般受灾和非受灾地区国有商业银行实行差别信贷管理政策。一是实行对极重灾、重灾地区商业银行实行较为宽松的资产负债比例管理，适当提高存贷款考核比例，加大授权授信力度，增强受灾地区商业银行支持经济大开发的信贷供给能力。二是对极重灾、重灾地区省级分行在系统资金往来利率和期限上实行比非受灾更加优惠的政策，适度提高极重灾、重灾地区货币供应量，降低受灾地区国有商业银行省级分行的二级准备金率，扩大对受灾地区的货币资金供给，满足受灾地区恢复重建的合理流动资金需求。三是提高固定资产贷款比例，延长固定资产贷款期限。在国有独资商业银行省级分行享有新增存款 15%可用于发放固定资产贷款政策的基础上，对受灾地区省级分行按极重灾区、重灾区、一般灾区增加 5~10 个百分点，使受灾地区新增存款用于固定资产贷款的比例高于全国平均水平。同时，适当延长受灾地区固定资产贷款期限，以促进受灾地区国有企业加快恢复基础设施建设并进行技术改造。四是对支持灾后重建的政策性贷款和专项贷款实行更加优惠的贷款利率，或加大贷款贴息力度，以减轻受灾地区的利息支出。五是适当提高商业银行存贷比例，提高中长期贷款比例和专项贷款额。同时，针对受灾地区国有经济比重大、包袱沉重等问题，提高呆账准备金比例。

对重灾地区省级分行实行宽松的内部经营和考核指标政策。一是对受灾地区尤其是受灾严重地区国有商业银行实行财务倾斜政策和亏损补贴政策，改善其经营状况，提高其对受灾严重地区和贫困地区经济发展的支持能力。二是适当提高重灾地区商业银行贷款呆、坏账准备金提取比例，调剂使用呆、坏账准备金，加快呆账核销进度，促进受灾地区加大产业和企业结构调整的力度。三是积极研究和分别推出适合极重灾、重灾和一般受灾地区特点的金融创新业务，完善技术手段，增强受灾地区的筹资能力和业务拓展能力。

增加灾区人民银行分行的调控权限。一是总行根据情况分别增加对受灾地区人民银行分行再贷款、再贴现的限额，适当延长再贷款期限。对金融机构因支持灾后重建、受灾国有企业恢复和发展中出现的临时性、季节性资金需求，及时给予再贷款支持，再贷款期限可放宽到三个月或更长一些时间。积极拓展再贴现业务，支持商业银行扩大票据业务，加大对受灾的重点行业和企业再贴现的支持力度。二是出台措施，积极扶持受灾地区地方性中小金融机构的发展，增加对以城市商业银行和城乡信用社为主的中小金融机构再贷款，促进其稳健经营和合理增加贷款。建议对受灾地区中小金融机构再贷款利率在现有再贷款利率基础上适当下浮，以支持农村经济、中小企业和私营经济的恢复。三是积极鼓励灾区地区中小金融机构参加全国银行间同业拆借市场，增强融资能力。

实行区别对待的存款准备金政策，加大支农再贷款力度。灾后重建信贷资金需求量大，同时金融机构组织存款的难度增大，金融机构资金头寸偏紧，尤其是农村信用社资金缺口较大。因此，建议在灾后重建期间对重灾区地方法人金融机构存款准备金采取分步缓慢提升的办法，以减轻农村信用社资金压力。具体可分阶段实施：一是优惠存款准备金政策到期后，如遇国家提高存款准备金率，极重灾区国有商业银行可暂时不上调，重灾地区略微上调，待灾后重建期结束，金融机构恢复元气后，对灾区法人金融机构可在目前执行存款准备金率的基础上同步提高；二是极重灾、重灾区法人金融机构与非灾区法人金融机构存款准备金率之间的差额可分 2~3 年逐步拉平。另外，要加大支农再贷款对农村信用社的支持力度，并适度降低灾区特别是重灾区支农再贷款利率，解决金融机构灾后重建与资金短缺的矛盾。

制定农村信用社专项票据兑付特殊政策。降低受灾地区特别是重灾地区农村信用社专项票据兑付标准和条件或延长兑付期限。对已完成票据兑付的信用社延长兑付监测考核期，在考核期内对专项票据仍给予计息。同时，对地震灾害所造成的信贷损失，特事特办，制定补偿政策，扶持重灾地区农村信用社尽快走出困境。

（2）增加中长期信贷。

一些重灾地区在震前的经济相对落后，在震后更需要进行中长期项目的战略性建设。为了配合国家加大对受灾地区基础设施财政投入力度的政策，商业银行要积极认购国债并适时发放相应的配套贷款支持这部分经济落后的重灾地区。同时，还要支持国家开发银行等政策性金融机构适时发放专项金融证券，以解决中长期信贷资金不足的问题。

（3）保证重点项目信贷。

对受灾地区上报的项目，应灾银行和国家政策性银行应组织专门力量，加快评估、审批，并配合有关政策部门，筛选出符合国家有关政策、能促进灾后重建的项目，做好立项、资金筹措和贷款申报工作，要大幅度增加支持重点产业、重点企业恢复生产的流动资金、促进产业结构调整的资金、维持民众正常生活的资金以及恢复中小企业与民营企业生产所需资金。特别是对重灾地区的公路、铁路、机场、天然气管道干线、水利、电网、通信和广播电视等重大基础设施建设项目，加大倾斜力度，总之，要在加强金融监管、防范金融风险的前提下，首先确保重灾地区基础设施、公共服务设施、重点企业等的资金需求，为受灾地区的全面恢复创造条件。

（4）增加国家对灾后重建的专项信贷资金投入，扩大使用范围。

一是增加对重灾地区国债项目的投资，做好银行资金的配套工作。特别是做好对贴息贷款的配套工作，满足灾后重建中具有战略意义的基础设施、资源开发等重大工程项目的投资需要。二是支持重灾地区通过资本市场拓宽融资渠道，新股发行予以政策倾斜；在受灾国有企业股份制改造和重组中，优先考虑资源开发性质企业上市；由国家重点行业发行灾后重建债券，通过债券市场筹措资金；试点设立灾区行业的产业投资基金，鼓励投资者向重灾地区农牧业、矿产、基础设施等产业投资。三是国家开发银行的专项信贷资金向重灾地区倾斜，设立灾后重建专项贴息贷款，专门用于安排受灾地区的交通、通信、水利等基础设施建设项目。四是增加自然资源开发和旅游资源综合开发等专项信贷资金投入，扩大使用范围，积极支持具有灾区特色的产业发展。五是加大扶贫贷款投入力度，主要投向灾区贫困地区和少数民族地区，进一步支持受灾地区扶贫攻坚。

（5）积极利用外资促进灾后重建。

通过金融外交，积极对外宣传我国灾后重建的战略计划，争取更多的世界银行、亚洲开发银行等国际金融组织的优惠贷款；国家应进一步提高国际金融组织和外国政府优惠贷款用于受灾地区项目的比重，并在贷款担保和归还方面给予相应支持；与加入 WTO 结合起来，进一步扩大金融对外开放力度，改善投资环境，建立和完善高质量的项目库和招商网络，采取灵活多样的招商引资形式，积极探索利用外资的新方式，吸引国外的大公司、大财团投资，吸引更多的外资流入受灾严重地区。

（6）向与赈灾有关的企业提供倾斜贷款。

在救灾时期，需要大量帐篷、活动房屋、药品等物资，生产企业可能遇到生产能力不足、原料采购紧张等问题，银行可以为这些企业提供紧急贷款，帮助其扩大生产，支援灾后重建。

2. 发挥资本市场的资源配置作用

我国资本市场应树立新思维，把一般意义上的以股票市场促进产业结构升级转变为特殊意义上的促进灾区经济复苏，放宽直接融资限制，建立为灾后重建直接融资的区域性资本市场，扩大融资渠道和融资能力，对灾区经济复苏的调整发挥积极作用。资本市场在灾后重建过程中的资源配置作用可以通过以下途径来发挥：

（1）引导证券市场体现国家政策。

目前，要以灾后重建为契机，充分挖掘国家金融政策的含金量，将股市热点引向中西部板块，同时可以考虑仿照二板市场的作法，组建具有特属于灾区重建的板块市场，使和国家灾后重建的政策能够从股市上得到直接体现，让灾区受损的上市公司从中获得较大收益，从而通过这部分损失得到弥补的上市企业的发展来带动整个受灾地区的经济发展。

（2）建立区域性资本市场，拓宽资本市场的融资渠道。

可在恢复重建进展良好的一般受灾地区设立证券交易所，鉴于中央目前没有相关政策，可以先尽早开放柜台交易。此外，还可在有特色产业的地区设立煤炭、有色金属以及有关农副产品期货交易市场。

受灾地区可以以“公开、公正、公平”为原则，在严格管理、规范运作的前提下，积极建立区域性资本中心市场，打通资本流通渠道，为受灾地区经济复苏提供更多的融资机会。另一方面，允许区域内投资公司通过国内甚至国外发行债券，为受灾地区大型基础设施建设项目或优势资源开发利用项目进行直接融资，也可通过国家统一发行灾后重建债券筹措资金，扩大对各受灾地区的投资；同时也要扩大受灾地区各类投资基金的设立，并放宽其上市条件。

3. 建立和完善地区金融机构组织体系

金融组织体系是否完善，直接影响受灾地区的筹融资能力。因此，在给予受灾地区金融政策支持的同时，应积极着手建立和完善与地区经济发展相适应、能够满足不同类型企业和个人的资金需求、多层次且多元化的金融组织体系，以提高金融服务水平。

（1）组建国家级的应灾银行。

通过组建国家级的应灾银行，加大银行对中西部地区发展项目和企业的资金支持力度。比如，在西南枢纽地位的成都设立应灾银行，专门负责国家对受灾地区政策性资金的筹集与投入，集中使用国家提供的中长期重点建设项目的投资和开发资金，充分发挥成都在受灾地区的经济金融辐射作用，为灾后重建提供资金支持。甚至可以考虑中央赋予省一级政府一定的融资权限，以省级财政做担保，发行区域性中长期建设债券使受灾区域内的社会闲散资金不向东流，用于灾后重建。

（2）鼓励全国性股份制商业银行和外资金融机构在受灾地区设立分支机构。

积极引进中信、民生、光大、发展、招商、交通等全国或区域性股份制商业银行和外资银行，在受灾地区设立或增设分支机构，加大国内和国外资本参与灾后重建的力度，以增强对受灾地区经济的支持力度；加强外资对受灾地区的投入力度，放宽外资银行在受灾地区设立分支机构的条件，鼓励外资参与受灾经济开发，力争在引进外资上有更大的突破。

（3）建立区域性金融机构。

随着灾后重建的不断深入，根据经济发展对金融服务提出的新的要求，逐步建立一些与之相适应的区域性金融机构。如积极发展受灾地区城市商业银行等地方性金融机构；组建受灾地区中小企业发展银行，并在此基础上建立中小企业信用担保组织，直接为中小企业发展进行融资服务；改革和发展农村合作金融组织，更好地为促进农村经济服务等。对受灾地区没有设置政策性银行的少数民族地区，应在上述区域性金融机构中明确政策性业务的代理行，以便于国家政策性信贷资金的落实。

4. 建立灾区金融保障机制

（1）对基础产业的保障措施。

由于基础产业投资大、周期长、资金盈利率低，加之所需资金巨大、风险较高，因此，发展基础产业，须相应制定金融保护政策，如：发行由政府担保的基础产业建设债券，建立基础产业风险保障基金，发行由财政贴息的基础产业债券及可转让债券，允许多种投资方式并存，为它们进入金融市场筹资创造金融环境。

（2）对农业的保障措施。

农业是受灾地区的一大产业，由于受比较效益低下的影响，长期缺乏融资能力。为了促进灾后重建生态农业、旅游农业、绿色农业的形成，应建立自然灾害风险基金，发行农业开发债券，银行积极参加农业保障制度的改革，规定金融机构的新增存款用于农业的必须保证一定比例，地方财政用于农业的资金必须到位。

（3）对一些特殊产业的保障措施。

对于教育、健康和环保等特殊产业，应从金融角度尽力创造条件，与其他政策配合建立相应保障体系，促其发展，引导受灾民众心理状态的平复。同时，争取按市场条件向外国银行贷款或从国际资本市场直接融资，使这些特殊产业的发展能得到更好的保障，以更有效地促进灾后重建的平衡协调发展。

7.3.3 政策分层次优化路径

从政策对象来看，灾后重建的主体分为居民和企业。国家需要分别从居民和企业的角度出发，对政策进行优化。

7.3.3.1 为居民服务的政策优化

从政策实施后的产出状况来看，受灾地区的经济和民生发展等各方面都有所恢复。从模型评价的结果来看，政策目标群体对政策的实施效果比较满意。可见，汶川地震灾后重建政策的实施取得了比较良好的社会效应和经济效益，符合可持续发展理论，注重了社会的公平和效率。在灾后重建的财税、金融政策取得较为良好的效果的同时，也存在需要完善的地方。

1. 加大政府补贴力度，积极解决住房问题

在居民住房恢复重建过程中，政府应加大补贴力度，特别是对因灾失业的灾民加大补贴力度，积极解决居民的住房问题。专项拨款用于毁损房屋的修建以及有关有助于受灾群众迅速恢复正常生活的设施建设，减少受灾群众通过其他方式自己承担重建资金的压力。对于农村居民的住房采取自建房政策，明确重建过程中政府的补贴比例，推动灾后重建和新农村建设的结合；对城镇居民的住房以政府建设的安居房为主，以成本价提供给受灾民众。地方政府应更多地投资于期限长、具有战略意义、有利民生的公共项目。另外贴息期限也应该适当延长，有效帮助居民在重建过程中缓解困难，尽快恢复正常生活。

2. 加强资金管理

由政府出台相关政策，解决救灾资金管理权的归属问题。在资金的使用过程中，具体用途应及时向社会公布，杜绝利用职权挪用救灾资金的风险。鼓励各受灾地区严格执行公示制度和民主监督制度，切实保护受灾群众的利益。

3. 普及税收知识，使民众普遍受惠

政府应加强对税收政策相关内容的宣传，使民众充分了解诸如个人所得税、房产税、契税和房屋购建税等政策的相关知识，清晰地认识在灾后重建过程中自己在税收优惠上的所需所求。同时，政府通过建立的信息反馈机制向受

灾民众收集意见，根据得到的信息和当前的实际情况，制定和调整出能使绝大多数民众受惠的税收优惠政策。

4. 坚持政府导向，合理选择放贷时机

政府作为政策的制定者在提升政策效果方面有着当仁不让的责任。因此，政府应当坚持主导地位。面对农村出现的金融抑制问题，政府需要制定一系列政策，引导农村金融的发展。

财政资金的使用还是应以计划经济为主，在保持政策稳定性、公开性、透明性的基础上，根据市场需求，政府进行统一规划和贷款，确定实施项目。同时，村上也应做好宣传工作，以社区自治取代村民自治，摈弃简单的“补助+贷款+自救”模式，根据农户的实际受灾情况情况、贷款使用的合理性和还款能力，积极引导居民合理地支配贷款，避免自愿浪费。把握好放贷时机，在社会秩序恢复到一定程度，居民心理状况也恢复理性时，再发放贷款。

5. 建立良好的农村信用环境，建立农户贷款配套政策

在灾后，要解决好农民问题，首先必须解决农民致富的启动资金问题。向农民发放小额贷款正是交给农民一把致富的金钥匙。它对农村基层党的组织、农村基层政权的巩固起到了非常重要的作用，对化解金融风险、提高农村信用社抗风险能力是一次非常好的尝试。

尽快建立农户、个体经济以及私营企业的个人信用咨询系统，通过完善个人的经济档案和账户管理，加强对农民贷款的跟踪管理，提高农民的信用意识；多方筹集农民贷款担保基金，建立农户贷款担保体系，分散农户贷款风险。积极发挥村级信用代办员调查情况、反馈信息、代办手续的作用，保证对农户的信贷支持。

6. 对居民实行倾斜政策

政府部门应尽快落实国家出台的相关配套政策，切实加大灾区信贷资源调别力度。尤其是加大对灾区“三农”的信贷支持，积极发展适合灾区农村特点的村镇银行、农村资金互助社、贷款公司和小额贷款公司等新型农村机构，提高农村金融网点的覆盖面和对灾区农村的金融服务水平。

一是金融机构应与政府、慈善机构等建立密切的合作关系，协调捐款与贷款的关系，发挥出“向上滴流”效应，即以较少的补助启动，并保障得到补助的人们很容易得到优惠贷款，从而较好地解决资金来源问题，同时又能改善激励机制。二是对农户房屋重建贷款，政府要按照贷款实际发放额 1 : 5 的比例，尽快落实担保基金。三是银行可提供各种优惠贷款，实行必要的住房信贷优惠政策，比如灾区人民重新修建住房或修补原有住房，或是就业创业，银行

的贷款将是有力的支持。根据国际经验，这部分贷款应以短期、低息贷款为主，财政部应对有关的贷款金融机构补贴利息，减轻农户还款压力；由于受灾群众很难提供抵押品，因此可采用租赁的方式向灾区提供帮助。采用租赁方式，机器设备等的所有权仍然在贷款者手中，这对贷款者和借款者来说是一个双赢的结果。四是延长贷款贴息时间，对不能按期归还而办理了贷款展期的农户，希望国家继续给予贴息。五是对灾区优惠支农再贷款利率延长，可减轻农村信用社的负担，增强其自身造血功能，尽快恢复至灾前水平，向农户灾后重建提供帮助。

对不同的农户采取差别性贷款政策。根据居民受灾程度、家庭收入等影响其贷款需求和还款能力的因素，制定有针对性的贷款政策。对于受灾严重的地区和一般受灾地区分别实行贷款政策。政府可对受灾严重地区的贷款适当降低贷款利率，延长还款期限。农户还清贷款的期限相对较长，金融机构对个人贷款利率应从优，凡是用于灾后恢复重建的贷款一般应执行基准利率，甚至在灾后重建期间减免利息，以减轻民众还款负担，尽快恢复正常生活。同时，对用于灾后恢复重建的贷款期限应从长，一般可延长到3~5年。同时，若确实有暂时还款困难的，政府可以考虑代为还款，后期再以债权人身份进行催款工作，这样既能降低银行贷款的风险，又可以暂时缓解居民还款困难。

7. 建立配套的金融机制，发挥金融机构的特殊作用

一是帮助灾区人民保护好其财产安全，确定银行存款、房屋按揭、保险、基金和股票等金融资产的归属。金融机构应尽快办理理赔手续，妥善处理房屋按揭等问题。二是金融机构可以利用在资金管理方面的优势，将政府向灾区发放的各类补助通过银行卡形式发放，确保资金直接到达个人手中，提高政府办事效率，避免官僚主义和腐败问题，并且为灾区人民带来很多便利。在政府援助和各界捐款陆续到位后，银行还应该在管理这些资金方面提供更多的支持。三是对灾区民众提供理财帮助，随着经济活动逐渐恢复，如在灾后重建中大量基础设施工程的兴建，可能会采取“以工代赈”方式雇用大批当地工人。灾区的工厂企业也将逐渐恢复生产经营，人们的收入将逐渐提高，储蓄和投资意愿将随之提高，金融机构在帮助当地人民理财投资方面的任务将越来越重要。

建立配套金融机制、保险机制是最可行的，又是具有实用性的，是应对不测风云的根本之策。但是，由于经济较为落后，灾区的保险覆盖面较小，专门针对地震、洪水等自然灾害的保险形同虚设。从长计议，应尽快发展灾害保险。从灾后重建的迫切需要来看，设计出适用于农村地区的针对自然灾害的保险产品。可以由农户和政府共同出资，也可以将慈善和保险结合，吸收慈善资

金，为灾区的人民尤其是经济困难者提供保险。其次受灾地区重建模式上，也可以进行一些创新，如引进“公司+农户”的模式，让更多的社会力量参与重建，改变单一靠农民自建的模式。

金融机构是政策的执行者，政策是否能达到预期的目标，与执行机构的操作有着不可分割的联系。一方面，金融机构要不断提高服务水平和效率，消除与客户之间的信息不对称，为受灾居民提供优质便捷的服务。另一方面，从政策受益者的满意程度来看，金融机构还需要转变经营理念，增强服务意识，加大对政策宣传、产品宣传及金融知识普及的投入，用营销的理念扩大市场，增加收益。最后，金融机构应对自身在政策实施过程中的角色正确定位，即要坚持政府引导也要关注市场信息，坚持市场导向。正确认识利率在信贷政策中作用，增强对信贷对象的甄别，有差别的使用利率调节。这也是金融机构加强风险防范，完善抗风险机制的方法。

7.3.3.2 为企业服务的政策优化

受灾企业重建作为汶川地震灾后重建的一个关键点，国家从各方面出台了一系列财政、税收和金融政策促进其恢复发展。从政策实施后的状况来看，受灾企业的经济有所恢复，政策的实施取得了比较良好的效果。在灾后重建的财税、金融政策取得较为良好的效果的同时，也存在需要完善的地方。

1. 加大财政支持力度

中央应根据各受灾地区企业损失的实际情况，增加对政府的拨款，督促其设立专项基金，加大对灾后企业恢复生产的支持力度。或直接拨款给予地方骨干企业，或增加对中小企业贷款的贴息总额，促进其尽快步入正常生产轨道，以企业恢复生产带动行业恢复发展，从而带动整个灾区的经济复苏。

2. 给予相应的税收优惠

在增值税方面，给予受灾企业 3~5 年增值税先征后返的优惠；对损失较大的个体工商户在 3~5 年内减征或免征增值税，随增值税附征的地方税种予以免征。在营业税方面，视灾区企业受灾情况给予 3~5 年减征或免征营业税。灾区个人取得营业收入需缴纳营业税的，3~5 年内免征。其他税收方面，企业和个人在地震中报废、灭失车船，应退还已经缴纳的自报废、灭失月份起至年末期间的车船税款。除国家限制或有特殊规定的产品外，3~5 年内，受灾企业从国外进口自用生产设备和必需原材料等，免收进口关税和进口环节增值税；受灾企业向国外出口产品，免收出口关税和增值税（或先征后返）。应视灾区企业受灾情况给予 3~5 年减征或免征城建税、教育费附加资源税、土地使用税房产税契税、农业特产税。灾区个人自建自用房屋，免征建筑安装营业税。

或者国家能仿照当年给外资企业的政策，在企业实现盈利年度后再给予数年的企业所得税减免优惠，实现灾区企业振兴。

3. 特别审视延期纳税申报政策

延期纳税申报对于受灾企业有着非常意义。第一，受汶川大地震的影响，道路、通信等基础设施受到不同程度的影响，并且各纳税主体都集中精力于灾后自救并从灾后较快地恢复过来，不能按时申报纳税的企业将增多，这时需要延期纳税申报的政策扶持。第二，在灾后，纳税主体都将大部分资金用于因灾毁损的财产物资，补救灾后的生产销售渠道，出现较大的资金缺口，不能按期缴纳税款的现象增加，延期纳税的申报金额大幅增长，并且申请延期的时间也会变得更长，这时需要延期纳税申报的政策扶持。第三，纳税延期申报实质是给予企业休养生息的机会，减轻企业的税收压力，让他们集中精力于恢复生产，充分发挥他们对于发展受灾地区经济的促进作用。第四，在灾后，受灾地区经济急待恢复，在纳税申报上，有着更多的诉求。需要税务机关提供更加便捷的服务，简化征收方法，如简易申报，申报的程序将变得更加简单，受理的资料也变得更加少。同时，在灾后企业出行不方便的情况下，提供流动办税服务车，担负税收咨询、税务申报等具体服务内容，这些都是灾后企业的强烈期盼，有利于国家对受灾企业进行安抚，促进其尽快恢复灾前水平。

4. 金融机构放宽贷款，引导企业重建

政府作为灾后重建的宏观调控者，应主动承担风险，支持金融机构完善风险防范方法和社会保障制度，积极引导金融机构向这些灾后恢复需要较长时间的产业进行长期融资，推动受灾企业的经济发展。

金融机构可以利用自身的信息优势，帮助政府收集和准确评估灾害带来的损失，协助政府在灾区进行普查，了解灾区的需求，尤其是受灾企业在恢复生产经营活动方面的需求。各政策性银行和国有商业银行应根据实际情况增加灾区信贷规模或取消灾区信贷规模控制，加大放宽授权授信，降低贷款准入门槛，开辟“灾后重建信贷绿色通道”，重点支持地震灾害中受损严重而又关系国计民生的水、电、气、路、桥、学校、医院、通信、农民生产生活以及重点企业和重点项目等的灾后重建；农村信用社要调整信贷准入条件，还要加大对中小企业的信贷支持。

制定灾区震前贷款的特殊处理政策。对震前贷款国家应制定特殊处理政策。一是对在地震灾害中损毁严重确实难以归还的企业贷款给予核销，但要严格审核，防止国家资产损失；二是对暂时不能按期归还但有一定偿还能力的逾期贷款可以适度延期和减免本息或者给予财政贴息；三是对暂时不能按期归还但有偿还能力的逾期贷款可以适度延期。同时，对震后贷款担保抵押方式从活，贷款审批从快、手续从简。由于地震导致许多企业固定资产毁损严重，灾后重建贷款担保抵押物缺失，金融机构在担保抵押上不能按照震前条件去对待，应尽量灵活处理。根据实际，实行土地流转权、矿产开采权、林权、商标等无形资产抵押质押，扩大抵押担保范围。对有长期信贷关系且信誉优良的企业可适量采取信用贷款的方式。同时，对灾后恢复重建贷款应坚持特事特办原则，审批从快，手续从简，减少审贷环节和时间，简化贷款过程中所涉及的烦琐的登记程序和手续。

5. 争取更多的受灾企业上市

灾后重建过程中，国家应该为受灾严重的地区的行业给予更多的上市指标，在规范运作、明晰产权和推动受灾地区企业改制、改造和改组为宗旨下，在适当放宽企业股票上市条件，加强上市公司通过二级市场再融资的功能，重点培育出一批能快速恢复生产能力、具有主导性、产业支柱性并且能够带动当地经济发展的骨干上市公司，加快推荐其上市，推动受灾地区股票市场的发展。

6. 配合政策实施，发挥自身创造性

受灾企业是汶川地震灾后重建信贷政策的目标政策群体，其对政策的了解和参与都直接关系到政策的实施效果。作为政策的受益群体应该积极了解政策信息，为应对灾后重建降低重建成本，尽快恢复生产和生活。在企业，尤其是资金实力薄弱的中小企业应注重提升自己的信用评级、优化资产负债结构、管理水平、在规范制度下建立良好的银企关系，完善灾后的资金筹集机制，合理安排重建资金的投资，建立完备的内部控制和外部监督机制，以应对灾害，这样能推动政策目标的实现。

响应国家政策，积极推动上市公司的资产重组。受灾地区的上市公司应积极响应国家政策，利用灾后重建的契机，通过实施公司的资产重组和资本经营，将非流通股尽快置换出去，引进优良的资产和可流通的资本，并在此基础上建立起合理的公司治理结构，打破沉闷的局面，恢复企业活力，更好更快的发展。在此基础上，进一步提高企业的筹资能力，鼓励受灾地区证券机构根据受灾地区经济发展的特点和要求，积极进行制度创新、工具和交易手段创新以及市场创新；股份制企业尽可能采取股票上市或发行可转换公司债筹集发展基金；非股份公司尽可能发展股份公司或有限责任公司，争取股票上市或发行债券，筹集发展基金；还可以通过建立项目股份公司，以股份集资，作为项目资本金。由以上方式筹集企业在重建中所需资金，甚至向灾后重建中其他项目提供支持。

参考文献

鲍吉，陈静，任楠，2009. 探索财政与金融对5·12大地震灾后重建的支持与推动作用 [J]. 商场现代化，8：203-204.

蔡谦，2008. 国有金融机构巨灾服务体系及重建模式探索 [D]. 成都：西南财经大学.

财政部，海关总署，国家税务总局，2008. 关于支持汶川地震灾后恢复重建有关税收政策问题的通知 [Z].

曹瑛，2018. 汶川地震灾区经济和基础设施重建成就回顾与观察 [J]. 新西部，13：44-48.

柴箐，2009. 汶川地震灾后重建与区域经济发展探讨 [J]. 经济研究导刊，18：133.

陈侨，2013. PPP模式在灾后重建项目中的应用研究 [D]. 北京：清华大学.

陈升，刘泽，2014. 县级政府灾后重建能力与绩效的纵向变化研究：以汶川地震为例 [J]. 公共管理学报，3：38-48，140-141.

陈升，吕志奎，罗桂连，2010. 非常态下地方政府政策执行评价比较研究：以汶川地震为例 [J]. 公共管理学宝，4：49-56，124-125.

陈升，毛咪，刘泽，2014. 灾后重建能力与绩效的实证研究：以汶川地震灾区县级政府为例 [J]. 中国人口资源与环境，8：156-161.

陈升，唐元杰，2018. 地震灾后重建绩效测量：以汶川、玉树、芦山地震为例 [J]. 重庆大学学报（社会科学版），24（6）：22-32.

陈世香，王笑含，2009. 中国公共政策评估：回顾与展望 [J]. 理论月刊，9：135-138.

陈曦，李思炜，唐曼萍，等，2013. 给予农户视角的汶川地震灾后重建信贷政策实施效果的评估研究 [J]. 特区经济，10：192-194.

陈燕伊，2017. 灾后重建与就业促进："8·8"九寨沟地震灾后重建研究 [J].

决策咨询，6：80-84.

陈振明，1998. 政策科学［M］. 北京：中国人民大学出版社.

陈振明，2003. 公共政策分析［M］. 北京：中国人民大学出版社.

陈志勇，2001. 促进西部经济发展的财政转移支付制度建设［J］. 湖北财税，12：30-32.

邓宏兵，杨喻兵，2012. 灾后对口支援框架下产业转移与承接的模式与途径：以汶川地震灾区为例［J］. 华中师范大学学报（自然科学版），46（2）：218-223.

邓丽，邓玲，2011. 推进汶川地震灾区可持续发展的对策研究［J］. 西南民族大学学报（人文社会科学版），32（5）：125-128.

冯俏彬，2008. 汶川地震灾后重建资金的筹集与管理［J］. 地方财政研究，9：25-27.

冯俏彬，刘敏，侯东哲，2011. 我国应急财政资金管理的制度框架设计：基于重大自然灾害的视角［J］. 财政研究，9：7-11.

弗兰克·费希尔，2003. 公共政策评估［M］. 北京：中国人民大学出版社.

干胜道，2008. 实施灾后恢复重建税收优惠政策的建议［J］. 四川统一战线，9：16-17.

高洁，2007. 公共政策评估主体性原则思考［J］. 理论探索，3：127-128，160.

高培勇，1998. 既要算大账，也要算细账：当前我国财政政策如何选择的建议［J］. 经济世界，12：3-5.

国办发〔2008〕53号，2008. 国务院办公厅关于印发汶川地震灾后恢复重建对口支援方案的通知［EB/OL］. http://www.gov.cn/zwgk/2008-06/18/content_1019966.htm.

国发〔2008〕21号，2008. 国务院关于支持汶川地震灾后恢复重建政策措施的意见［EB/OL］. http://www.gov.cn/zhengce/content/2008-07/01/content_5670.htm.

国发〔2008〕31号，2008. 国务院关于印发汶川地震灾后恢复重建总体规划的通知［EB/OL］. http://www.gov.cn/zwgk/2008-09/23/content_1103686.htm.

郭复初，王海兵，唐曼萍，2008. 企业自然灾害财务：一个新的研究领域［J］. 会计之友，11：69-72.

郭明亮，卿世均，唐曼萍，等，2012. 汶川地震灾后重建财税与金融政策评估研究综述［J］. 特区经济，11：239-241.

国务院，2008. 国务院出台多项税收优惠政策支持汶川地震灾后重建［J］. 商业会计，15：45.

国务院，2008. 国务院关于做好汶川地震灾后恢复重建工作的指导意见［J］. 吉林政报，14：4-7.

哈罗德·拉斯韦尔，1951. 决策过程：功能分析的七种类别［M］. 北京：中国传媒大学出版社.

何树红，姜毅，唐燕，2017. 中国自然灾害金融应对策略［J］. 改革与战略，33（12）：100-104.

胡斌，2009. 对资产证券化参与灾后重建项目融资的思考［J］. 西南民族大学学报（人文社科版），30（2）：59-62.

胡斌，2009. 论我国金融支持灾后重建长效机制的构建［J］. 工业技术经济，28（5）：41-43.

胡永宏，贺思辉，2000. 综合评价方法［M］. 北京：科学出版社.

胡正，2015. 浅析地震灾后重建专项资金使用中存在问题［J］. 财经界（学术版），21：45，237.

黄承伟，向德平，2011. 汶川地震灾后贫困村救援与重建政策效果评估研究［M］. 北京：社会科学文献出版社.

纪尽善，2010. 灾后产业重建融资、引资与吸引民间资金的环境条件研究［J］. 西南金融，6：34-36.

姜国兵，2012. 公共政策绩效评估体系建构初探［J］. 广东行政学院学报，24（6）：7-12，19.

姜林，2008. 灾后重建的金融支持政策制度设计：以四川绵阳地震灾区为例［J］. 西南金融，8：18-19.

蒋远胜，汪霞，申志，2010. 汶川大地震后农户的信贷资金需求及其影响因素：基于四川省5个重灾县的农户调查数据［J］. 农业经济问题，2：88-92，112.

杰弗里·维克斯，2004. 判断的艺术：政策制定研究［M］. 陈恢钦，译. 北京：中国青年出版社.

卡尔·波普尔，1968. . 猜想与反驳［M］. 上海：上海译文出版社.

郎维伟，陈瑛，黎雪，2018. 5·12汶川地震阿坝州灾后重建成效分析与政策完善［J］. 四川警察学院学报，3：74-82.

李帆，马亮，李绍平，2018. 公共政策评估的循证进路：实验设计与因果推论［J］. 国家行政学院学报，5：132-138，191.

李国平，彭思奇，杨凌，2013. 汶川地震灾后恢复重建政策的效应评价：基于四川省地震灾区受灾群众的视角［J］. 软科学，27（8）：132-135.

李鹤，2008. 灾后公共服务社会评估［J］. 四川省情，9：12-13.

李连祺，2008. 灾后住房重建政策的新思路［J］. 西华大学学报（哲学社会科学版），5：16-18，27.

李明，2017. 我国特重大灾害灾后恢复重建财政事权与支出责任变迁［J］. 经济研究参考，40：66-73.

李明昌，2008. 在灾后恢复重建中积极探索融资机制创新［J］. 西南金融，12：4-5.

李莎莎，2011. 汶川地震灾区失地农民社会保障问题与对策研究［D］. 成都：西南财经大学.

李伟，2015. 智库如何做好公共政策评估［J］. 山东经济战略研究，10：46-49.

李晓峰，江维琳，徐玖平，等，2011. 民营企业灾后恢复重建调研［J］. 社会科学研究，3：37-41.

李小云，赵旭东，2008. 灾后社会评估框架·方法［M］. 北京：社会科学文献出版社.

李彦之，2017. 灾后重建可持续性融资难题与专项债券破解路径［J］. 地方财政研究，1：36-42.

李瑛，康德颜，齐二石，2006. 政策评估理论与实践研究综述［J］. 公共管理评论，1：129-137.

李中斌，李莉，杜兴艳，2018. 福建制造业公共政策第三方评估方法研究［J］. 发展研究，2：32-37.

李忠华，2009. 汶川地震灾后重建资金成本分析与结构优化［J］. 商业时代，1：78-79.

林水波，张世贤，1982. 公共政策［M］. 台北：五南图书出版公司.

刘波，王义汉，谢镇荣，等，2014. 人力资本、经济资本、社会资本与灾后重建：以汶川地震为例［J］. 宁夏社会科学，2：68-71.

刘海二，2009. 金融支持与财政政策的协调：兼论汶川震后之重建策略［J］. 成都行政学院学报，2：44-46.

刘鹤麟，2008. 对地震灾区灾后重建特殊金融政策的建议［J］. 西南金融，8：20.

刘敏，2011. 我国自然灾害财政救灾的项目与标准［D］. 成都：西南财经大学.

刘士余，2010. 金融支持汶川地震灾后重建的若干问题［J］. 中国金融，12：8-10.

刘铁，2010. 试论对口支援与分税制下财政均衡的关系：以《汶川地震灾后恢复重建对口支援方案》为例的实证分析［J］. 软科学，24（6）：58-61.

刘运通，胡江碧，2001. 模糊评判的数学模型及其参数估计［J］. 北京工业大学学报，1：112-115.

卢阳旭，赵延东，2011. 汶川地震灾区农村居民住房重建资金获得的影响因素分析［J］. 中国人口科学，6：93-101，112.

鲁伟，刘细发，2012. 我国慈善事业税收激励政策体系的完善［J］. 江西社会科学，32（2）：82-85.

罗凌云，2011. 试论我国自然灾害危机管理之完善路径：基于汶川地震以来我国特大自然灾害危机管理的分析［J］. 四川师范大学学报（社会科学版），38（3）：41-46.

吕新杰，2012. 汶川地震以来中国处置自然灾害政治优势研究［D］. 济南：山东轻工业学院.

吕政，郭朝先，2002. 我国民营企业的新发展［J］. 国家行政学院学报，1：23-28.

马海涛，2008. 完善财政政策 加强宏观调控 为经济“又好又快”发展保驾护航［J］. 吉林工商学院学报，2：24-28.

马磊，钟强，2014. 灾后重建融资模式的分析与探讨［J］. 科学咨询（科技管理），3：20-21.

马续补，刘玮，秦春秀，2019. 基于知识图谱的我国政策评估研究主体、知识基础、研究热点与演进分析［J］. 现代情报，39（3）：166-177.

迈克尔·豪利特，M. 拉米什，2006. 公共政策研究［M］. 庞诗，译. 北京：生活·读书·新知三联书店.

苗崇刚，侯建盛，2007. 建立我国地震灾害资金补偿机制的思考［J］. 国际地震动态，2：15-18.

民发〔2008〕105 号，2008. 关于印发汶川地震灾害范围评估结果的通知［EB/OL］. http://www. gov. cn/zwgk/2008-07/22/content_1052835. htm.

N. E. 格朗兰德，2003. 公共政策制定［M］. 石家庄：河北教育出版社.

牛彦绍，2012. 基于平衡记分卡的科技创新企业税收政策绩效评估指标体系构建［J］. 农村经济与科技，23（11）：45-48.

欧阳若澜，2009. 关于巨灾中应急财政资金的投向研究：以汶川地震为例［J］. 中外企业家，18：67.

潘兆宇，王玉峰，2014. 芦山地震灾后重建的资金支持研究：以四川省宝兴县为例［J］. 农村经济，8：73-76.

綦好东，张良刚，2014. 财政支持蔬菜产业项目资金绩效评价研究：以SD省为例［J］. 东岳论丛，35（11）：169-172.

乔木，2013. 地震灾后财产处理政策效果评估研究：基于汶川灾民的视角［J］. 信阳师范学院学报（哲学社会科学版），33（4）：38-42.

秦锐，2013. 财政公共危机管理的财政保障研究［D］. 北京：财政部财政科学研究所.

阙薇，2011. 汶川地震灾后重建资金筹集方式探究［J］. 中南林业科技大学学报（社会科学版），5（2）：112-115.

R. 爱德华·弗里曼，2006. 战略管理：利益相关者方法［M］王彦华，梁豪，译. 上海：上海译文出版社.

邵辉，常洪昌，吴俊成，2011. 玉树灾后重建信贷模式设想［J］. 青海金融，2：30-33.

食杰，2003. 公共政策研究的理论与方法［M］. 郑州：河南人民出版社.

四川绵阳等六州市人民银行联合课题组，2010. 金融对四川省灾后重建中的支持及启示［J］. 金融发展评论，3：48-56.

四川省统计局，2018. 汶川特大地震十周年重灾区经济发展成就显著［EB/OL］. http://tjj.sc.gov.cn/sctjj/2240/2018/5/7/e8bb5b41c57842109e260240f71fec4a.shtml.

宋伟，余平洋，2011. 基于时效视角的灾后重建公益性投资项目绩效评估指标体系构建研究［J］. 建筑经济，2：55-57.

宋文，2013. “5·12汶川地震五周年工作经验分享会”召开［J］. 社会与公益，5：66.

宋文青，2015. 灾后重建资金绩效评价文献综述［J］. 财经界（学术版），20：87.

宋旭光，庞明川，王晓玲，等，2008. 重大自然灾害灾后重建的政策框架与政策体系：以汶川地震为例［J］. 财经问题研究，9：10-18.

谭志武，2012. 政策执行情况跟踪审计若干问题的认识：基于汶川地震灾后恢复重建跟踪审计的实践［J］. 审计研究，6：19-23.

唐曼萍，2010. 国有企业应对自然灾害财务风险的控制策略［J］. 国有资产管理，4：57-59.

唐曼萍，王海兵，2010. 企业自然灾害财务风险机理及其控制研究［J］. 软科学，24（4）：115-119.

滕兴才，2008. 金融支持灾后重建的九项建议［J］. 金融博览，7：7.

涂江涛，任芳，莫江，2009. 金融支持地震灾后重建效果调查［J］. 中国金融，10：83.

托马斯·R. 戴伊，2002. 自上而下的政策制定［M］. 北京：中国人民大学出版社.

托马斯·R. 戴伊，2004. 理解公共政策［M］. 北京：中国人民大学出版社.

王彬彬，2010. 地震灾区产业恢复与重建研究：以四川汶川地震为例［M］. 北京：经济科学出版社.

王传荣，2009. 产业经济学［M］. 北京：经济科学出版社.

王德钧，2008. 地震灾区国土资源部门应重点掌握并充分运用好的灾后重建优惠法规政策［J］. 资源与人居环境，24：27-29.

王凤京，范嘉毅，2012. 论灾后重建中财政资金的绩效管理［J］. 生产力研究，6：71-73.

王凤京，朱平安，2012. 灾后重建多元化融资体系的可行性分析：以汶川灾后重建为例［J］. 经济研究参考，17：61-65.

王海滋，黄渝祥，1997. 地震灾害间接经济损失的概念及分类［J］. 自然灾害学报，2：13-18.

王建容，2006. 我国公共政策评估存在的问题及其改进［J］. 行政论坛，2：40-43.

王瑞祥，2003. 政策评估的理论、模型与方法［J］. 预测，3：6-11.

王伟，白钦先，2009. 灾后恢复重建离不开政策性金融强有力的支持［J］. 金融理论与实践，1：8-11.

王小江，祝小光，2009. 论绿色信贷政策实施效果的评估［J］. 中国环境管理干部学院学报，19（4）：44-47.

王学杰，1994. 论政策评价的价值标准和行为标准［J］. 社会科学，4：24-26.

王艳茹，2010. 震后恢复重建工程资金评估方法研究［D］. 哈尔滨：中国地震局工程力学研究所.

王永生，2000. 试析公共政策评估及其规范［J］. 理论探讨，3：78-79.

王玉峰，蒋远胜，2011. 巨灾背景下农户融资偏好差异及其影响因素：基于四川汶川5·12地震灾区的调查［J］. 农村经济，7：51-55.

威廉·N. 邓恩，2002. 公共政策分析导论［M］. 北京：中国人民大学出版社.

吴勇，2007. 公共政策评估标准初探［J］. 科技管理研究，3：27-29.

夕生，2008. 为灾后重建提供全面金融支撑［J］. 西南金融，7：1.

谢欣甜，费婧蓉，杨胜刚，2009. 灾后重建的金融支持：国际经验与中国的对策［J］. 湖南社会科学，3：124-128.

幸宇，2012. 巨灾后农房重建资金筹集的创新与完善：基于汶川特大地震灾后四川农房重建实践［J］. 西南金融，9：11-15.

休谟，1983. 人性论［M］. 关文运，译. 北京：商务印书馆.

徐玖平，段雪玲，2008. 汶川特大地震灾后民营企业重建的综合融资模式［J］. 管理学报，5：773-780.

薛云凤，2008. 建立"温情信贷"运作机制的构想［J］. 甘肃金融，8：60.

杨宝华，2008. 政府在巨灾保险体系中的角色定位与作用机制［J］. 上海保险，2：24-27.

杨海燕，李皓，2008. 川西藏区灾后重建的金融特殊政策［J］. 西南民族大学学报（人文社科版），11：23-26.

杨浩波，车杨，罗林，2008. 地震灾区灾后重建税收问题探讨［J］. 会计之友（下旬刊），11：82-83.

杨继瑞，何娟，2008. 促进地震灾后企业重建的制度安排［J］. 经济纵横，10：82-84.

杨洁茹，阙薇，王静湉，等，2011. 关于四川震后重建资金供给分析：基于财政、信贷、保险、捐赠资金的视角［J］. 光华财税年刊：265-279.

杨京钟，2010. 财税政策与抗灾救灾：国际经验与启示［J］. 中国软科学，4：29-36.

杨屹，杨乃定，纪尚革，等，2007. 农民建房救灾资金分配中补助标准的确定及其实证分析［J］. 软科学，4：38-40，47.

杨思思，2010. 金融服务体系灾后重建支持研究：从汶川大地震看金融应急机制［J］. 知识经济，8：56.

杨荫凯，彭娟，2008. 汶川地震灾后重建的几点建议［J］. 宏观经济管理，

8：18-19，30.

杨月巧，2017. 地震灾后恢复重建的后评价框架体系研究［J］. 国际地震动态，7：46-47.

杨月巧，迟宝明，胡俊锋，等，2014. 地震灾后恢复重建的后评价框架体系研究［J］. 灾害学，29（1）：18-24.

杨治刚，蒋小波，2018. 汶川特大地震十周年重灾区经济发展成就显著［J］. 四川省情，5：30-33.

姚壬元，2004. 巨灾风险证券化研究［J］. 中南财经政法大学学报，5：102-108，144.

伊迪丝·彭罗斯，2007. 企业成长理论［M］. 赵晓，译. 上海：上海人民出版社.

佚名，2010. “一行三会”发布《关于进一步做好汶川地震灾后重建金融支持与服务工作的指导意见》［J］. 中国农村金融.

佚名，2011. 金融业全力支持汶川地震灾后重建［J］. 黑龙江金融，5：10.

殷吉昌，2010. 对5·12地震灾区经济复苏的税收优惠政策探讨［D］. 成都：西南财经大学.

银发〔2008〕225号，2008. 中国人民银行 银监会 证监会 保监会关于汶川地震灾后重建金融支持和服务措施的意见［EB/OL］. http://www.gov.cn/gzdt/2008-08/13/content_1071528. htm.

应玉华，李晶，2018. 标准化政策评估若干思考［J］. 标准科学，3：6-10.

苑德宇，宋小宁，2018. 公共政策评估的计量经济学方法运用刍议［J］. 财经智库，4：79-92，142.

袁礼忠，张世馨，马朝敏，2011. 社会主义核心价值体系在阿坝州灾后重建中的实践［J］. 中共四川省委党校学报，S1：34-37.

岳树民，2008. 运用税收优惠政策支持灾区企业恢复生产［J］. 前线，2008，8：24-25.

曾春潮，苑迪，2012. 灾后重建中的乡镇政府绩效评估指标体系研究［J］. 中国减灾，19：46-49.

曾倩，2012. 基于汶川地震的自然灾害灾后重建效果评估［D］. 成都：西南财经大学.

翟进，张海波，2015. 巨灾的可持续恢复："汶川地震"对口支援政策案例研究［J］. 北京行政学院学报，1：15-22.

詹姆斯·E. 安德森，2009. 公共政策制定［M］. 5版. 北京：中国人民大学出版社.

詹姆斯·M. 布坎南，1993. 民主财政论［M］. 穆怀朋，译. 北京：商务印书馆.

张常珊，夏丹，2010. 四川汶川特大地震灾后恢复重建的“中国模式”探讨［J］. 前线，S1：28-29.

张高陵，2009. PPP+专业社会工作：汶川灾后重建的新模式［J］. 社团管理研究，5：6-9.

张国庆，1997. 现代公共政策导论［M］. 北京：北京大学出版社.

张红，2013. 灾后对口支援框架下产业重构模式与政策体系构建：以汶川地震灾区为例［J］. 特区经济，1：121-123.

张欢，任婧玲，刘倩，2011. 析灾后救助政策公平感的影响因素：基于汶川地震的实证研究［J］. 南京大学学报（哲学·人文科学·社会科学版），3：31-41，159.

张金马，1992. 政策科学导论［M］. 北京：中国人民大学出版社.

张珏敏，2010. 关于四川农村地震灾区实施团体贷款的可行性研究［J］. 现代经济信息，8：205-206，208.

张克立，2009. 信贷政策导向效果评估体系架构与实践［J］. 西部金融，4：47-48.

张苗苗，2010. 灾后重建项目融资模式研究［D］. 天津：天津大学.

张平，2009. 国务院关于四川汶川特大地震灾后恢复重建工作情况的报告：2009年6月24日在第十一届全国人民代表大会常务委员会第九次会议上［J］. 中华人民共和国全国人民代表大会常务委员会公报，5：527-533.

张舒英，2011. 日本的灾后重建缘何深陷财政困局［J］. 日本学刊（4）：17-32.

张涛，贺昌政，2009. 地震灾后非经营性政府投资项目建设模式探析［J］. 四川大学学报（哲学社会科学版），2：120-128.

张文彬，李国平，彭思奇，2015. 汶川震后重建政策与经济增长的实证研究［J］. 软科学，29（1）：24-28.

张小明，2016. 芦山地震灾后产业重建模式创新［N］. 光明日报，04-20（16）.

张雪春，2010. 巨灾损失评估与灾后重建资金保证的国际比较［J］. 金融发展评论，3：64-69.

赵坤，2009. 浅析公益信托在灾后重建中的作用［J］. 经济研究导刊，28：49-50.

郑洁，2010. 汶川大地震灾后重建融资模式应用研究［J］. 特区经济，7：292-293.

中国人民银行成都分行课题组，方昕，张春清，等，2009. 汶川地震灾后重建筹资格局中的金融支持研究［J］. 金融与经济，5：44-46.

中国人民银行玉树州中心支行课题组，李文生，2012. 中国巨灾金融政策的供给与完善［J］. 青海金融，4：30-34.

钟开斌，2008. 汶川地震灾后恢复重建政策执行：主要困境和对策建议［J］. 中国软科学，12：18-26.

钟开斌，2009. 安全优化与适度应急响应：基于成本-收益视角的分析［J］. 经济体制改革，2：11-18.

钟炜，陆晓春，2009. 灾后恢复重建项目绩效评价指标体系的构建方法［J］. 项目管理技术，11：17-20.

周法兴，2011. 管好用好资金 推进灾后重建［J］. 中国财政，10：38-42.

周建国，2012. 公共政策评估多元模式的困境及其解决的哲学思考［J］. 中国行政管理，2：41-44.

周述发，周聿，2009. 地震灾后重建技术经济分析［J］. 当代经济，2：40-41.

周湘淑，2010. 我国政府特大自然灾害救灾资金管理机制研究［D］. 成都：西南交通大学.

周怡，2010. 四川灾后重建两周年：灾后重建背景下：四川灾后重建模式调查报告［J］. 四川省情，4：4-7.

朱仁显，1999. 发展我国政策评估的若干构想［J］. 理论探讨，4：84-86.

朱思奕，2018. 公共政策评估研究综述：基于1998—2016年CSSCI期刊的分析［J］. 广西民族师范学院学报，35（3）：59-61.

庄天慧，张海霞，余崇媛，2012. 西南少数民族贫困县反贫困综合绩效模糊评价：以10个国家扶贫重点县为例［J］. 西北人口，33（3）：89-93，98.

紫石，2008. 汶川地震：宏观经济悲痛中前行［J］. 产权导刊，8：22-24.

左小蕾，2008. 汶川地震不会改变宏观经济平稳增长［J］. 现代商业银行，6：52-53.

BAUER, RAYMOND AUGUSTINE, 1966. Social indicators [M]. Cambridge, Mass.: MIT Press.

BERGSON A, 1964. National income and welfare [Z]. [S. l.]: [s. n.].

BUCHANAN JAMES M, MUSGRAVE RICHARD A, 1999. Public finance and public choice: Two contrasting visions of the state [M]. Cambridge, Mass.: MIT Press.

CHARLES O J, 1984. An introduction to the study of public policy [M]. 3rd edition. New York: Harcourt.

COHEN K J, RHENMAN E, 1961. The role of management games in education and research [J]. Management Science, 7 (2): 131-166.

DAVID H, PATRICIA B, 2006. Insuring public finances against natural disasters: A survey of options and recent initiatives [R]. IMF Working Paper (WP/06/199).

DEY P K, OGUNLANA S O, 2004. Selection and application of risk management tools and techniques for build-operate-transfer projects [J]. Industrial Management & Data Systems, 104 (4): 334-346.

EASTON D, 1968. The theoretical relevance of political socialization [J]. Canadian Journal of Political Science, 1 (2): 125-146.

FENGLER W, IHSAN A, KAI K, 2008. Managing post-disaster reconstruction finance: international experience in public financial management [Z]. Policy Research Working Paper 4475, 1.

FROOT K A, 2008. The intermediation of financial risks: Evolution in the catastrophe reinsurance market [J]. Risk Management and Insurance Review, 11 (2): 281-294.

GUBA E G, LINCOLN Y S, 1989. Fourth generation evaluation [M]. Newbury Park: Sage Publication.

HOGWOOD B W, GUNN L A, 1984. Policy analysis for the real world [M]. Oxford: Oxford University Press.

HOUSE E R, MATHISON S, 1984. Methodology and values in evaluation [J]. Educational Theory, 34 (2): 151-152.

HOUSE E R, 1994. The future perfect of evaluation [J]. American Journal of Evaluation, 15 (3): 239-247.

HOWLETT M, RAMESH M, 2002. The policy effects of internationalization: A subsystem adjustment analysis of policy change [J]. Journal of Comparative Policy Analysis, 4 (1): 31-50.

JR DUNCAN M, 1985. Policy indicators: Links between social science and public debate [M]. Chapel Hill: University of North Carolina Press.

KADING B L, HALL D J, 2000. U. S. alternative risk management products: A reinsurance perspective [J]. The Geneva Papers on Risk and Insurance-Issues and Practice, 25 (3): 439-450.

MAHUL O, GURENKO E, 2006. The macro financing of natural hazards in developing countries [J]. Social Science Electronic Publishing: 323-325.

MICHAEL S, 1991. Pros andcons about goal-free evaluation [J]. American Journal of Evaluation, 12 (1): 55-62.

MISHAN E J, 1967. The cost of economic growth [J]. Science, 345 (6198): 783.

OLSON M, 1971. The logic of collective action: Public goods and the theory of groups, second printing with a new preface and appendix [M]. New York: Harvard University Press.

PIGOU A C, 1920. The economics of welfare [M]. [S. l.]: [s. n.].

REBIEN C C, 1996. Participatory evaluation of development assistance: Dealing with power and facilitative learning [J]. Evaluation, 2 (2): 151-171.

ROSENBAUM S, SKIVINGTON S, PRAEGER S, 2002. Public health emergencies and the public health/managed care challenge [J]. The Journal of Law Medicine & Ethics, 30 (3): 63-69.

SAMUELSON P A, 1954. The pure theory of public expenditure [J]. Review of Economics and Statistics, 36 (4): 387-389.

SHADISH W, LEVITON L, 1991. Foundation of program evaluation [J]. Eval Rev, 21 (4): 438-460.

STAKE R E, 1991. Excerpts from: "Program evaluation, particularly responsiveevaluation" [J]. American Journal of Evaluation, 12 (1): 63-76.

TAM C M, 1999. Build-operate-transfer model for infrastructure developments in Asia: Reasons for successes and failures [J]. International Journal of Project Management, 17 (6): 377-382.

VEDUNG E, 1997. Public policy and program evaluation [J]. Administrative Science Quarterly, 44 (2): 160-161.

WALKER G, MUSULIN R, 2012. Utilising catastrophe risk modelling for cost benefit analysis of structural engineering code changes [C]. Engineers Australia.

WOLFGANG F, AHYA I, KAI K, 2012. 5 managing post-disaster: Reconstruction finance international experience in public financial management [M]. Singapore: Yusof Ishak Institute: 79-113.

WRIGHT J D, MACRAE D, 1986. Policy indicators: Links between social science and public debate [J]. Contemporary Sociology, 15 (1): 151-152.

附　录

汶川地震灾后重建财税与金融政策评估研究
关于农村居民的调查问卷

调查时间：20　年　月　日　调查者姓名：　调查地点：　市　县　镇　村

您好！我们是四川农业大学的学生，这是一份用于学术研究的问卷。问卷采用匿名的方式进行，所有信息仅用作学术研究，不涉及其他目的，绝不对外公开。请您在相应的答案下划钩或在横线处作一定的补充，感谢您对我们热情的支持和真诚的合作！

一、基本情况

1. 您的文化程度？

（1）未受过正式教育　（2）小学　（3）初中

（4）高中/中专/技校　（5）大专　（6）本科以上

2. 您的家庭总人口是__________人。

3. 对于您家而言，收入的主要来源是什么？

（1）种地及出售农产品收入　（2）个体经营收入　（3）打工收入（4）基层干部工资收入　（5）其他（请注明）

4. 你们家庭因为地震而失业的人数是__________人。

5. 你们家庭成员再就业的人数是__________人，是依靠__________方式实现再就业。

6. 失业的家庭成员是否因为获得贷款而重新就业（比如将贷款用于家庭创业、个体经营等）？

（1）是　（2）否

7. 您在地震中的财产损失大约__________万元。

8. 地震前，您家的平均年收入大约是多少钱？（包括所有家庭成员的所有收入，请您告诉我们具体的数字）__________元。

9. 三年来，你们家的年收入较灾前是否有增长？

（1）是　（2）否

若是，大约增长了__________元。

10. 您家庭每年的平均消费支出总额是__________元，其中食物支出__________元；医疗支出__________元；教育支出__________元；生产资料支出__________元；建房支出__________元；其他支出__________元。

11. 因为地震受灾后，您家目前的贷款总额是__________元。

12. 是否能够按期还款？

（1）是　（2）否

若不是，不能按期还款的理由是__________。

二、灾后重建财政支持政策的参与情况与政策实施效果

1. 在汶川地震中，你家房屋是否受损？

（1）是　（2）否（终止这个问题）

2. 房屋受损的程度是？

（1）损毁不能居住　（2）损毁严重，勉强居住　（3）受损较轻，修复可居住

3. 受灾后是否住过板房？

（1）是　（2）否

4. 您家的安置方式是？

（1）政府提供定额补贴　（2）政府一次性资金补偿

（3）政府统一安置新房　（4）暂时没有安置

5. 建房过程中是否还需自己另外贷款（除了建房方面政府的补偿救济外）？

（1）是　（2）否（跳过第6题）

6. 若是那么在住房重建的过程中的资金来源是（可多选）？

（1）自有资金，投资额为__________元　（2）银行贷款，投资额为__________元

（3）亲友借款，投资额为__________元　（4）政府补贴，投资额为__________元

7. 震后基础设施重建的资金投入方面有哪些？

（1）全部政府出资　（2）政府出大部分资金，农户出少部分资金

（3）政府出资，村民以工代赈　（4）农户承担大部分资金　（5）政府未提供资金

8. 在灾后医疗救护和卫生防疫工作方面，您认为政府是否履行了相关职责？

（1）是　（2）否

9. 在灾后您家是否发生过重大疫情？

（1）是　（2）否（跳过第10题）

10. 若有重大疫情发生，采取了何种措施？

（1）政府提供医疗补贴　（2）自行就医　（3）政府安排专门医疗救助服务

11. 您家恢复家庭收入或创收的途径有哪些？

（1）领取救助补贴　（2）政府提供优惠生产资料　（3）家庭自主恢复生产　（4）政府提供免费职业培训　（5）政府扶持创业　（6）政府提供就业岗位

12. 政府提供的就业支持政策有哪些？

（1）相关就业培训　（2）自主创业优惠政策

（3）省内外就业岗位援助对接　（4）其他

13. 政府在病残、作物失收等方面的保障力度是否增强？

（1）有所增强　（2）基本没有变化

14. 受灾农户享受了哪些福利？

（1）种养殖补贴　（2）医疗补贴　（3）个体经营免税

（4）其他（主要包括房屋修建补贴、生活补贴、粮食补贴、独生子女补贴、低保以及新农合等相关优惠政策）　（5）未享受

15. 您家农业生产恢复情况如何？

（1）已经恢复　（2）基本恢复　（3）未彻底恢复　（4）受损严重，无法恢复

16. 您认为当地产业的恢复情况如何？

（1）已经恢复　（2）基本恢复　（3）还未彻底恢复

17. 您认为当地整体经济水平情况如何？

（1）不如以前　（2）基本持平　（3）有所提高　（4）明显提高

18. 您家灾后收入来源是否发生变化？

（1）是　（2）否

19. 灾后您家收入来源主要有哪些？

（1）种养殖业　（2）个体经营　（3）进城务工　（4）政策补贴　（5）其他

20. 您认为科学技术对恢复重建的作用有哪些？

（1）影响很大　（2）有一定帮助　（3）没有用到科学技术

21. 政府是否实施扶贫政策？

（1）是　（2）否

22. 您家的耕地是否遭受地震损坏？

（1）是　（2）否（跳过9-10题）

23. 耕地收入占你家平均每年经济收入的比重是？

（1）0%~25%　（2）25%~50%　（3）50%~75%　（4）75%~100%

24. 耕地受损的程度？

（1）10%以下　（2）20%~50%　（3）50%~90%　（4）90%以上

25. 您是否贷款并用于耕地区毁损的土地复垦？

（1）是　（2）否

若是，那么在恢复耕地的过程中的资金来源是（可多选）：

（1）自有资金，投资额为__________元　（2）银行贷款，投资额为__________元

（3）亲友借款，投资额为__________元　（4）政府补贴，投资额为__________元

26. 您的家庭是否有自己经营的产业受损（除了耕地外的其他产业）？

（1）是　（2）否

若是，是否恢复正常的经营？

（1）是　（2）否

27. 您的家庭因为国家信贷扶持而恢复或者扩大的产业有哪些方面（可多选）？（1）养殖业　（2）种植业　（3）畜牧业　（4）渔业　（5）副业

若是那么在恢复或者扩大的产业的过程中的资金来源是（可多选）：

（1）自有资金，投资额为__________元　（2）银行贷款，投资额为__________元

（3）亲友借款，投资额为__________元　（4）政府补贴，投资额为__________元

28. 灾后重建过程中，你们家是否有孩子还在继续上学？

（1）是　B. 否

若是那么在子女教育的过程中的资金来源是（可多选）：

（1）自有资金，投资额为__________元

（2）银行贷款（包括生源地贷款），投资额为__________元

（3）亲友借款，投资额为__________元

（4）政府补贴（如助学金），投资额为__________元

三、汶川地震灾后重建财政政策满意度

1. 在汶川地震灾后重建后，您是否住上了新房或者恢复了住房？

（1）是　（2）否（说明原因）

2. 您对新房或恢复的住房的满意程度？

（1）非常满意　（2）基本满意　（3）不满意　（4）很不满意

3. 您对基础设施的满意程度？

（1）非常满意　（2）基本满意　（3）不满意　（4）很不满意

4. 您对灾后社会治安恢复的满意程度？

（1）非常满意　（2）基本满意　（3）不满意　（4）很不满意

5. 您认为政府在财政拨款、社会捐赠物资发放上是否公平？

（1）不公平　（2）相对公平　（3）很公平

6. 您对耕地恢复的满意程度？

（1）非常满意　（2）基本满意　（3）不满意　（4）很不满意

7. 您对恢复经营产业或者创业的满意程度？

（1）非常满意　（2）基本满意　（3）不满意　（4）很不满意

8. 您对卫生医疗信贷优惠的满意程度？

（1）非常满意　（2）基本满意　（3）不满意　（4）很不满意

9. 您对子女教育信贷优惠的满意程度？

（1）非常满意　（2）基本满意　（3）不满意　（4）很不满意

10. 您对政府这样的完善社会福利保障措施持的满意程度？

（1）非常满意　（2）基本满意　（3）不满意　（4）很不满意

11. 您对灾后卫生防疫的满意程度？

（1）非常满意　（2）基本满意　（3）不满意　（4）很不满意

12. 您对灾后就业帮扶的满意程度？

（1）非常满意　（2）基本满意　（3）不满意　（4）很不满意

四、灾后重建税收优惠政策的参与情况与政策实施效果

1. 您对税种优惠的感知程度如何?

(1) 宏观减免税负　(2) 对税种有具体要求

2. 您渴望得到的税收优惠有?

(1) 房产税　(2) 个人所得税　(3) 个体工商户税　(4) 营业税　(5) 契税

3. 您对税收的认知程度?

(1) 了解　(2) 不了解

4. 您知道以下哪些优惠税种?

(1) 房产税　(2) 个人所得税　(3) 营业税　(4) 企业所得税

5. 您是否享受过个人所得税优惠?

(1) 享受过　(2) 未享受过

6. 您是否享受过房产税或契税优惠?

(1) 享受过　(2) 未享受过

7. 您是否享受过房屋购建税收优惠?

(1) 享受过　(2) 未享受过

8. 您对房屋购建税收优惠政策的满意度?

(1) 非常满意　(2) 基本满意　(3) 一般满意　(4) 不满意

(5) 很不满意

9. 您对房产税或者契税优惠政策的满意度?

(1) 非常满意　(2) 基本满意　(3) 一般满意　(4) 不满意

(5) 很不满意

10. 您对个人所得税的减免优惠的满意度?

(1) 非常满意　(2) 基本满意　(3) 一般满意　(4) 不满意

(5) 很不满意

11. 您对税收优惠政策实施效率满意度?

(1) 非常满意　(2) 基本满意　(3) 一般满意　(4) 不满意

(5) 很不满意

汶川地震灾后重建财税与金融政策评估研究
关于城镇居民的调查问卷

调查时间：20 年 月 日 调查者姓名： 调查地点： 市 县 镇 街道

您好！我们是四川农业大学的学生，这是一份用于学术研究的问卷。问卷采用匿名的方式进行，所有信息仅用作学术研究，不涉及其他目的，绝不对外公开。请您在相应的答案下划钩或在横线处作一定的补充，感谢您对我们热情的支持和真诚的合作！

一、基本情况

1. 您的性别？

（1）男 （2）女

2. 您的年龄？

（1）18~24 岁 （2）25~34 岁 （3）35~44 岁

（4）45~54 岁 （5）55~64 岁 （6）65 岁以上

3. 您的家庭总人口是__________人。

4. 您的文化程度？

（1）未受过正式教育 （2）小学 （3）初中

（4）高中/中专/技校 （5）大专 （6）本科 （7）硕士及以上

5. 您当前的主要职业身份？

（1）企业工作人员 （2）教师 （3）医生 （4）私营业主

（5）公务员 （6）其他

6. 对于您家而言，收入的主要来源？

（1）工资收入 （2）投资回报 （3）企业利润收入（自主创业）

（4）其他（请注明）

7. 在过去一年中，您家的总收入大约是多少钱？

（1）1 万元以下 （2）1 万~5 万元 （3）5 万~10 万元

（4）10 万~15 万元 （5）15 万~20 万元 （6）20 万元以上

二、灾后重建财政支持政策的参与情况与政策实施效果

1. 您对灾后安置效果的满意度？

（1）非常满意　（2）比较满意　（3）一般满意　（4）不满意

（5）很不满意

2. 您对灾后基础设施建设的满意度？

（1）非常满意　（2）比较满意　（3）一般满意　（4）不满意

（5）很不满意

3. 您对灾后卫生防疫的满意度？

（1）非常满意　（2）比较满意　（3）一般满意　（4）不满意

（5）很不满意

4. 您对灾后就业帮扶的满意度？

（1）非常满意　（2）比较满意　（3）一般满意　（4）不满意

（5）很不满意

5. 您认为社会保障与福利在灾后是否变化？

（1）是　（2）否

6. 您认为现在的社会分配是否公平？

（1）不公平　（2）相对公平　（3）很公平

7. 您认为灾区震前震后经济增长变化情况如何？

（1）明显提高　（2）基本持平　（3）不如以前

8. 您认为当地的整个产业是否已经恢复？

（1）是　（2）否

9. 您认为在恢复重建中，科学技术的作用如何？

（1）作用很大　（2）作用一般　（3）没有作用

10. 您对财政政策了解程度？

（1）非常了解　（2）一般了解　（3）不了解

11. 您对灾后技术培训的满意度？

（1）非常满意　（2）比较满意　（3）一般满意　（4）不满意

（5）很不满意

12. 您家的家庭收入较震前变化情况如何？

（1）明显提高　（2）基本持平　（3）不如以前

13. 据您所知，政府是否对当地采取过扶贫政策？

（1）是　（2）否

14. 您对灾后重建财政政策实施效果的满意度？

（1）非常满意 （2）比较满意 （3）一般满意 （4）不满意

（5）很不满意

三、灾后重建税收优惠政策的参与情况与政策实施效果

1. 您对税种优惠的感知程度如何？

（1）宏观减免税负 （2）对税种有具体要求

2. 您渴望得到的税收优惠有？

（1）房产税 （2）个人所得税 （3）个体工商户税 （4）营业税

（5）契税

3. 您对税收的认知程度？

（1）了解 （2）不了解

4. 您知道以下哪些优惠税种？

（1）房产税 （2）个人所得税 （3）营业税 （4）企业所得税

5. 您是否享受过个人所得税优惠？

（1）享受过 （2）未享受过

6. 您是否享受过房产税或契税优惠？

（1）享受过 （2）未享受过

7. 您是否享受过房屋购建税收优惠？

（1）享受过 （2）未享受过

8. 您对房屋购建税收优惠政策的满意度？

（1）非常满意 （2）基本满意 （3）一般满意 （4）不满意

（5）很不满意

9. 您对房产税或者契税优惠政策的满意度？

（1）非常满意 （2）基本满意 （3）一般满意 （4）不满意

（5）很不满意

10. 您对个人所得税的减免优惠的满意度？

（1）非常满意 （2）基本满意 （3）一般满意 （4）不满意

（5）很不满意

11. 您对税收优惠政策实施效率满意度？

（1）非常满意 （2）基本满意 （3）一般满意 （4）不满意

（5）很不满意

汶川地震灾后重建财税与金融政策评估研究
关于受灾企业的调查问卷

调查时间：20　年　月　日　调查地点：

您好！我们是四川农业大学的学生，这是一份用于学术研究的问卷。问卷采用匿名的方式进行，所有信息仅用作学术研究，不涉及其他目的，绝不对外公开。请您在相应的答案下划钩或在横线处作一定的补充，感谢您对我们热情的支持和真诚的合作！

一、基本情况

1. 请问您所在企业的性质是？

（1）国有企业　（2）民营企业　（3）有限责任公司

（4）股份有限公司　（5）其他

2. 您所在企业所处的行业是？

（1）农、林、牧、渔业　（2）采矿业　（3）制造业　（4）商业

（5）建筑业　（6）服务业　（7）其他

3. 请问地震主要给公司造成了哪些方式的损失？

（1）房屋倒塌　（2）机器设备受损　（3）人员伤亡

（4）财产物资损失　（5）业务受影响

4. 请问地震给公司造成的经济损失大约是多少？直接损失（　）间接损失（　）

（1）5万元以下　（2）5万~10万元　（3）10万~50万元

（4）50万~100万元　（5）100万~300万元　（6）300万~600万元

（7）600万~1 000万元　（8）1 000万~3 000万元

（9）3 000万~5 000万元　（10）5 000万~1亿元

5. 请问企业资产规模是？

（1）100万元以下　（2）100万~1 000万元　（3）1 000万~5 000万元

（4）5 000万~1亿元　（5）1亿元以上

6. 请问企业有多少员工？

（1）5人以下　（2）5~10人　（3）10~50人

（4）50~100人　（5）100~500人　（6）500人以上

7. 请问贵公司的主要业务范围是__________。

8. 请问公司地震前的年均营业收入是__________万元，地震后是__________万元。

9. 请问公司地震前的利润是__________万元，地震后是__________万元。

10. 地震发生后的三年来，您所属企业的年平均净利润较地震前是否有增长？

（1）是　（2）否

若是，大约平均增长了__________万元。

11. 灾后重建后，企业所在区域的基础设施是否完善？

（1）是　（2）否

如果有完善，请问表现在哪些方面__________。

12. 请问地震后，公司的社会保险有无变化？

（1）有　（2）无

若有变化，表现在哪些方面：

13. 地震后，公司的经营业务有无调整？

（1）有　（2）没有

若有调整，调整为：__________。

14. 地震后，企业有无因灾收入的发生？

（1）有　（2）没有

若有，主要为：__________。

15. 地震后，企业及员工是否接受过政府的就业援助？

（1）有　（2）没有

若有，就业援助的主要形式为______________________________。

二、灾后重建财政支持政策的参与情况与政策实施效果

1. 地震后，企业最需要国家在财政上给予哪些支持？

2. 你对政府的财政支持政策了解吗？

（1）了解　（2）不了解

若了解，主要了解哪些政策：

3. 恢复重建中，政府对企业的用地成本是否有所降低？

（1）是　（2）否

4. 恢复重建中，财政是否对企业的恢复重建提供过资金帮助？

（1）提供过　（2）没提供

若提供过资金，请问资金的数量和用途是：__________

5. 恢复重建中，财政是否对企业的恢复重建提供过职工培训援助？

（1）提供过　（2）没提供

6. 请问企业现在还需要政府提供免费的职工培训吗？

（1）需要　（2）不需要

7. 政府对企业厂房的恢复重建提供过资金或其他方面的支持吗？

（1）提供过　（2）没提供

8. 灾后重建中，企业是否享受过免收个体工商户管理费和市场管理费的政策？

（1）享受过　（2）未享受过

9. 灾后恢复重建中，企业是否需要优惠的工商注册登记？

（1）需要　（2）不需要

10. 灾后恢复重建中，企业是否接受过优惠的工商注册登记？

（1）接受过　（2）没接受过

11. 企业在恢复重建中是否享受过政府供水、供电、供气等方面的优惠政策？

（1）享受过　（2）未享受过

12. 政府在企业的恢复重建中实际提供了哪些有利的政策？

三、灾后重建税收优惠政策的参与情况与政策实施效果

1. 地震后，企业最需要国家在税收上给予哪些支持：

2. 你对政府的灾后重建税收优惠政策了解吗？

（1）了解　（2）不了解

若了解，主要了解哪些优惠政策：____________________

3. 你听说过“受灾企业延期申报纳税”政策吗？

（1）听说过　（2）没听说过

4. 如果听说过，了解该项政策大概的内容吗？

（1）了解　（2）不了解

5. 请问企业享受过所得税的减免吗？

（1）享受过　（2）未享受过

6. 请问企业员工及业主享受过个人所得税的优惠政策吗？

（1）享受过　（2）未享受过

7. 请问企业是否享受过其他税收的减免？

（1）享受过　（2）未享受过

若有，主要是哪些税收的减免？

8. 现在还需要政府继续实施哪些纳税优惠政策？

四、灾后重建税收优惠政策满意度

1. 您对企业所得税率优惠的满意度？

（1）非常满意　（2）基本满意　（3）一般　（4）不满意

（5）很不满意

2. 您对企业增值税税收优惠的满意度？

（1）非常满意　（2）基本满意　（3）一般　（4）不满意

（5）很不满意

3. 您对企业受毁损房屋税收优惠的满意度？

（1）非常满意　（2）基本满意　（3）一般　（4）不满意

（5）很不满意

4. 您对企业其他税收优惠的满意度？

（1）非常满意　（2）基本满意　（3）一般　（4）不满意

（5）很不满意

5. 您对企业的延期申报纳税的满意度？

（1）非常满意　（2）基本满意　（3）一般　（4）不满意

（5）很不满意

6. 您对企业税收优惠及时性的满意度？

（1）非常满意　（2）基本满意　（3）一般　（4）不满意

（5）很不满意

7. 您对企业税收针对性的满意度？

（1）非常满意　（2）基本满意　（3）一般　（4）不满意

（5）很不满意

8. 您企业税收优惠政策清晰性的满意度？

（1）非常满意　（2）基本满意　（3）一般　（4）不满意

（5）很不满意

9. 您企业税收优惠政策公平性的满意度？

（1）非常满意　（2）基本满意　（3）一般　（4）不满意

（5）很不满意

五、灾后重建金融扶持政策的参与情况与政策实施效果

1. 您的企业在灾后经营中有缺少资金的时候吗?

(1) 有 (2) 没有

2. 您的企业在汶川地震中受损的程度?

(1) 受损严重，不能继续经营 (2) 有较大程度受损，能部分经营

(3) 有一定程度，能基本维持经营 (4) 受损很小，不影响正常经营

3. 重建过程中是否向金融机构贷款?

(1) 是 (2) 否

4. 请问你是否了解灾后重建的金融支持政策?

(1) 了解 (2) 不了解

5. 在向银行贷款时，政府是否提供了优惠的担保政策?

(1) 是 (2) 否

若提供了，享受过哪种优惠政策?

6. 在灾后重建中，银行是否为企业开启过“绿色授信通道”，优先为企业重建提供支持?

(1) 开启过 (2) 未开启过

7. 贷款的期限较灾前是否有延长?

(1) 是 (2) 否

8. 灾后重建过程中您觉得银行对企业的贷款态度如何?

9. 与地震前相比，您觉得银行对企业的放款速度如何?

(1) 差不多 (2) 有所提高 (3) 提高幅度较大

10. 在贷款时，利率上是否享受政府的贴息贷款?

(1) 享受过 (2) 未享受过

11. 重建过程中的资金主要的使用方向?

(1) 主要经营场所（包括主要生产场所） (2) 维修或重置生产设备

(3) 职工的安置招聘 (4) 弥补经营或生产成本的增加

(5) 经营或生产规模的扩大 (6) 其他

12. 自企业地震灾后重建起，请问贵公司目前的生产经营恢复程度?

(1) 刚恢复一点，正在整顿 (2) 有较好恢复 (3) 已基本恢复

(4) 已完全恢复 (5) 超规模恢复

13. 在经营规模恢复的过程中，有多大程度是依赖于信贷优惠政策?

(1) 很大程度 (2) 较大程度 (3) 一般 (4) 没有依赖

14. 请问您所属企业对重建过程中政府提供的信贷政策的满意程度？

（1）非常满意　（2）基本满意　（3）一般　（4）不满意

（5）很不满意

15. 您所属企业对信贷政策是否有建议？

（1）有　（2）无（终止这个问题）

若有，请您说明您的建议：____________________